Claudia Hammerle
Willi Hofer

Mountainbike Touren

Ötztal • Pitztal
Lechtal • Ausserfern
Oberinntal Telfs - Imst

Edition Löwenzahn • Innsbruck

Die Naturschönheiten Nordtirols, einer der reizvollsten Landschaften des gesamten Alpenraums, lassen sich hervorragend auf dem Mountainbike entdecken. Verlag und Autoren freuen sich, nun auch für dieses Gebiet einen Mountainbike-Führer präsentieren zu können. Nicht verschwiegen werden soll, daß in unserem wunderschönen Land leider immer noch kaum Mountainbike-Routen existieren, die offiziell freigegeben sind. Wir sind uns dieser Tatsache bewußt und haben die gesetzlichen Bedingungen zu akzeptieren. Selbstverständlich ist auch uns die Bewahrung unserer einzigartigen Landschaft ein großes Anliegen, denn nur wenn wir behutsam mit unserer Umwelt umgehen, bleibt uns diese als Erholungsraum erhalten. Deshalb hoffen wir, im Sinne aller Beteiligten, daß eine allseits beliebte Sportart in Zukunft auch in Tirol unter vernünftigen Rahmenbedingungen ausgeübt werden kann.

Weil wir aber nicht wissen, welche Routen in Zukunft freigegeben werden, haben wir die in diesem Führer beschriebenen Routen aufgrund ihrer theoretischen Eignung zum Befahren mit Mountainbikes ausgewählt. Im Vordergrund stehen die landschaftlichen Reize und die sportliche Herausforderung. Deshalb weisen wir an dieser Stelle darauf hin, daß es für jeden Mountainbiker, der eine dieser Routen befahren möchte, selbstverständlich sein sollte, sich an geeigneter Stelle (z.B. der betreffenden Gemeinde, der Gendarmerie, den Grundeigentümern etc.) ausführlich und ausdrücklich danach zu erkundigen, ob das Befahren dieser Strecken rechtlich erlaubt ist. Aufgrund der Länge einzelner Touren ist niemals auszuschließen, daß der eine

oder andere Abschnitt wegen fehlender Zustimmung des Grundeigentümers nicht befahren werden darf. Solche Hindernisse als auch generelle Fahrverbote sind im Interesse jedes einzelnen, aber auch im Interesse des Mountainbike-Sports, unbedingt zu beachten. Die Vorbereitung einer Tour muß daher auch derartige Nachforschungen umfassen.

Die einzelnen Routen und Tourenvorschläge wurden sorgfältig, nach bestem Wissen und Gewissen, zusammengestellt. Für die Richtigkeit der Angaben, besonders was die einzelnen Wegverläufe, die tatsächliche Beschaffenheit der Wege und die jeweilige rechtliche Erlaubnis zum Befahren betrifft, kann keinerlei Haftung übernommen werden. Darüberhinaus ist allgemein bekannt, daß der Mountainbike-Sport nicht unerhebliche Gefahren birgt. Das Befahren der in diesem Buch beschriebenen Routen erfolgt - wie auch sonst - stets auf eigene Gefahr und Risiken des Bikers. Eine Haftung des Verlages oder der Autoren für selbst erlittene oder anderen zugefügte Schäden ist ausgeschlossen.

Selbstverständlich müssen Gefährdungen von Menschen, Tieren und der Umwelt unter allen Umständen vermieden werden. Der verantwortungsbewußte Biker fährt so, daß er ohne Gefährdung für andere auf Anforderung stehenbleiben kann und keine ökologischen Schäden verursacht. Verlag und Autoren gehen davon aus, daß die Benützer dieses Buches durch ihr vorbildliches Verhalten zum positiven Image dieser Sportart beitragen. Bei Befolgung dieser und der allgemeinen Verkehrsregeln sollte einem genußvollen Mountainbiken nichts mehr im Wege stehen, wozu wir allen viel Spaß wünschen!

Wir danken unseren Sponsoren:

AGIP-Tankstelle, Reutte
freytag & berndt, Innsbruck
Intersport Zotz, Reutte
Sport Strobl, Holzgau
Hotel Alpenrose, Elbigenalp
Hotel Post, Holzgau
Hotel Sailer, Wenns
ESSO-Tankstelle, Imst
E-Werk Reutte
Intersport Riml, Längenfeld
Gasthof Stuibenfall, Niederthai
Gasthof Adler, Hinterhornbach
Talverband Lechtal
Berggasthaus Hermine, Madau
Ötztal-Apotheke, Sölden
Spar Covi, Ehrwald
Vogl-Fernheim, Imst
Milchtrinkstube, Steeg
Schwimmbad Bach
Canyon, Silz
MTB - Revue
Liebherr, Telfs
Flugschule Tannheim
Walter Mayr, Innsbruck

DIE DEUTSCHE BIBLIOTHEK – CIP-EINHEITSAUFNAHME

Hammerle, Claudia: Mountainbike-Touren / Claudia Hammerle/Willi Hofer. - Innsbruck : Ed. Löwenzahn

Ötztal, Pitztal, Außerfern, Lechtal, Oberinntal Telfs - Imst. - 1999

ISBN 3-7066-2166-5

© 1999
by Edition Löwenzahn/StudienVerlag Ges.m.b.H.
Amraser Straße 118, A-6010 Innsbruck

KARTEN vervielfältigt mit Genehmigung des Bundesamtes für Eich- und Vermessungswesen in Wien, Zl. 70 413/98

PANORAMAKARTE vervielfältigt mit Genehmigung des kartographischen Verlags W. Mayr Ges.m.b.H.

LAYOUT Willi Hofer

BILDNACHWEIS Stuart Knowles: Umschlag vorne; TVB Ehrwald: 107 (Wettersteinmassiv); TVB Ötztal Arena/Bernd Ritschel: 17 (Gaislachalm), 71, 90 (Rofenhöfe); TVB Imst: 35; TVB Nassereith: 53, Umschlag hinten (Schloß Fernstein); TIWAG/Klaus Reiter: 71 (Stuibenfall); TVB Pitztal: 89 (Wenns mit Tschirgant); Alpinschule Lechtal: 125 (Höhenbachtal), 143 (Bernhardseck); SCOTT: 11, 58, 85, 98, 106, 118

Alle Rechte vorbehalten. Kein Teil des Werkes darf in irgendeiner Form (Druck, Fotokopie, Mikrofilm oder in einem anderen Verfahren) ohne schriftliche Genehmigung des Verlages reproduziert oder unter Verwendung elektronischer Systeme verarbeitet, vervielfältigt oder verbreitet werden.

Gedruckt auf umweltfreundlichem, chlor- und säurefrei gebleichtem Papier.

Bitte Hinweis auf Seite 2 beachten!

HÜTTEN

Name	Tour-Nummer	Name	Tour-Nummer	Name	Tour-Nummer
ÄLPELE	29	GURGLER GROSSALM	19	PFAFFLAR, GASTHOF	34
ADLER, GASTHOF	42/43	HAIMINGER ALM	10	PLATTENRAIN, GASTHOF	7
ALPENBLICK, GASTHOF	12	HOCHSÖLDEN, GASTHOF	18	RAAZALM	33
ALPENGLÜHN, GASTHOF	26	HOCHTHÖRLEHÜTTE	27	RAVENSBURGER H.	40/43
ALPENHOF, GASTHOF	38/39	HOCHZEIGER HÜTTE	22	REICHENBACHALM	2
ALPENKREUZ, GASTHOF	33	HÖFLE-STÜBERL	16	RETTENBACHALM	18
AMBERGER HÜTTE	17	HÜHNERSTEIGN	18	ROSSGUMPENALM	36
ARMELENHÜTTE	14	INNERBERGALM	13	SCHÄFERHÜTTE	20
ARZKASTEN, GASTHOF	5	INNERBRAZALM	40/43	SCHÖNWIESHÜTTE	19
AUENFELDALM	42/43	JÄGERALM, GASTHOF	42/43	SCHWEINFURTER HÜTTE	16
AUERHAHN, GASTHOF	41	JERZER ALM	22	SEEBENALM	26
BATZENALM	42/43	KAISERALM	38	SONNECK, GASTHOF	18
BAUMGARTALM	35	KARRER ALM	4	SILBERTAL, GASTHOF	18
BIELEFELDER HÜTTE	3	KIELEBERGALM	21	SÖLLBERGALM	24
BODENALM	39	KÖRBERSEE, GHF.	42/43	SPULLERSALM	40/43
BODENALM	42/43	KUHTAILE ALM	3	STABELEALM	13
CAFE UTA	36	LARSTIGHOF	16	STAMSER ALM	1
DITTESHÜTTE	40/43	LANGTALERECKHÜTTE	19	STIEGALM	33
EDENBACHALM	30	LATSCHENHÜTTE	8	STIERLOCHALM	40/43
EDELWEISS, GASTHOF	13	LEHNBERGHAUS	5	STRINDENALM, OBERE	30
EHENBICHLER ALM	33	LEHNERJOCHHÜTTE	23	STUIBENFALL, GASTHOF	16
EHRWALDER ALM	26	LEINERALM	6	STUIBENSENNALM	29
ERLACHALM	39	LICHTALM, UNTERE	32	SULZTALALM, VORDERE	17
FERNSTEINSEE, REST.	11/12	MAHDBERGALM	38	SULZLALM	37
FISCHTEICH, GHF.	29/31	MAISALM	2	TARRENTONALM	9
FRISCHMANNHÜTTE	15	MARIENBERGALM	12	TIEFENTALER ALM	25
FUCHSWALDHÜTTE	32	MARIENBERGHÜTTE	12	TUMPENALM, VORDERE	14
FÜSSENER HÜTTE	28	MARTIN-BUSCH-HÜTTE	20	UNTERMARKTER ALM	8
FUNDUSALM, VORDERE	15	MAUCHELEALM	24	VALLUGABLICK, GASTHOF	38
FUNDUSALM, HINTERE	15	MUSAUER ALM	28	VENETALM	7
GAISLACHALM	18	NASSEREITHER ALM	11	WALDECK, GASTHOF	6
GAISLACHKOGELBAHN	18	NEUBERGALM	25	WALDESRUHE, GASTHOF	13
GAPPENFELDALM	30	NISSLALM	17	WENNER ALM, VORDERE	6
GEHSTEIGALM	14	OBERMARKTER ALM	8	WENNER ALM, HINTERE	6
GRIESSLALM	35	OTTO-MAYR-HÜTTE	28	WETTERSPITZ, GASTHOF	33
GRUBENALM	41/43	PALMENALM	41/43	WURZBERGALM	13
				ZUGSPITZBAHN, GHF.	27

3

INHALTSANGABE

HÜTTENVERZEICHNIS	**3**
LEGENDE	**6**
INFOS	**8**
TOUREN	**11**
BUCHTIP	**33 / 166**

OBERINNTAL

TOUR 1   **12**
STAMS ·
STAMSER ALM

TOUR 2   **14**
ROPPEN ·
MAISALM ·
REICHENBACHALM

TOUR 3   **19**
SILZ ·
SATTELE ·
KÜHTAILE ALM ·
BIELEFELDER HÜTTE

TOUR 4   **24**
ROPPEN ·
KARRER ALM

TOUR 5   **26**
MÖTZ ·
GASTHOF ARZKASTEN ·
LEHNBERGHAUS

TOUR 6   **30**
WALDELE ·
GASTHOF WALDECK ·
VORDERE WENNER ALM ·
HINTERE WENNER ALM

TOUR 7   **34**
IMSTERAU ·
VENETALM ·
GASTHOF PLATTENRAIN

TOUR 8   **40**
IMST ·
OBERMARKTER ALM ·
LATSCHENHÜTTE ·
UNTERMARKTER ALM

TOUR 9   **43**
NASSEREITH ·
TARRENTONALM

TOUR 10   **46**
NASSEREITH ·
HAIMINGER ALM

TOUR 11   **50**
NASSEREITH ·
REST. FERNSTEINSEE ·
SCHLOSS FERNSTEIN ·
NASSEREITHER ALM

TOUR 12   **52**
NASSEREITH ·
GASTHOF ALPENBLICK ·
MARIENBERGALM ·

MARIENBERGJOCH ·
GIPFELH. MARIENBERG ·
WEISSENSEE ·
SCHLOSS FERNSTEIN ·
NASSEREITH

ÖTZTAL

TOUR 13   **59**
UMHAUSEN ·
STABELEALM ·
INNERBERGALM ·
GASTHOF WALDESRUHE ·
GASTHOF EDELWEISS

TOUR 14   **62**
TUMPEN ·
VORDERE TUMPENALM ·
GEHSTEIGALM

TOUR 15   **64**
FARCHAT ·
VORDERE FUNDUSALM ·
FRISCHMANN HÜTTE

TOUR 16   **66**
UMHAUSEN ·
GASTHOF STUIBENFALL ·
HÖFLE-STÜBERL ·
LARSTIGHOF ·
SCHWEINFURTER-HÜTTE

TOUR 17   **70**
LÄNGENFELD ·
VORDERE SULZTALALM ·
AMBERGER HÜTTE

TOUR 18   **76**
SÖLDEN ·
GASTHOF SONNECK ·
GAISLACHALM ·
GASTHOF SILBERTAL ·
GAISLACHKOGELBAHN ·
HÜHNERSTEIGN ·
RETTENBACHALM ·
GASTHOF HOCHSÖLDEN

TOUR 19   **80**
OBERGURGL ·
SCHÖNWIESHÜTTE ·
GURGLER GROSSALM ·
LANGTALERECKHÜTTE

TOUR 20   **82**
VENT ·
SCHÄFERHÜTTE ·
MARTIN-BUSCH-HÜTTE

PITZTAL

TOUR 21   **86**
KIENBERG ·
KIELEBERGALM

TOUR 22   **88**
KIENBERG ·
HOCHZEIGER HÜTTE ·
JERZER ALM

TOUR 23   **92**
WIESE ·
LEHNERJOCHHÜTTE ·
DACH DER TOUR

INHALTSA

AUSSERFERN

Tour 24 — 94
WIESE ·
SÖLLBERGALM ·
WIESE ·
MAUCHELEALM ·

Tour 25 — 96
ST. LEONHARD ·
TIEFENTALER ALM ·
ST. LEONHARD ·
NEUBERGALM ·

Tour 26 — 99
EHRWALD ·
EHRWALDER ALM ·
GASTHOF ALPENGLÜHN ·
SEEBENALM ·
SEEBENSEE ·

Tour 27 — 102
EHRWALD ·
HOCHTHÖRLEHÜTTE ·
GASTHOF ZUGSPITZBAHN ·

Tour 28 — 104
ROSSSCHLÄG ·
MUSAUER ALM ·
OTTO-MAYR-HÜTTE ·
FÜSSENER HÜTTE ·

Tour 29 — 109
SCHATTWALD ·
STUIBENSENNALM ·

TANNHEIMERTAL

ÄLPELE ·
GASTHOF FISCHTEICH ·

Tour 30 — 112
HALDENSEE ·
EDENBACHALM ·
OBERE STRINDENALM ·
GAPPENFELDALM ·

Tour 31 — 114
SCHATTWALD ·
LOHMOOS ·
GASTHOF FISCHTEICH ·

LECHTAL

Tour 32 — 119
STANZACH ·
UNTERE LICHTALM ·
FUCHSWALDHÜTTE ·

Tour 33 — 122
STANZACH ·
STIEGALM ·
RAAZALM ·
EHENBICHLER ALM ·
GASTHOF WETTERSPITZ ·
GASTHOF ALPENKREUZ ·

Tour 34 — 130
ELMEN ·
GASTHOF PFAFFLAR ·
HAHNTENNJOCH ·

Tour 35 — 134
BACH ·
GRIESSLALM ·
BAUMGARTALM ·

Tour 36 — 136
HOLZGAU ·
CAFE UTA ·
ROSSGUMPENALM ·
WASSERFALL ·

Tour 37 — 138
HOLZGAU ·
SULZLALM ·
SEILBAHN SIMMSHÜTTE ·

Tour 38 — 140
STEEG ·
GASTHOF ALPENHOF ·
GASTHOF VALLUGABLICK ·
KAISERALM ·

Tour 39 — 142
STEEG ·
GASTHOF ALPENHOF ·
BODENALM ·
ERLACHALM ·

Tour 40 — 148
LECH ·
SPULLERSALM ·
DITTESHÜTTE ·
RAVENSBURGER HÜTTE ·
INNERBRAZALM ·
STIERLOCHALM ·

Tour 41 — 152
LECH ·
GRUBENALM ·
PALMENALM ·
GASTHOF AUERHAHN ·

Tour 42 — 156
WARTH ·
GASTHOF JÄGERALM ·
GASTHOF ADLER ·
GASTHOF KÖRBERSEE ·
BATZENALM ·
AUENFELDALM ·
BODENALM ·

Tour 43 — 160
WARTH ·
GASTHOF JÄGERALM ·
GASTHOF ADLER ·
GASTHOF KÖRBERSEE ·
BATZENALM ·
AUENFELDALM ·
GRUBENALM ·
AUENFELDALM ·
PALMENALM ·
SPULLERSALM ·
DITTESHÜTTE ·
RAVENSBURGER HÜTTE ·
INNERBRAZALM ·
STIERLOCHALM ·
BODENALM ·

LEGENDE

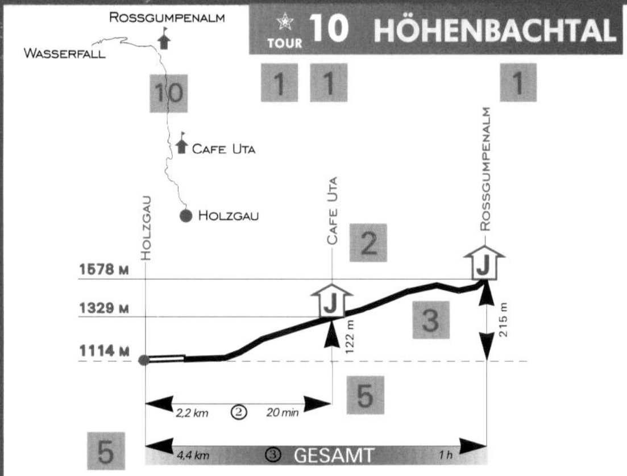

KARTE

― Asphalt
═ Forstweg
▪▪▪ Karrenweg
▫▫▫ Single Track breit
···· Single Track schmal

ÜBERSICHTSKARTE

Der Tourenverlauf sowie die Abstände einzelner Etappenziele zueinander sind anhand der Übersichtskarte auf einen Blick erkennbar.

ETAPPENBESCHREIBUNG

In diesem Bereich werden alle Fakten pro Etappe und die Hütten, welche die Etappen begrenzen, angeführt. [3] Etappendaten beziehen sich immer auf den direkten Weg vom Startpunkt aus.

REUTTE – HOLZGAU ~ 44 km

[6] ANFAHRT: Lechtal-Bundesstraße B 198 Richtung Warth und Holzgau. Bus nach Holzgau, oder am Lechtal-Radwanderweg nach Holzgau.

[8] HOLZGAU 1114 m — START: BEIM GASTHOF HOTEL POST — der Lechtal-Bundesstraße Richtung Reutte entlang, nach 100 m links abbiegen. 0,7 km Asphalt
[7] CAFE UTA 1236 m — IM SOMMER BEWIRTSCHAFTET — 1,5 km Forstweg
[6] ROSSGUMPENALM 1553 m — IM SOMMER BEWIRTSCHAFTET — 2,2 km Forstweg

HÖHENDIAGRAMM

Das Höhendiagramm wird stark überzeichnet dargestellt und entspricht nicht dem tatsächlichen Steigungsgrad. Dadurch sind steile Abschnitte schneller erkennbar.

[4] Die angeführten Werte und Darstellungen bieten einen genauen Einblick in die Beschaffenheit einer Tour. (Angaben ohne Gewähr)

[5] GESAMT 4,4 km 1h
1114 M HOLZGAU
1329 M CAFE UTA — 2,2 km 20 min — 122 m
1678 M ROSSGUMPENALM — 215 m

TOURGEBIETE

···· und lich attraktiv
···· außergewohnlich attraktiv
···· sehr attraktiv
···· attraktiv

Unsere Touren wurden einer Jury vorgeführt, die folgende Preise vergeben hat.

TOURNUMMER und

[10] TOUR 10 HÖHENBACHTAL

WASSERFALL — HOLZGAU — CAFE UTA — ROSSGUMPENALM

[1] [11] [10]
[2] CAFE UTA
[3]
[J] kurz vor der Brücke über den Höhenbach abb., der Beschilderung zur Roßgumpenalm folgen

HÖHENDIAGRAMM

2 HÜTTENBESCHREIBUNG
- Seehöhe
- zurückgelegte Höhenmeter
- Bewirtschaftungsform

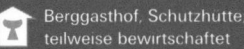

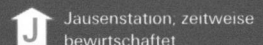

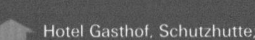

3 WEGDATEN
- **Distanz:** Strichlänge 1 mm entspricht 100 m
- **Wegart:** wird symbolisiert durch die Strichart

```
━━━━━  Asphalt
─────  Forstweg
─ ─ ─  Karrenweg
·····  Single Track
```

Ein Single Track ist ein auf Grund der Wegbeschaffenheit (Wurzeln, große Steine) technisch anspruchsvoller Abschnitt.

- **Achtung** für besonders steile und schwierige Abschnitte

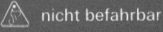

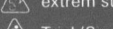

⚠ nicht befahrbar
⚠ extrem steil
⚠ Trial (Single Track)
⚠ extremes Gefälle

4 GRAFISCHE VERKÜRZUNG

Aus Platzgründen wurden einige Teilabschnitte mit derselben Steigung und Wegart verkürzt dargestellt.

ETAPPENBESCHREIBUNG

5 DISTANZWERTE

Im Gegensatz zur Etappenbeschreibung gelten diese Zahlen für den gesamten zurückgelegten Weg (vom Ausgangspunkt). Somit bilden die letzten Tourenwerte immer eine Beschreibung der Gesamttour (hellblauer Balken).

Distanz in km

Schwierigkeitsstufe

Die Schwierigkeitsstufe ist eine Kombination aus Steigung, Wegbeschaffenheit (siehe auch Wegart) und Distanz.

① Anfänger
② Sonntagsfahrer
③ Hobbyfahrer
④ Fortgeschrittene
⑤ Profis

Diese Angaben sind Richtwerte, die nach einigen Touren relativiert und neu bewertet werden können.

Fahrzeit

Die Zeiten gelten für einen gut trainierten Mountainbiker. Sie bilden (wie alle Zeitangaben) nur einen Richtwert. Anfänger sollten sich bei schwierigen Touren nicht wundern, wenn sie doppelt so lange unterwegs sind.

6 ANFAHRT

km-Angaben und Beschreibungen der Anfahrt von Innsbruck zum Ausgangsort bzw. Startpunkt

🚗 mit dem Auto mit Angabe von Parkmöglichkeiten
🚲 mit öffentlichen Verkehrsmitteln mit Biketransport, oder Anfahrt per Bike

7 ETAPPENDATEN

Asphalt, Forstweg, Karrenweg, Single Track

Weggabelungen: Abzweigungen mit Angabe der zurückgelegten Wegdistanz (vom Startpunkt gerechnet)

Beschrieben werden nur verfängliche und wichtige Weggabelungen.

8 START
- Ausgangsort (Höhenmeter)
- Startpunkt

9 ETAPPENZIELE

sind Almen und Hütten. Sie teilen die Tour in überschaubare Einheiten und bieten einen Ort der Erholung und Erfrischung. Dazu passend die folgenden Infos:

- Höhenmeter
- Bewirtschaftungszeitraum
- Verköstigung

🍴 warme Küche

Grundsätzlich werden (mit wenigen Ausnahmen) nur bewirtschaftete Hütten angeführt.

ZUSÄTZE

Zusatzinformationen verschiedenster Art (Infos, Tips, Hinweise, Sehenswertes und Warnungen) sind durch ein großes

i

gekennzeichnet.

KARTEN

7 KARTENSYMBOLE

km 0,9   Weggabelung bzw. Abzweigung laut Tourenbeschreibung

⇐   links
⇒   rechts
⇑   geradeaus

A1   Alternativrouten

HÜTTENBESCHREIBUNG

Die Hütten werden mit Höhenmetern und Bewirtschaftungszeitraum angegeben.

Bewirtschaftungsform

🏠 Berggasthof, Schutzhütte, teilweise bewirtschaftet

J Jausenstation, zeitweise bewirtschaftet

🏠 Hotel Gasthof, Schutzhütte, ganzjährig bewirtschaftet

🏠 Alm, teilweise bewirtschaftet

— Übernachtungsmöglichkeit

🚶 Wanderungen und Bergtouren in der Umgebung

INF

CHARAKTERISTIK

43 Touren fuhren durch die abwechslungsreichen Berglandschaften des Ötztals, Pitztals, Ausserfern, Lechtals und Inntals von Telfs bis Imst.

Das Ötztal kann geographisch in drei Teile gegliedert werden. Das vordere Ötztal reicht bis knapp vor Umhausen. Das mittlere Ötztal um Längenfeld und Huben ist breit und hat hoch aufragende Talränder. Das innere Ötztal beginnt vor Sölden und teilt sich bei Zwieselstein in das Gurgler Tal und das Venter Tal.

Das Pitztal wird vom Kaunertalgrat im Westen und dem Geigenkamm im Osten eingegrenzt und findet seinen Talabschluß am Pitztaler Gletscher. Die Anordnung der Ortschaften entlang der Berghänge ist bedingt durch den großteils engen Talboden.

Das Inntal von Telfs bis Imst ist gekennzeichnet durch einen breiten Talboden, das Mittelgebirge mit der dahinterliegenden Mieminger Kette im Norden und die stark bewaldeten Berge im Süden.

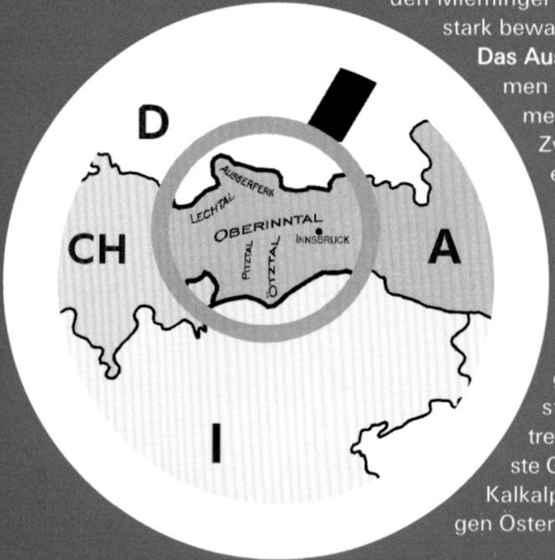

Das Ausserfern setzt sich zusammen aus dem Lechtal, Tannheimer Tal, Talkessel Reutte und Zwischentoren. Das Lechtal erstreckt sich großteils als Trogtal mit einem flachen Talboden zwischen den Ortschaften Lech und Forchach, eingekesselt von den Lechtaler Alpen im Südosten und den Allgäuer Alpen im Nordwesten. Die Lechtaler Alpen trennen als längste und höchste Gebirgskette der nördlichen Kalkalpen das Lechtal vom übrigen Österreich. Ganz anders als das breite Lechtal, sind seine langen Seitentäler sehr eng.

Das restliche Außerfern ist bekannt für seine Seen am Fernpaß, im Talkessel Reutte und im Tannheimertal, sowie fur die Tannheimer Berge.

ANREISE AUTO

Achtung ! Maut bedeutet Vignettenpflicht auf allen Autobahnen und Schnellstraßen Österreichs. Vignetten sind an den Grenzübergangen erhältlich.

VON SUDEN
Autobahn Richtung Brenner, weiter auf der A13 nach Innsbruck. Bozen - Innsbruck 198 km; Verona - Innsbruck 283 km

VON NORDEN
Kempten - Füssen - Reutte, weiter auf der B 314 über den Fernpaß nach Nassereith - Holzleitensattel - Mötz, in Mötz weiter auf der A 12 nach Innsbruck; oder von Garmisch-Partenkirchen über den Fernpaß nach Innsbruck.

VON WESTEN
Auf der A 14 von Dornbirn nach Feldkirch und Bludenz, weiter auf der S 16 Richtung Arlberg und auf der A 12 Richtung Innsbruck.

VON OSTEN
Von München bzw. Salzburg auf der A 93 nach Kufstein, anschließend auf der A 12 nach Innsbruck, München - Innsbruck 205 km, Salzburg - Innsbruck 214 km, Wien - Innsbruck 540 km

ANREISE BAHN

Tirlol ist nicht nur in der Landeshauptstadt Innsbruck mit offentlichen Verkehrsmitteln gut bestückt: umfangreicher Service der Österreichischen Bundesbahn (ÖBB) wird durch Busse der Bahn und der Post ergänzt.

VON NORDEN: Kempten - Füssen - Reutte - Garmisch - Innsbruck
München - Garmisch - Innsbruck
VON OSTEN: München - Kufstein - Innsbruck
Wien - Linz - Kufstein - Innsbruck
VON WESTEN: Feldkirch - Bludenz - Innsbruck
VON SÜDEN: Italien - Brenner - Innsbruck

Bahnreisen mit dem Bike sind in Österreich problemlos möglich. Es ist jedoch zu beachten, daß nicht jeder Zug Bikes befördert. Genauere Informationen bekommen Sie von der Österreichischen Zugauskunft, siehe *Wichtige Tel. Nr.*

ESSEN & TRINKEN

Ein rundes grünes Schild mit einem stilisierten Blatt und dem Schriftzug *„Tiroler Wirtshaus"* versichert dem eintretenden Gast, daß er im Begriff ist, sein Urlaubsland von der kulinarischen Seite kennenzulernen: *„Tiroler Wirtshäuser"* sind solche, die sich speziell um Tiroler Gastlichkeit bemühen. Ein Tiroler Wirtshaus bietet Tiroler Kost, zubereitet aus garantiert frischen Produkten der heimischen Landwirtschaft. Die Häuser selbst sind, was die Baulichkeit und die Atmosphäre in den Gastzimmern anbelangt, der Tiroler Tradition verpflichtet. Das grüne Schild sagt nichts über Raffinesse der jeweiligen Küche aus, allerdings alles über die Qualität: Die Tiroler Küche hält erfreuliche Überraschungen bereit: *Schlutzkrapfen, Gröstl und Blattl mit Kraut* gehören ebenso zu den Spezialitäten des Landes wie *Apfelradl, Kiachl, Moosbeerschmarren* und andere süße Köstlichkeiten.

WOHNEN

Verband der PRIVATZIMMERvermieter Tirols.
Adamgasse 2a
A - 6020 Innsbruck (++43) (0) 512 / 58 77 48
HOTEL - GASTHÖFE - PENSIONEN
mit Frühstück   300 - 600,- öS
Halbpension   450 - 700,- öS
APPARTEMENTS
für 2 - 7 Personen   600 - 1100,- öS
wahlweise auch mit Frühstück und HP möglich

CAMPINGPLÄTZE
Camping Eichenwald; Innsbruck   670 m
Schießstandweg 10 (++43) (0) 512 / 28 41 80
Imst West   780 m
Langgasse 62   (++43) (0) 54 12 / 66 29 3
Camping Reutte   856 m
Ehrenbergstraße 53 (++43) (0) 56 72 / 28 09
Die Tiroler Campingplätze haben grundsätzlich einen hohen Qualitätsstandard. Was Ihr Wunschplatz bietet, erfahren Sie unter der angegebenen Telefonnummer.

REISEZEIT

Aufgrund des rauhen Klimas in höheren Lagen und der langen Winter in den Tälern der Nord- und Südalpen, ergibt sich die beste Reisezeit zwischen Mitte Juni und Mitte Oktober. Innerhalb dieses Zeitraums sind alle bewirtschafteten Hütten geöffnet. Ab Ende Oktober beginnt es in höheren Lagen regelmäßig zu schneien.

BIKEVERLEIH

Tourismusverband   TELFS-MOSERN
                 (++43) (0) 52 62 / 62 245
Tourismusverband   IMST
                  (++43) (0) 54 12 / 69 10-0

Tourismusverband   REUTTE
            (++43) (0) 56 72 / 23 36, 20 41
Hier wird folgender Service für Biker geboten:

- Rad u. Mountainbikeverleih
- Bike-Servicestelle im Ort
- Bikergerechte Unterkünfte

Noch mehr Informationen gibt der Faltplan „Radwegweiser Tirol". Dieser Faltplan mit Tirol-Karte informiert über jene Orte Tirols, welche infrastrukturelle Einrichtungen für Mountainbiker aufweisen.

WICHTIGE TELEFONNUMMERN

BERGRETTUNG   140
FEUERWEHR   122
GENDARMERIE   133
RETTUNG   144
ÄRZTE
Telfs   Dr. Stehlik Wolf
             (++43) (0) 52 62 / 638 00
Imst   Dr. Karl Eckhart
             (++43) (0) 54 12 / 653 00
Reutte   Dr. Walter Bachlechner
             (++43) (0) 56 72 / 722 27
ZUGAUSKUNFT   (++43) (0) 512 / 17 17
BAHN-TOTALSERVICE   (++43) (0) 512 / 17 00
BUNDESBUS   (++43) (0) 660 / 51 88
WETTER   (++43) (0) 450 199 0000 18

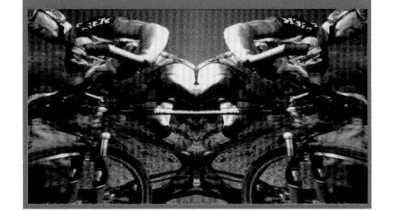

GASTHOF NEUE POST

Lechtal
HOLZGAU • LECHTAL

Essen & Trinken

- *Frühstücksbuffet*
- *Grill-Mittag auf der Bergwiese*
- *3 Abend-Menüs zur Auswahl*
- *Grillabend auf der Terrasse*
- *Fondue-Abend*
- *heimisches Wildbret und Fisch*
- *Bauernbuffet*
- *Diätküche*
- *Spezialitätenwochen*

A-6654 Holzgau • Tel. (++43) (0) 5633/5204 Fax. ...5383 • Kein Ruhetag

Hotel in zentraler Lage

- Zimmer alle mit Dusche, teilweise mit Balkon
- Telefon, Sat-TV und Personenlift
- Sonnenterrasse, 1. Etage, und Terrasse am Dorfplatz
- Tiroler Kaminstube und Kellerbar *Zur Postkutsche*
- Sauna, Kräuterdampfbad und Solarium

Sport und Freizeit

100 m vom Hotel:
- Tennisplätze
- Funpark mit Volleyball - Basketball - Landhockey - Fußballplatz - Inline-Skating-Bahn - Abenteuer-Spielplatz
- Wanderbus-Haltestelle vor dem Hotel

Veranstaltungsprogramm wird durch das Hotel und den Tourismusverband je nach Witterung und Saison täglich durchgeführt.

STATISTIK

In dieser Tabelle sind alle Touren nach dem Schwierigkeitsgrad, beginnend mit der leichtesten Tour, gereiht

TOUR	SCHWIERIG-KEITSSTUFE	HÖHENMETER GESAMT	KILOMETER GESAMT	FAHRZEIT GESAMT
27	1	371 m	13,7 km	1 h 25 min
31	1	456 m	16,1 km	1 h 30 min
39	2	565 m	17 km	1 h 50 min
35	2	595 m	16,4 km	1 h 50 min
29	2	804 m	20,8 km	2 h 20 min
36	3	464 m	13,4 km	1 h 40 min
32	3	445 m	32,2 km	2 h 25 min
20	3	606 m	16,4 km	1 h 45 min
42	3	653 m	24,2 km	2 h 30 min
28	3	735 m	18,8 km	1 h 40 min
30	3	750 m	18,4 km	1 h 45 min
26	3	782 m	22,1 km	2 h 20 min
21	3	829 m	15,6 km	2 h
38	3	849 m	29,2 km	2 h 15 min
4	3	889 m	21 km	2 h
11	3	901 m	27 km	2 h 30 min
5	3	900 m	25,6 km	2 h 10 min
18	3	931 m	22,5 km	2 h 20 min
8	3	949 m	23 km	2 h 15 min
17	3	956 m	24,8 km	2 h
13	3	990 m	23 km	2 h 30 min
14	3	1010 m	20,6 km	2 h 05 min
22	3	1031 m	17,9 km	2 h 15 min
25	3	1037 m	20 km	2 h 50 min
2	3	1056 m	20,1 km	2 h 10 min
10	3	1200 m	30,7 km	2 h 45 min
24	3	1358 m	25,6 km	3 h 10 min
40	4	617 m	26,8 km	2 h 30 min
37	4	697 m	19 km	1 h 55 min
9	4	741 m	23,2 km	2 h
16	4	1047 m	26,4 km	2 h 45 min
23	4	1068 m	23,4 km	2 h 15 min
12	4	1133 m	30,2 km	4 h 05 min
1	4	1201 m	24,6 km	2 h 15 min
6	4	1251 m	24,6 km	2 h 45 min
7	4	1663 m	34,1 km	3 h 15 min
41	5	650 m	17,4 km	1 h 45 min
19	5	615 m	16 km	1 h 55 min
34	5	995 m	34 km	3 h 10 min
15	5	1212 m	22 km	2 h 30 min
33	5	1312 m	51,2 km	4 h 20 min
43	5	1403 m	51,8 km	5 h 10 min
3	5	1800 m	44,8 km	4 h 15 min
		38600 m	1045,4 km	

TOUR	DISTANZ	FAHRZEIT	HÖHENMETER	SCHWIERIGKEIT
STAMS				
1	24,6 km	2h 15'	1201 m	4
ROPPEN				
2	20,1 km	2h 10'	1056 m	3
SILZ				
3	44,8 km	4h 15'	1800 m	5
ROPPEN				
4	21 km	2h	889 m	3
MÖTZ				
5	25,6 km	2h 10'	900 m	3
WALDELE				
6	24,6 km	2h 45'	1251 m	4
IMSTERAU				
7	34,1 km	3h 15'	1663 m	4
IMST				
8	23 km	2h 15'	949 m	3
NASSEREITH				
9	23,2 km	2h	741 m	4
NASSEREITH				
10	30,7 km	2h 45'	1200 m	3
NASSEREITH				
11	27 km	2h 30'	901 m	3
ROSSBACH				
12	30,2 km	4h 05'	1133 m	4

OBERINNTAL

TOUR 1 ★ OBERLAND

INNSBRUCK - STAMS   36 km

ANFAHRT

A 12 Richtung Arlberg, Ausfahrt Mötz, weiter auf der Bundesstraße nach Stams, anschließend der Beschilderung zum Stift Stams folgen

(P) beim Schild Parkplatz für Stift Stams Besucher auf der rechten Straßenseite

mit dem Regionalzug nach Stams

Check vor Tourantritt
- ✓ gründlich vorbereitet ?
- ✓ gesundheitliche Verfassung ausreichend ?
- ✓ rechtliche Erlaubnis eingeholt ?

STAMS   672 M
START ● BEIM P FÜR STIFT STAMS BESUCHER

der Asphaltstraße zum Stift Stams und zum Campingplatz folgen
➡ 2,5 km Asphalt
➡ 9,8 km Forstweg

STAMSER ALM   1873 M
ZEITWEISE BEWIRTSCHAFTETE ALMHÜTTE

Stams

Stamser Alm

STAMSER ALM

1873 м

STAMS

672 м

1201 m

GESAMT ④

12,3 km   1 h 50 min

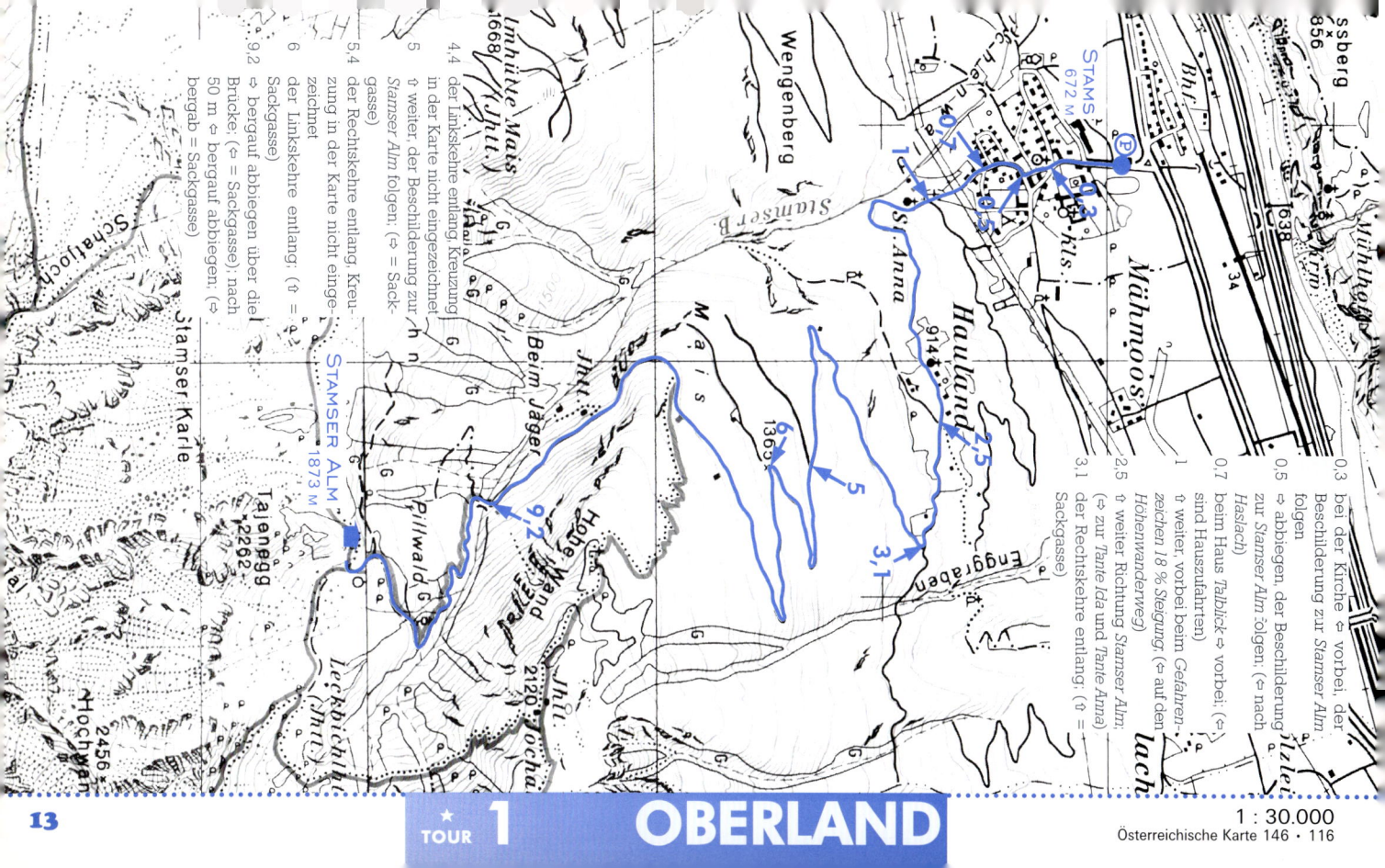

- 4.4 der Linkskehre entlang, Kreuzung in der Karte nicht eingezeichnet ⇧ weiter, der Beschilderung zur Stamser Alm folgen; (⇨ = Sackgasse)
- 5 Imhütte Mais 1668 m (Jht)
- 5.4 der Rechtskehre entlang, der Linkskehre entlang; (⇧ = Sackgasse)
- 6 Stamser Alm 1873 m
- 9.2 ⇦ bergauf abbiegen über die Brücke; (⇨ = Sackgasse), nach 50 m ⇨ bergauf abbiegen; (⇧ = Sackgasse)

- 0.3 bei der Kirche ⇨ vorbei, der Beschilderung zur Stamser Alm folgen
- 0.5 ⇨ abbiegen, der Beschilderung zur Stamser Alm folgen; (⇧ = nach Haslach)
- 0.7 beim Haus *Talblick* ⇨ vorbei; (⇧ sind Hauszufahrten) ⇧ weiter, vorbei beim *Gefahrenzeichen 18 % Steigung*; (⇨ auf den *Höhenwanderweg*)
- 2.5 ⇧ weiter Richtung Stamser Alm; (⇨ zur *Tante Ida* und *Tante Anna*)
- 3.1 der Rechtskehre entlang; (⇧ = Sackgasse)

STAMS 672 M

STAMSER ALM 1873 M

13 ★ TOUR **1** **OBERLAND** 1 : 30.000 Österreichische Karte 146 · 116

TOUR 2 ★★ OBERLAND

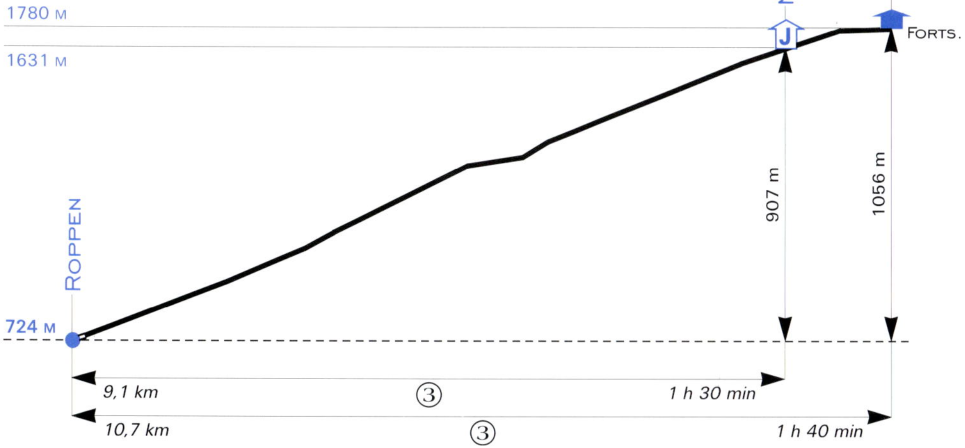

INNSBRUCK – ROPPEN   *52 km*

ANFAHRT

🚗 *A 12 Richtung Arlberg, Ausfahrt Hai-ming / Ötztal, weiter auf der Bundesstraße nach Roppen, vor der Innbrücke links abbiegen zum Gasthof Stern*

Ⓟ *in der Nähe vom Gasthof Stern*

🚲 *mit dem Regionalzug nach Roppen*

Check vor Tourantritt	ℹ️ ✓ gründlich vorbereitet ? ✓ gesundheitliche Verfassung ausreichend ? ✓ rechtliche Erlaubnis eingeholt ?

ROPPEN   724 M
START ● BEIM GASTHOF STERN

am Postamt vorbei und der dortigen Beschilderung zur Maisalm folgen

➡ *0,1 km Asphalt*

➡ *9 km Forstweg*

MAISALM   1631 M
IM SOMMER BEWIRTSCHAFTETE ALMHÜTTE 🏠

➡ *1,5 km Forstweg*

ROPPEN

MAISALM

REICHENBACHALM

1780 M

1631 M

MAISALM

REICHENBACHALM

Forts.

ROPPEN

724 M

907 m

1056 m

9,1 km   ③   1 h 30 min

10,7 km   ③   1 h 40 min

➡ 0,1 km Karrenweg

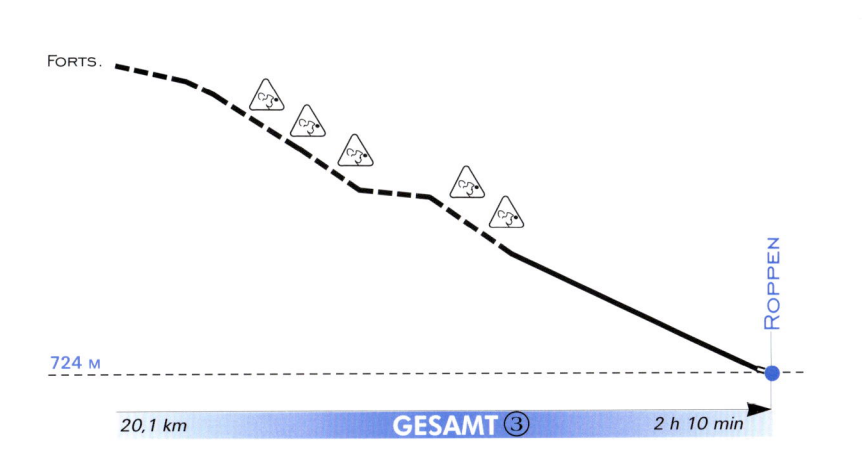

REICHENBACHALM 1780 M
UNBEWIRTSCHAFTETE ALMHÜTTE

➡ 4,4 km Karrenweg
➡ 0,4 km Forstweg
➡ 1,1 km Karrenweg
➡ 3,4 km Forstweg
➡ 0,1 km Asphalt

ROPPEN 724 M

FORTS.

724 M

20,1 km   **GESAMT** ③   2 h 10 min

TOUR 2   OBERLAND

OBERLAND
TOUR 2 ★★

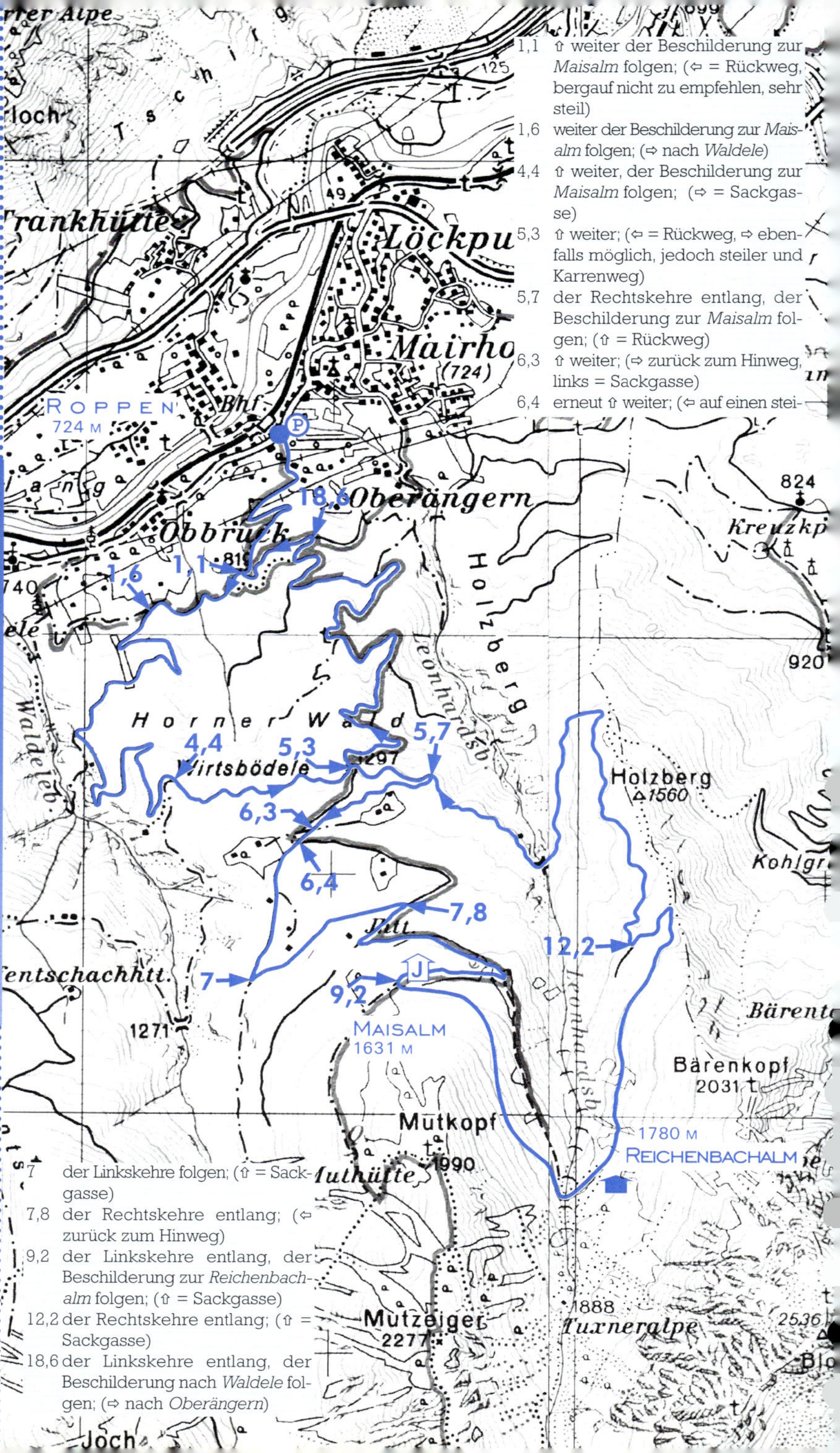

1.1 ⇧ weiter der Beschilderung zur *Maisalm* folgen; (⇨ = Rückweg, bergauf nicht zu empfehlen, sehr steil)

1.6 weiter der Beschilderung zur *Maisalm* folgen; (⇨ nach *Waldele*)

4.4 ⇧ weiter der Beschilderung zur *Maisalm* folgen; (⇨ = Sackgasse)

5.3 ⇧ weiter; (⇨ = Rückweg, ⇨ ebenfalls möglich, jedoch steiler und Karrenweg)

5.7 der Rechtskehre entlang, der Beschilderung für *Maisalm* folgen; (⇧ = Rückweg)

6.3 ⇧ weiter; (⇨ zurück zum Hinweg, links = Sackgasse)

6.4 erneut ⇧ weiter; (⇨ auf einen steilen...)

7.8 der Rechtskehre entlang, (⇨ zurück zum Hinweg gasse)

9.2 der Linkskehre entlang, der Beschilderung zur *Reichenbachalm* folgen; (⇧ = Sackgasse)

12.2 der Rechtskehre entlang, (⇧ = Sackgasse)

18.6 der Linkskehre entlang, der Beschilderung nach *Waldele* folgen; (⇨ nach *Oberängern*)

1 : 30.000 Österreichische Karte 145

Fortschritt schafft Erfolge.

Spitzentechnik von Liebherr.

Liebherr-Werk Telfs GmbH
Postfach 49, A-6410 Telfs
Tel.: (0 52 62) 600-0
Fax: (0 52 62) 600-72

LIEBHERR

MOUNTAINBIKE Revue

Gibt

Berge!

yes!

abonnement

Kupon abtrennen und im frankierten Kuvert senden an:

**Mountainbike Revue
Abonnentenservice
Lohnsteinstraße 17
A-2380 Perchtoldsdorf**

*Sollte der Kupon fehlen:
Abonnentenservice –
✆ 01/865 04 04 - 11*

Name
Straße
PLZ/Ort
Datum
Unterschrift*

*Unter 18 Jahre: Unterschrift des Erziehungsberechtigten.

MOUNTAINBIKE Revue

ABONNEMENT
[6 Hefte – 180 Schilling]
[DM 42/sfr 36/Lit 42.000]
inkl. Versandspesen.

Das Abonnement endet automatisch nach einem Jahr
(6 und kann schriftlich verlängert werden).

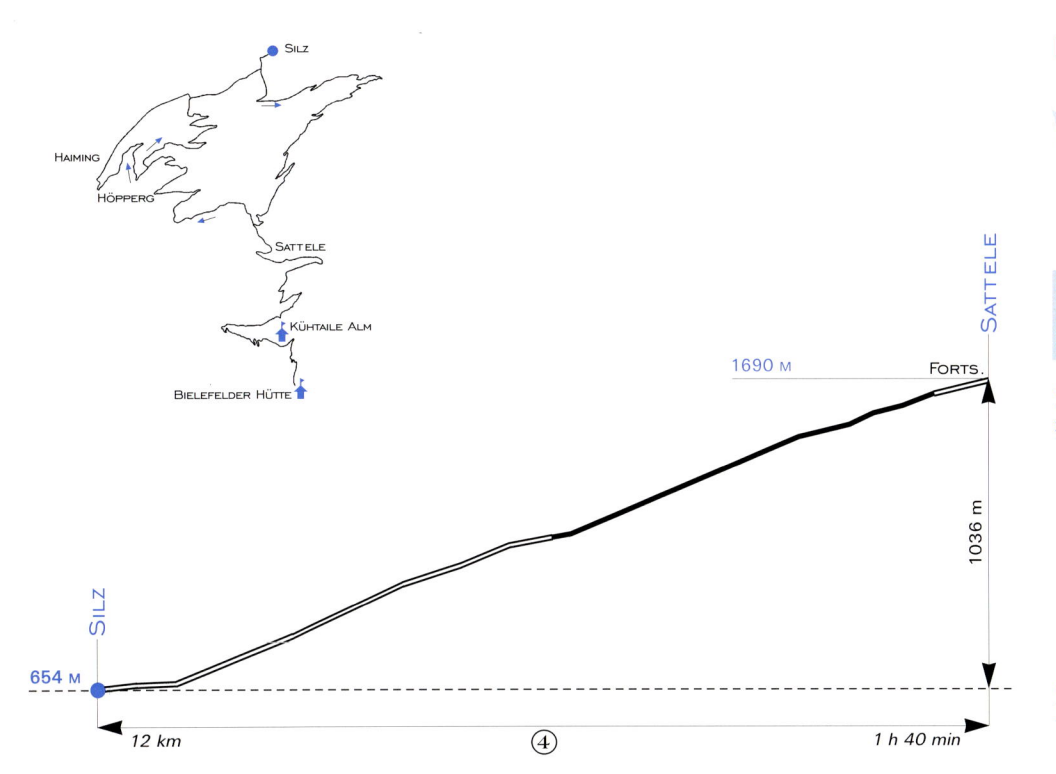

INNSBRUCK - SILZ 40 km

ANFAHRT

🚗 A 12 Richtung Arlberg, Ausfahrt Mötz, weiter auf der Bundesstraße B 171 nach Silz

🅿 gegenüber von der Dorfkirche Silz, direkt neben der Bundesstraße

🚴 mit dem Regionalzug nach Silz

| Check vor Tourantritt | ✓ gründlich vorbereitet ?
✓ gesundheitliche Verfassung ausreichend ?
✓ rechtliche Erlaubnis eingeholt ? |

SILZ 654 M
START ● GEGNÜBER VON DER DORFKIRCHE

der Bundesstraße Richtung Westen folgen, nach 200 m links abbiegen Richtung Sattele und Kühtai

➡ 6,1 km Asphalt
➡ 5,1 km Forstweg
➡ 0,8 km Asphalt

SATTELE 1690 M

Silz • Haiming • Höpperg • Sattele • Kühtaile Alm • Bielefelder Hütte

Silz 654 M — 12 km — ④ — 1 h 40 min — Sattele 1690 M (Forts.) 1036 m

19 ★★ TOUR **3** **OBERLAND**

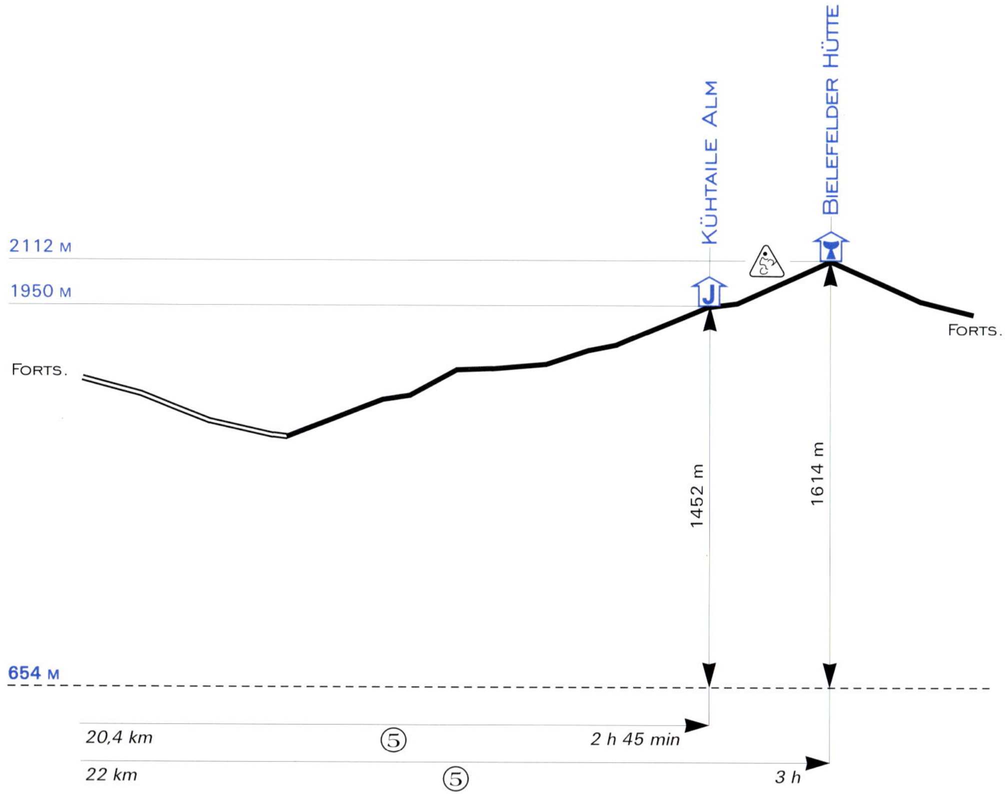

★★ TOUR 3 OBERLAND

KÜHTAILE ALM

BIELEFELDER HÜTTE

2112 m

1950 m

Forts.

654 m

1452 m

1614 m

Forts.

Forts.

20,4 km ⑤ 2 h 45 min

22 km ⑤ 3 h

➠ 2,7 km Asphalt

➠ 5,7 km Forstweg

KÜHTAILE ALM 1950 m
BEW. ANFANG JUNI BIS ANFANG OKTOBER

☎ Tal: (++43) (0) 52 52 / 69 60

➠ 1,6 km Forstweg

BIELEFELDER H. 2112 m
BEW. ANFANG JUNI BIS ANFANG OKTOBER

☎ Tal: (++43) (0) 52 52 / 61 01

➠ 7,2 km Forstweg

➠ 10,7 km Asphalt

➠ 1,1 km Single Track

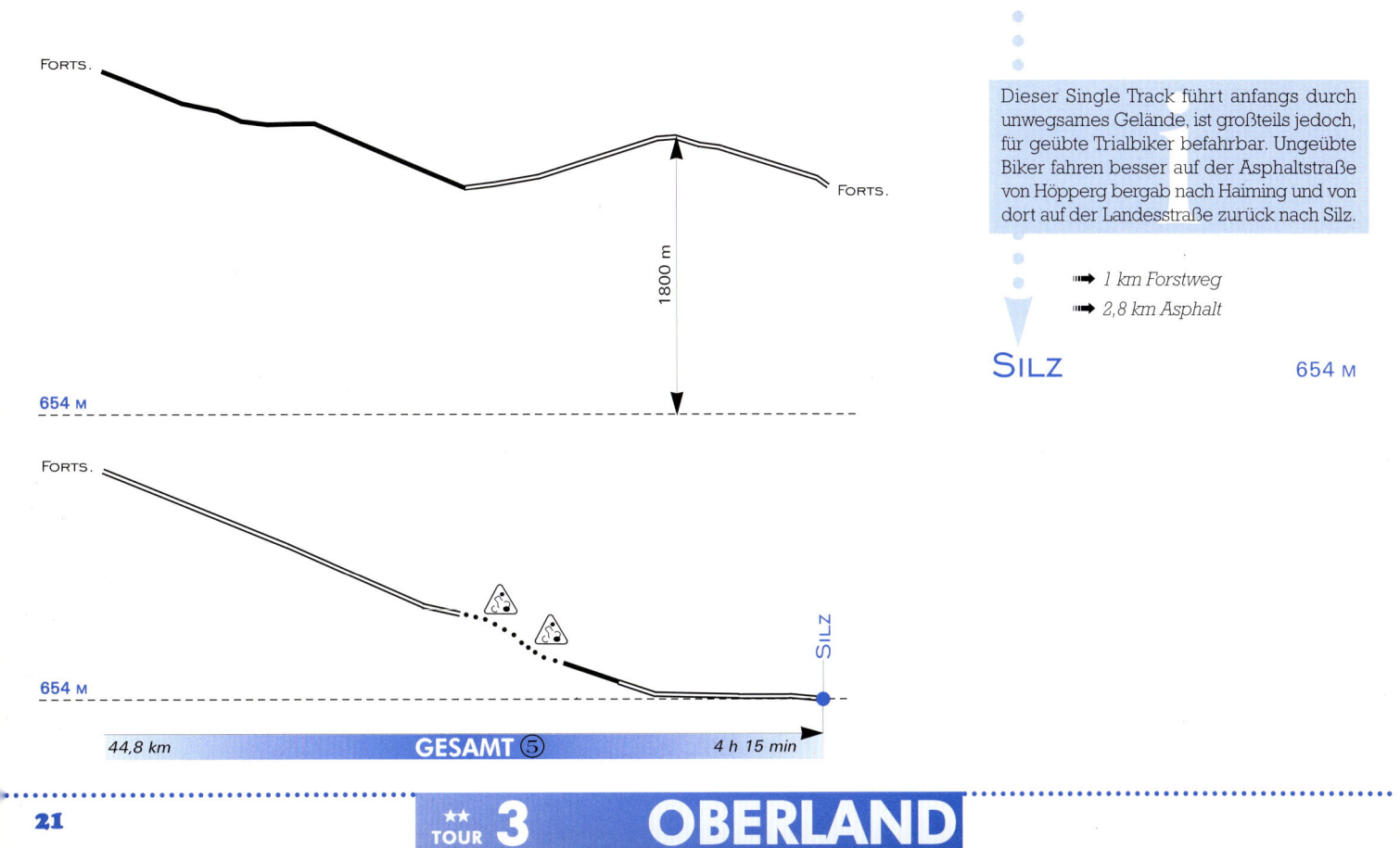

FORTS.

FORTS.

1800 m

654 M

FORTS.

654 M

SILZ

44,8 km   **GESAMT** ⑤   4 h 15 min

Dieser Single Track führt anfangs durch unwegsames Gelände, ist großteils jedoch, für geübte Trialbiker befahrbar. Ungeübte Biker fahren besser auf der Asphaltstraße von Höpperg bergab nach Haiming und von dort auf der Landesstraße zurück nach Silz.

➡ *1 km Forstweg*
➡ *2,8 km Asphalt*

SILZ 654 M

★★ TOUR **3** **OBERLAND**

TOUR 3 ★★ OBERLAND

22   1 : 34.000
Österreichische Karte 146 · 116

39,2 in *Höpperg* nach der Dorfkirche und bei der Telefonzelle ⇨ abbiegen Richtung *Gwiggen*; Achtung! Biker ohne Trialkenntnisse fahren bei dieser Kreuzung besser auf der Bundesstraße zurück nach Silz

39,5 ⇨ abbiegen, weiter bis zum Wegende, dort der Beschilderung zum *Schloß Petersberg* folgen, auf dem Single Track der rot-weißen Markierung entlang

42,7 kurz vor der Bundesstraße ⇧ am *Welfenweg* zurück zum Startpunkt

0,2 beim Schild *Sattele / Kühtai* ⇨ von der Bundesstraße abbiegen

3,9 ⇧ weiter; (⇦ nach *Wolfsgruben*, ⇦ = Sackgasse)

4,6 der Rechtskehre entlang; (⇧ = Sackgasse)

5,8 ⇧ am *Mahderweg* weiter; (⇦ zum *Stadligerbach*)

8,2 der Rechtskehre entlang, Kreuzung in der Karte nicht eingezeichnet

8,4 ⇧ bergauf weiter; (⇨ = Sackgasse)

11 der Rechtskehre entlang; (⇧ = Sackgasse)
11,2 ⇦ in die Asphaltstraße bergauf einbiegen; (⇨ = Rückweg)
12,9 ⇧ Richtung *Kühtai*; (⇦ nach *Obergut*)
13,6 ⇧ bergab weiter; (⇦ bergauf zum *Gasthof Marlstein*)
13,9 ⇨ bergab abbiegen Richtung *Ötz* und *Ochsengarten* (Gemeinde *Haiming*)
14,8 nach *Ochsengarten* und nach dem Überqueren des *Nederbachs* ⇦ von der Asphaltstraße in den Forstweg einbiegen
21,2 ⇦ abbiegen zur *Bielefelder Hütte*; (⇨ nach *Ötz*; Achtung! Sackgasse)

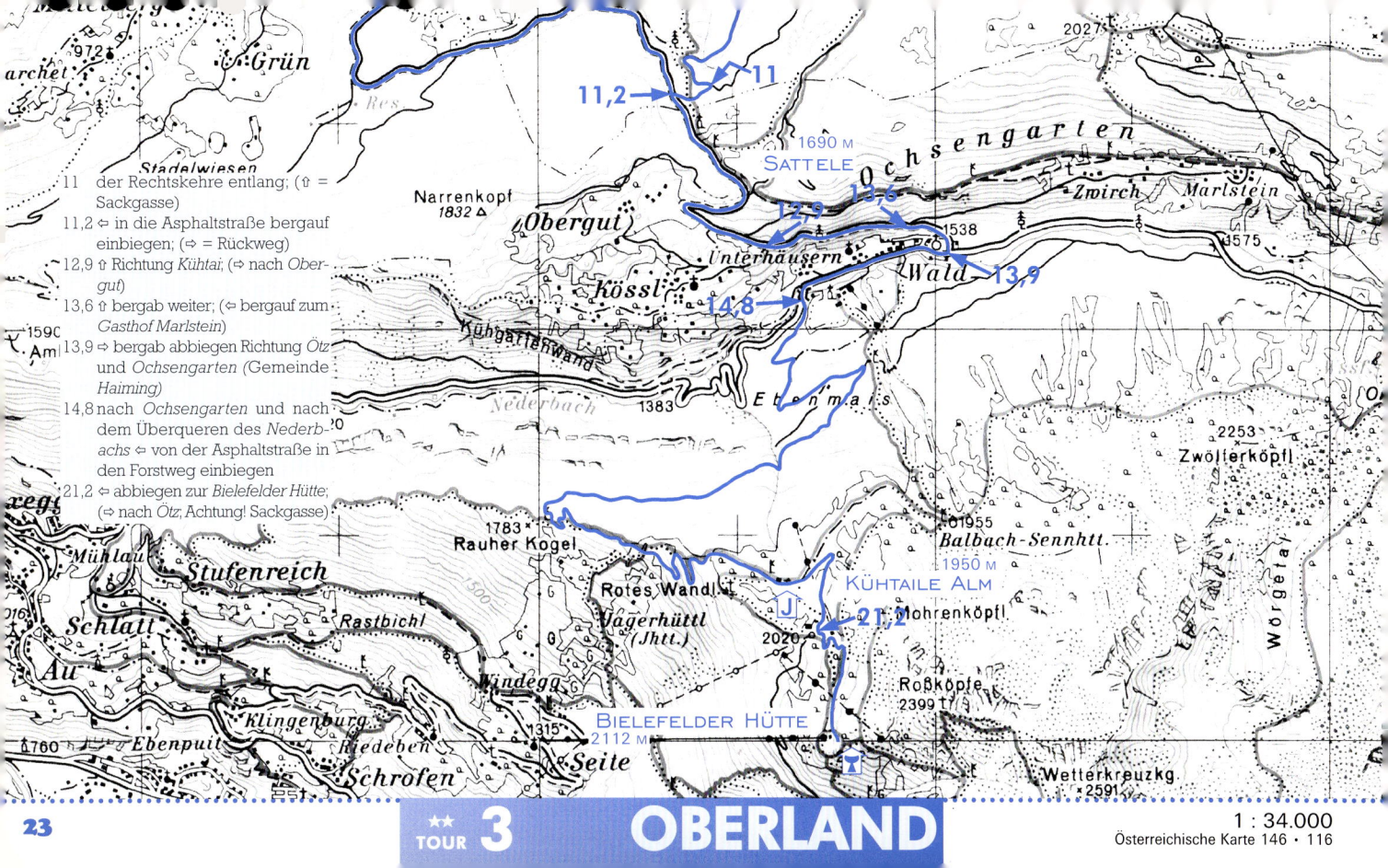

TOUR 3 **OBERLAND**

1 : 34.000
Österreichische Karte 146 · 116

★★ TOUR 4 OBERLAND

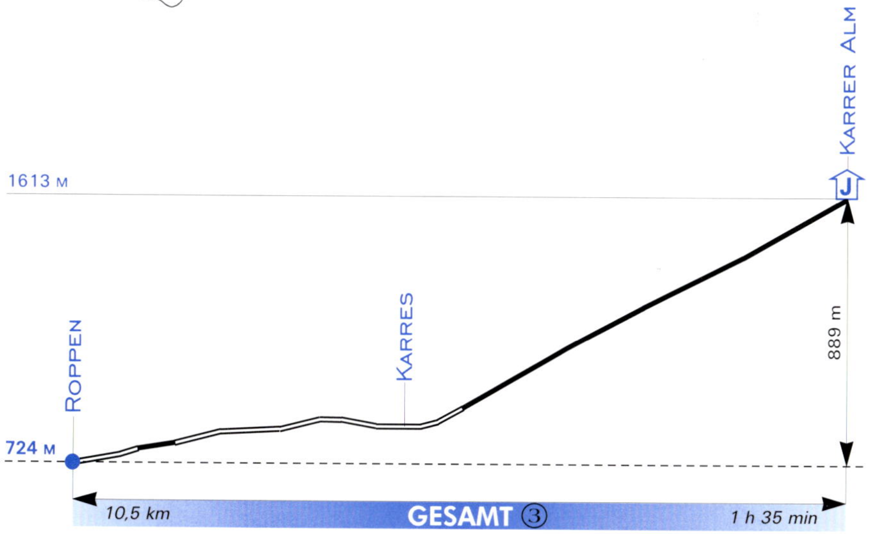

INNSBRUCK - ROPPEN   52 km

ANFAHRT

- 🚗 *A 12 Richtung Arlberg, Ausfahrt Haiming / Ötztal, weiter auf der Bundesstraße nach Roppen, bei Roppen die Innbrücke überqueren*
- Ⓟ *nach der Innbrücke auf der rechten Straßenseite, beim kleinen Schotterparkplatz*
- 🚲 *mit dem Regionalzug nach Roppen*

Check vor Tourantritt
- ✓ gründlich vorbereitet ?
- ✓ gesundheitliche Verfassung ausreichend ?
- ✓ rechtliche Erlaubnis eingeholt ?

ROPPEN   724 M
START ● BEIM P

auf der Bundesstraße Richtung Imst, nach 100 m rechts abbiegen, der Beschilderung zum Gewerbegebiet folgen

- ⇒ *0,9 km Asphalt*
- ⇒ *0,5 km Forstweg*
- ⇒ *3,9 km Asphalt*
- ⇒ *5,2 km Forstweg*

KARRER ALM   1613 M
IM SOMMER BEWIRTSCHAFTETE ALMHÜTTE

☎ Hütte: 0663 / 85 76 19
   Tal: 054 12 / 61 98 7
   Familie Sailer

KARRER ALM

ROPPEN

KARRES

1613 M

724 M

ROPPEN

KARRES

KARRER ALM

889 m

10,5 km

GESAMT ③

1 h 35 min

Dist	Instruction
0,7	⇐ abbiegen auf den *MTB-Radwanderweg*; (⇑ = Sackgasse)
0,8	kurz vor dem *Roppener Tunnel* ⇐ abbiegen, über die kleine Brücke; (⇑ zur Autobahn A12)
1,4	⇒ bergauf weiter, der Beschilderung *MTB-Radwanderweg* folgen
4,5	in *Karres* beim Haus mit der Nummer 60 ⇒ bergauf abbiegen; (⇐ auch möglich)
5	beim Haus *Schönblick* ⇒ bergauf abbiegen
5,4	der Rechtskehre entlang, der Beschilderung zur *Karrer Alm* folgen; (⇑ = Sackgasse)
6,9	⇑ weiter; (⇐ = Sackgasse)
7,2	der Rechtskehre entlang, der Beschilderung zur *Alm* folgen; (⇑ zum Parkplatz *Karrösten*)
8,1	⇑ weiter Richtung *Karrer Alm*; (⇐ = Sackgasse)
8,2	der Linkskehre bergauf folgen; (Linkskehre bergab = Sackgasse)
9,2	der Linkskehre entlang Richtung *Karrer Alm*; (⇑ = Sackgasse)
9,4	der Rechtskehre entlang; (⇑ =

TOUR 4 — OBERLAND

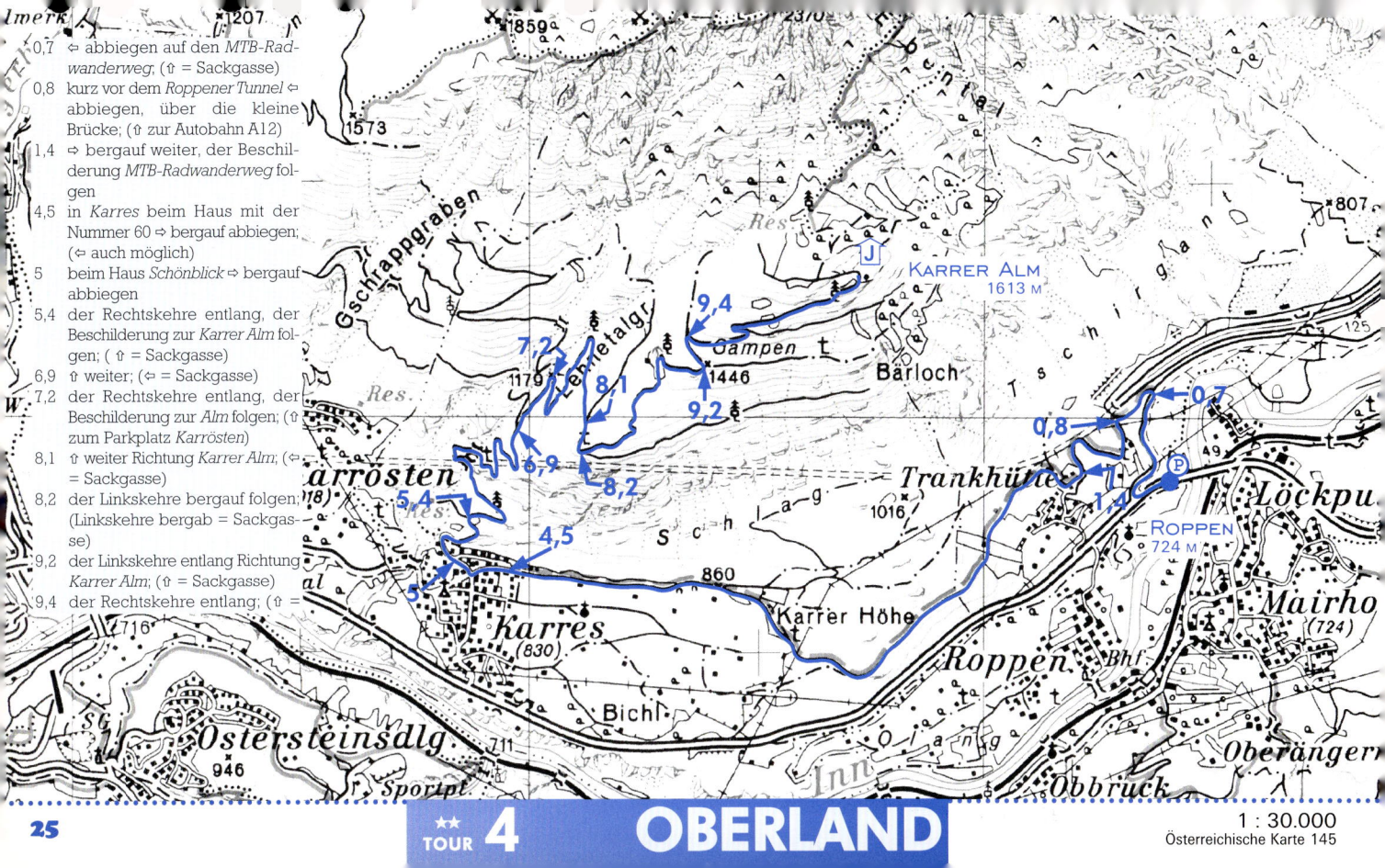

1 : 30.000
Österreichische Karte 145

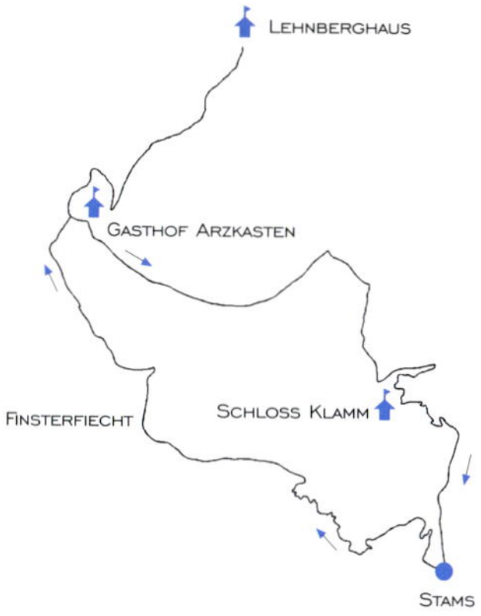

TOUR **5** ★★ **OBERLAND**

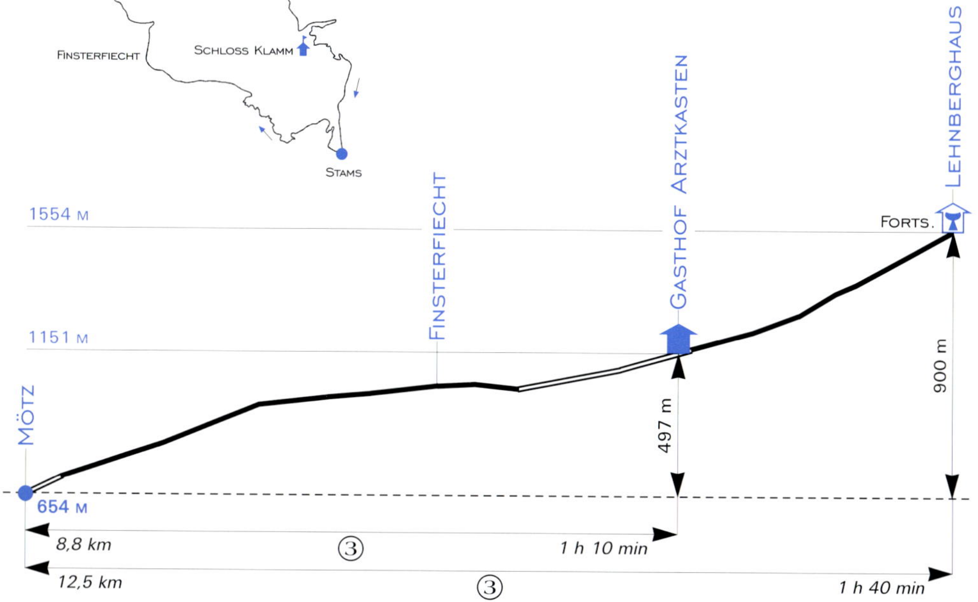

INNSBRUCK - MÖTZ   *38 km*

ANFAHRT

A 12 Richtung Arlberg, Ausfahrt Mötz, weiter auf der Bundesstraße Richtung Reutte, vor einer langgezogenen Rechtskurve links abbiegen nach Mötz zur Dorfkirche

Ⓟ *vor der Dorfkirche Mötz*

🚲 *mit dem Regionalzug nach Mötz*

Check vor Tourantritt	✓ gründlich vorbereitet ?
	✓ gesundheitliche Verfassung ausreichend ?
	✓ rechtliche Erlaubnis eingeholt ?

MÖTZ   654 M

START ● BEI DER DORFKIRCHE

links an der Volksschule vorbei, der Asphaltstraße entlang

➥ *0,5 km Asphalt*

➥ *6,1 km Forstweg*

➥ *2,2 km Asphalt*

GHF. ARZKASTEN 1151 M

GANZJÄHRIG BEWIRTSCHAFTETER GASTHOF

➥ *0,1 km Asphalt*

➥ *3,6 km Forstweg*

LEHNBERGHAUS

GASTHOF ARZKASTEN

SCHLOSS KLAMM

FINSTERFIECHT

STAMS

1554 M

1151 M

654 M

MÖTZ

FINSTERFIECHT

GASTHOF ARZTKASTEN

497 m

LEHNBERGHAUS

FORTS.

900 m

8,8 km   ③   1 h 10 min

12,5 km   ③   1 h 40 min

LEHNBERGHAUS 1554 M
bew. Mitte Juni bis Anfang Oktober

- Hütte: (++43) (0) 663 / 054 22 8
- Tal: (++43) (0) 52 64 / 83 33
  Familie Auer
- Zimmer mit fließend Kalt- und Warmwasser, sowie Gemeinschaftslager

➡ 7,5 km Forstweg
➡ 0,2 km Asphalt
➡ 0,9 km Forstweg
➡ 0,7 km Asphalt
➡ 0,8 km Forstweg
➡ 0,6 km Single Track
➡ 1,3 km Forstweg
➡ 1,1 km Asphalt

FORTS.

MÖTZ 654 M

654 M

25,6 km   GESAMT ③   2 h 10 min

TOUR 5 **OBERLAND**

TOUR 5 ★★ OBERLAND

28

1 : 30.000
Österreichische Karte 116

8,8 am *Gasthof Arzkasten* ⇐ vorbei, anschließend ⇒ auf der Asphalt-straße weiter, der Beschilderung zum *Lehnberghaus* folgen

9 ⇒ abbiegen Richtung *Lehnberg-haus*

9,4 ⇒ abbiegen, der Beschilderung zum *Lehnberghaus* folgen; (⇐ = Sackgasse)

11,5 ⇧ weiter Richtung *Lehnberg*; (⇒ zum *Nisskogel*)

16,2 selbe Kreuzung wie bei km 16,2, jetzt ⇐ abbiegen, der Beschilde-rung nach *Gschwent* folgen

19,5 ⇒ abbiegen nach *Gschwent* und *Fronhausen*

20 ⇧ auf die Asphaltstraße, der Beschilderung *Burgklamm* folgen

20,2 ⇒ abbiegen Richtung *Burgklamm*

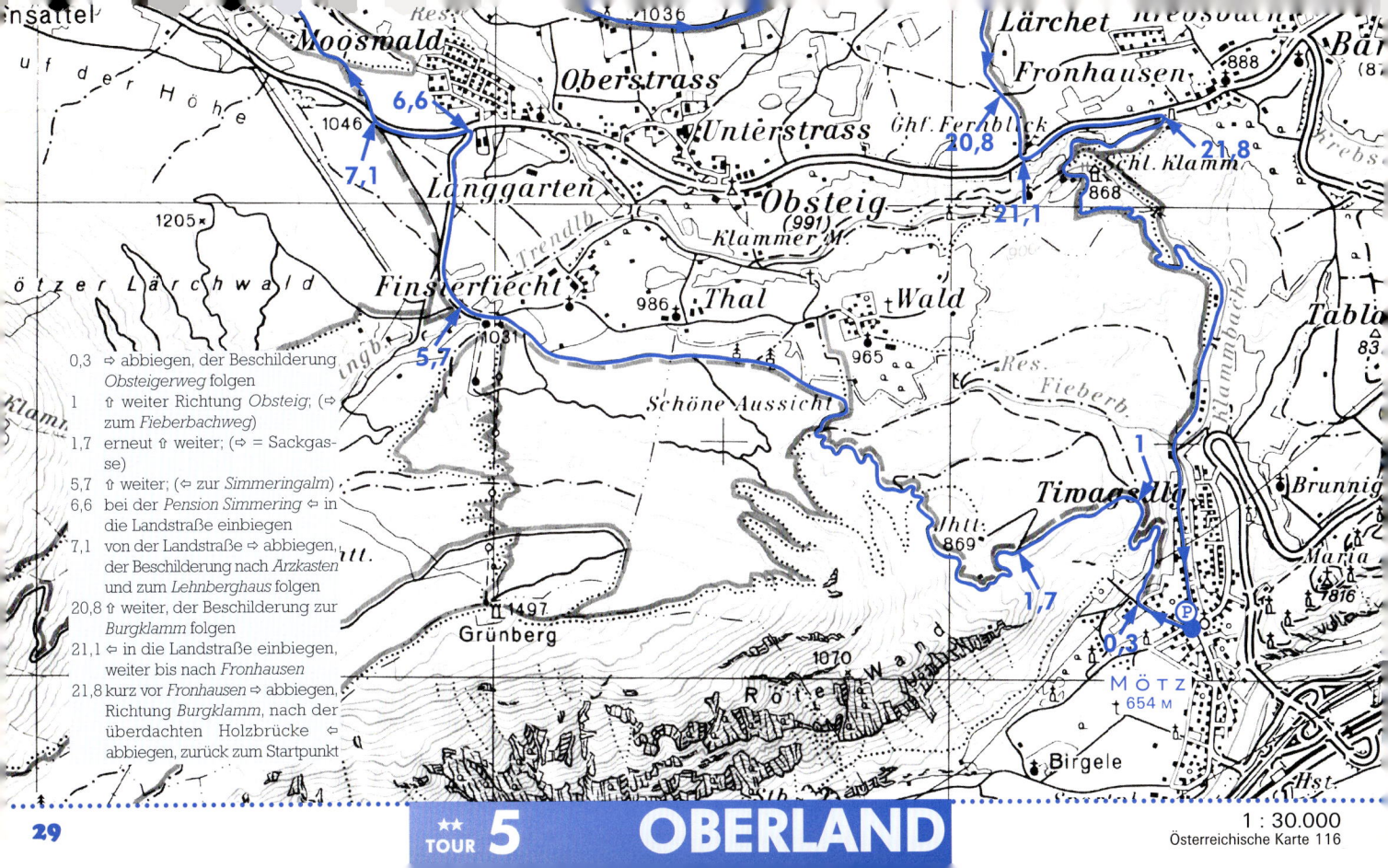

- 0,3 ⇨ abbiegen, der Beschilderung *Obsteigerweg* folgen
- 1 ⇧ weiter Richtung *Obsteig*; (⇨ zum *Fieberbachweg*)
- 1,7 erneut ⇧ weiter; (⇨ = Sackgasse)
- 5,7 ⇧ weiter; (⇦ zur *Simmeringalm*)
- 6,6 bei der *Pension Simmering* ⇦ in die Landstraße einbiegen
- 7,1 von der Landstraße ⇨ abbiegen, der Beschilderung nach *Arzkasten* und zum *Lehnberghaus* folgen
- 20,8 ⇧ weiter, der Beschilderung zur *Burgklamm* folgen
- 21,1 in die Landstraße einbiegen, weiter bis nach *Fronhausen*
- 21,8 kurz vor *Fronhausen* ⇨ abbiegen, Richtung *Burgklamm*, nach der überdachten Holzbrücke ⇦ abbiegen, zurück zum Startpunkt

29　　TOUR **5**　　**OBERLAND**

1 : 30.000
Österreichische Karte 116

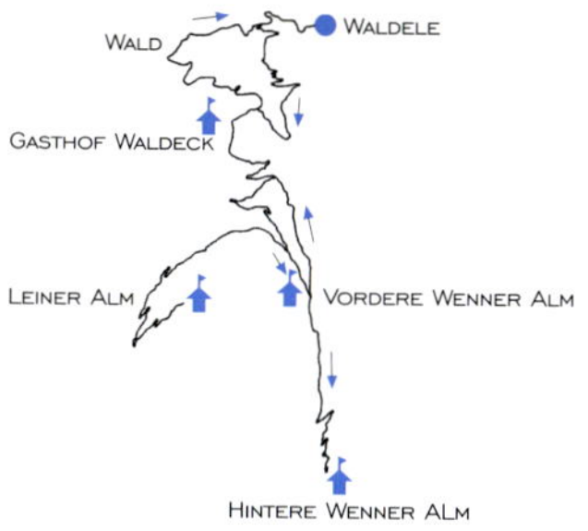

★★ TOUR 6 OBERLAND

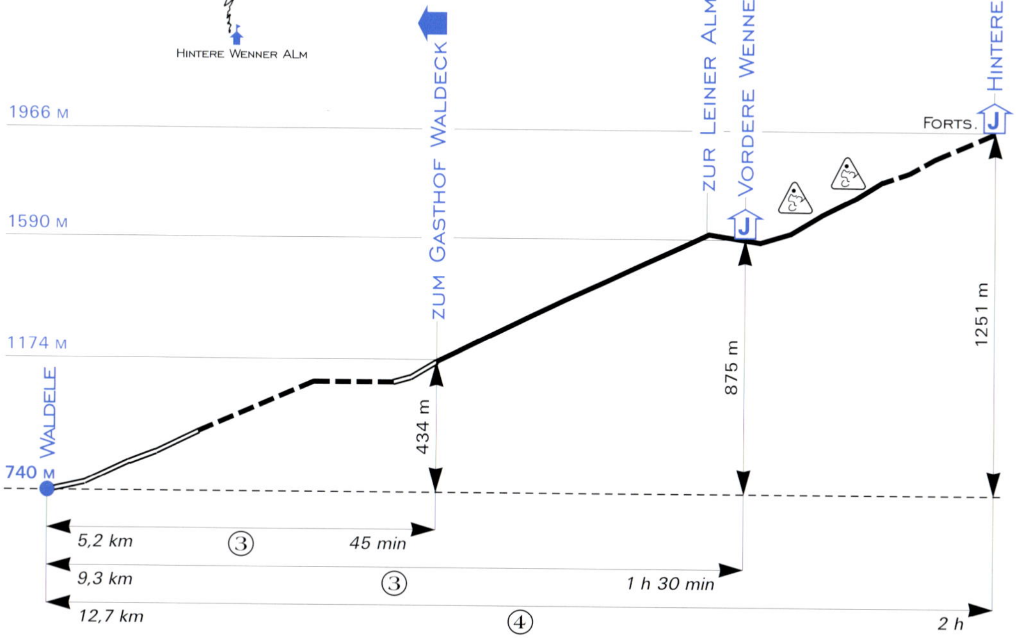

INNSBRUCK - WALDELE 55 km

ANFAHRT

🚗 A 12 Richtung Arlberg, Ausfahrt Haiming/Ötztal, weiter auf der Bundesstraße nach Roppen, vor der Innbrücke links abbiegen, bei der Bäckerei Rudiger und dem Gasthof Stern vorbei bis nach Waldele

🅿 in Waldele

🚲 mit dem Regionalzug nach Roppen

Check vor Tourantritt	✓ gründlich vorbereitet ?
	✓ gesundheitliche Verfassung ausreichend ?
	✓ rechtliche Erlaubnis eingeholt ?

WALDELE 740 M
START ● BEIM ORTSTAFELSCHILD *WALDELE*
ENDE

der Asphaltstraße entlang Richtung Westen

➡ 2 km Asphalt

➡ 2,6 km Karrenweg

➡ 0,8 km Asphalt

GHF. WALDECK 1174 M
GANZJÄHRIG BEWIRTSCHAFTETER GASTHOF 🍽

➡ 4,1 km Forstweg

Elevation profile:

- WALDELE — 740 M
- ZUM GASTHOF WALDECK
- ZUR LEINER ALM
- VORDERE WENNER ALM
- HINTERE WENNER ALM — FORTS.

Elevation markers: 1966 M · 1590 M · 1174 M · 740 M

Height differences: 434 m · 875 m · 1251 m

Distances/times:
- 5,2 km — ③ — 45 min
- 9,3 km — ③ — 1 h 30 min
- 12,7 km — ④ — 2 h

Map labels: Wald · Waldele · Gasthof Waldeck · Leiner Alm · Vordere Wenner Alm · Hintere Wenner Alm

30

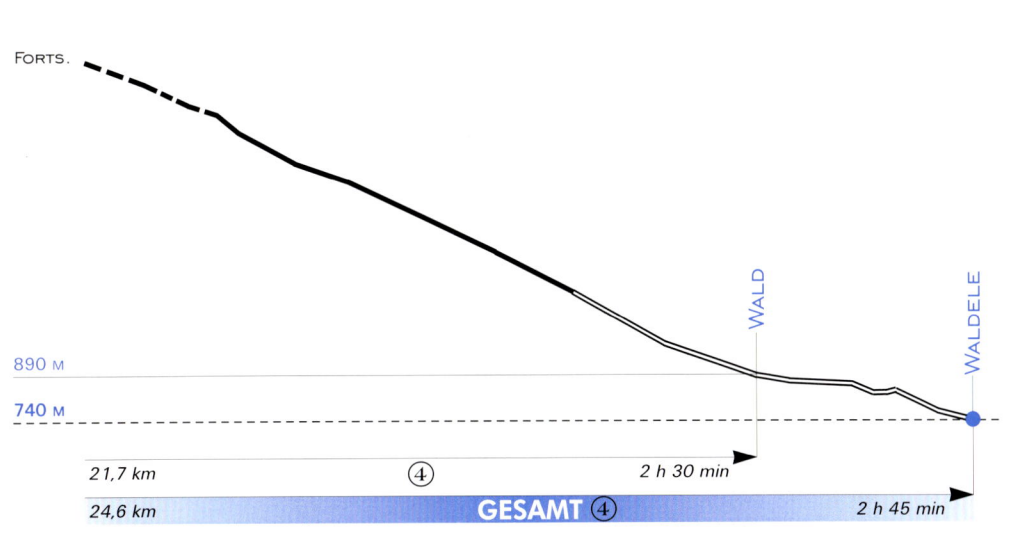

Vd. Wenner Alm 1590 m
Im Sommer bewirtschaftete Almhütte (!!!)

➠ *1,9 km Forstweg*
➠ *1,5 km Karrenweg*

Ht. Wenner Alm 1966 m
Im Sommer bewirtschaftete Almhütte (!!!)

➠ *1,5 km Karrenweg*
➠ *5 km Forstweg*
➠ *2,5 km Asphalt*

Wald — 890 m

➠ *2,9 km Asphalt*

Waldele — 740 m

Forts.

Wald
Waldele

890 m
740 m

21,7 km — ④ — 2 h 30 min
24,6 km — **GESAMT** ④ — 2 h 45 min

★★ TOUR **6** OBERLAND

OBERLAND

TOUR 6 ★★

P WALDELE 740 M

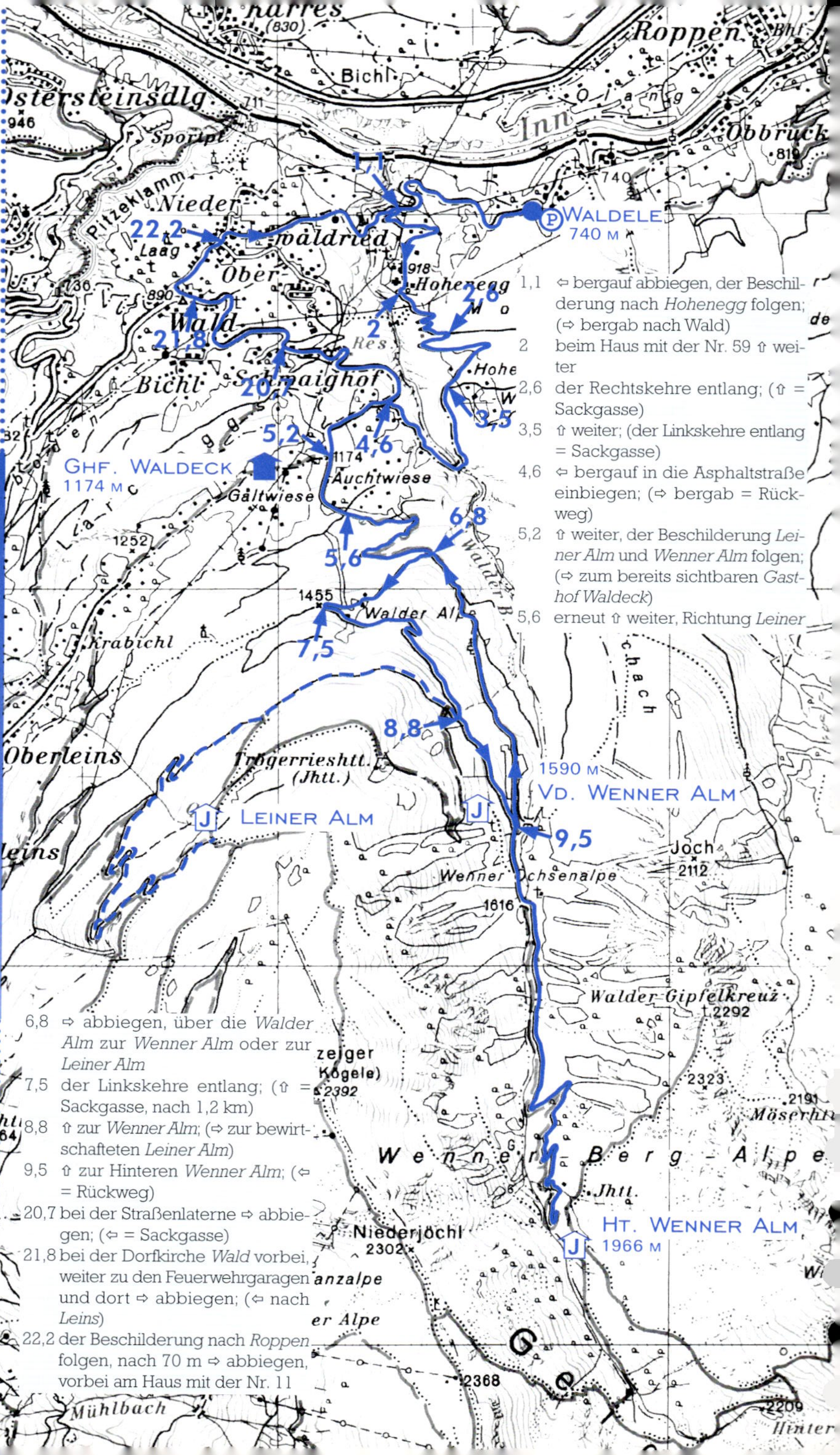

1,1 ⇨ bergauf abbiegen, der Beschilderung nach Hohenegg folgen; (↑ = bergab nach Wald) beim Haus mit der Nr. 59 ↑ weiter

2,6 ⇨ der Rechtskehre entlang; (↑ = Sackgasse)

3,5 ⇨ der Linkskehre entlang = Sackgasse

4,6 ⇨ bergauf in die Asphaltstraße einbiegen; (⇨ bergab = Rückweg)

5,2 ⇨ weiter, der Beschilderung Leiner Alm und Wenner Alm folgen; (⇨ zum bereits sichtbaren Gasthof Waldeck) erneut ↑ weiter, Richtung Leiner

GHF. WALDECK 1174 M

5,6 ⇨ abbiegen, über die Walder Alm zur Wenner Alm oder zur zeiger Kogele Leiner Alm

6,8 ⇨ der Linkskehre entlang; (↑ = Sackgasse, nach 1,2 km)

7,5 ↑ zur Wenner Alm; (⇨ zur bewirtschafteten Leiner Alm)

8,8 ⇨ zur Hinteren Wenner Alm; (⇨ = Rückweg)

J LEINER ALM

J VD. WENNER ALM 1590 M

9,5

J HT. WENNER ALM 1966 M

20,7 bei der Straßenlaterne ⇨ abbiegen; (⇨ = Sackgasse)

21,8 bei der Dorfkirche Wald vorbei, weiter zu den Feuerwehrgaragen und dort ⇨ abbiegen; (⇨ nach Leins)

22,2 der Beschilderung nach Roppen folgen, nach 70 m ⇨ abbiegen, vorbei am Haus mit der Nr. 11

32   Österreichische Karte 145   1 : 37.500

BUCHTIP

Nord- und Ostirol

10 2001 — KITZBÜHEL — Edition Löwenzahn — Hammerle / Hofer

9 1999 — ZILLERTAL — Edition Löwenzahn — Hammerle / Hofer

8 1999 — Leukental, Brixental, Inntal Wörgl Kufstein — Edition Löwenzahn — Hammerle / Hofer

7 1999 — Karwendel, Rofan, Zillertal, Alpbachtal, Inntal Wattens - Wörgl — Edition Löwenzahn — Hammerle / Hofer

6 1999 — Kaunertal, Paznauntal, Stanzer Tal, Inntal Zams - Nauders — Edition Löwenzahn — Hammerle / Hofer

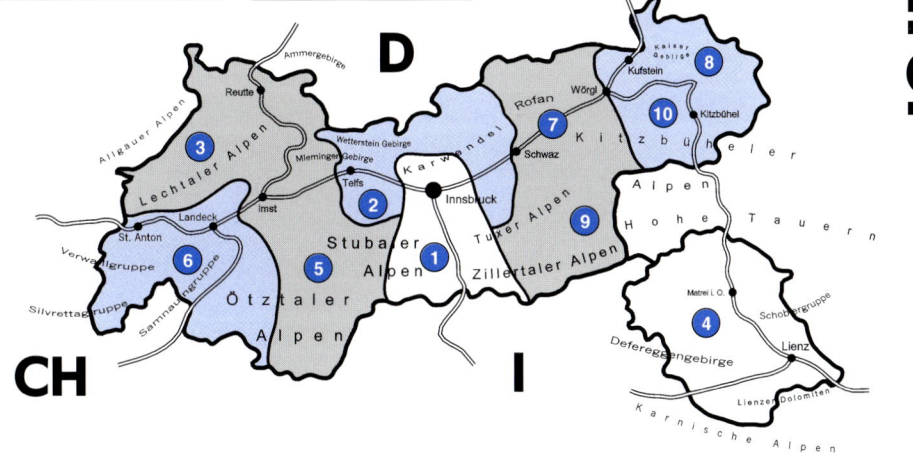

1 im Handel seit 1997 — Claudia Hammerle, Willi Hofer — **bike tour manual** — Innsbruck, Wipptal, Stubaital — Tyrolia

2 im Handel seit 1997 — Claudia Hammerle, Willi Hofer — **bike tour manual** — Karwendel · Wetterstein, Sellrain · Inntal von Telfs bis Wattens — Tyrolia

3 im Handel seit 1998 — LECHTAL — Edition Löwenzahn — Hammerle / Hofer

4 im Handel seit 1998 — OSTTIROL — Edition Löwenzahn — Hammerle / Hofer

5 — Ötztal, Pitztal, Außerfern, Lechtal, Inntal Telfs - Imst — Edition Löwenzahn — Hammerle / Hofer

★★★ TOUR 7 OBERLAND

34

IMSTERAU

IMSTERBERG

GASTHOF PLATTENRAIN

VENETALM

FORTS.

IMSTERAU
726 M

VENETALM
1994 M

FORTS.

726 M

1268 m

FORTS.

12,7 km ③ 2 h

INNSBRUCK - IMSTERAU   65 km

ANFAHRT

⊖ A 12 Richtung Arlberg, Ausfahrt Imsterau und weiter zum Bahnhof Imsterau
Ⓟ beim Bahnhof Imsterau
🚲 mit dem Regionalzug nach Imsterau

Check
vor
Tourantritt
✓ gründlich vorbereitet ?
✓ gesundheitliche Verfassung ausreichend ?
✓ rechtliche Erlaubnis eingeholt ?

IMSTERAU   726 M
START ● BEIM BAHNHOF IMSTERAU

der Asphaltstraße entlang Richtung Imsterberg
➡ 4,3 km Asphalt
➡ 0,7 km Forstweg
➡ 2,6 km Asphalt
➡ 5,1 km Forstweg

VENETALM   1994 M
IM SOMMER BEWIRTSCHAFTETE ALMHÜTTE ⑾

➡ 5,9 km Forstweg

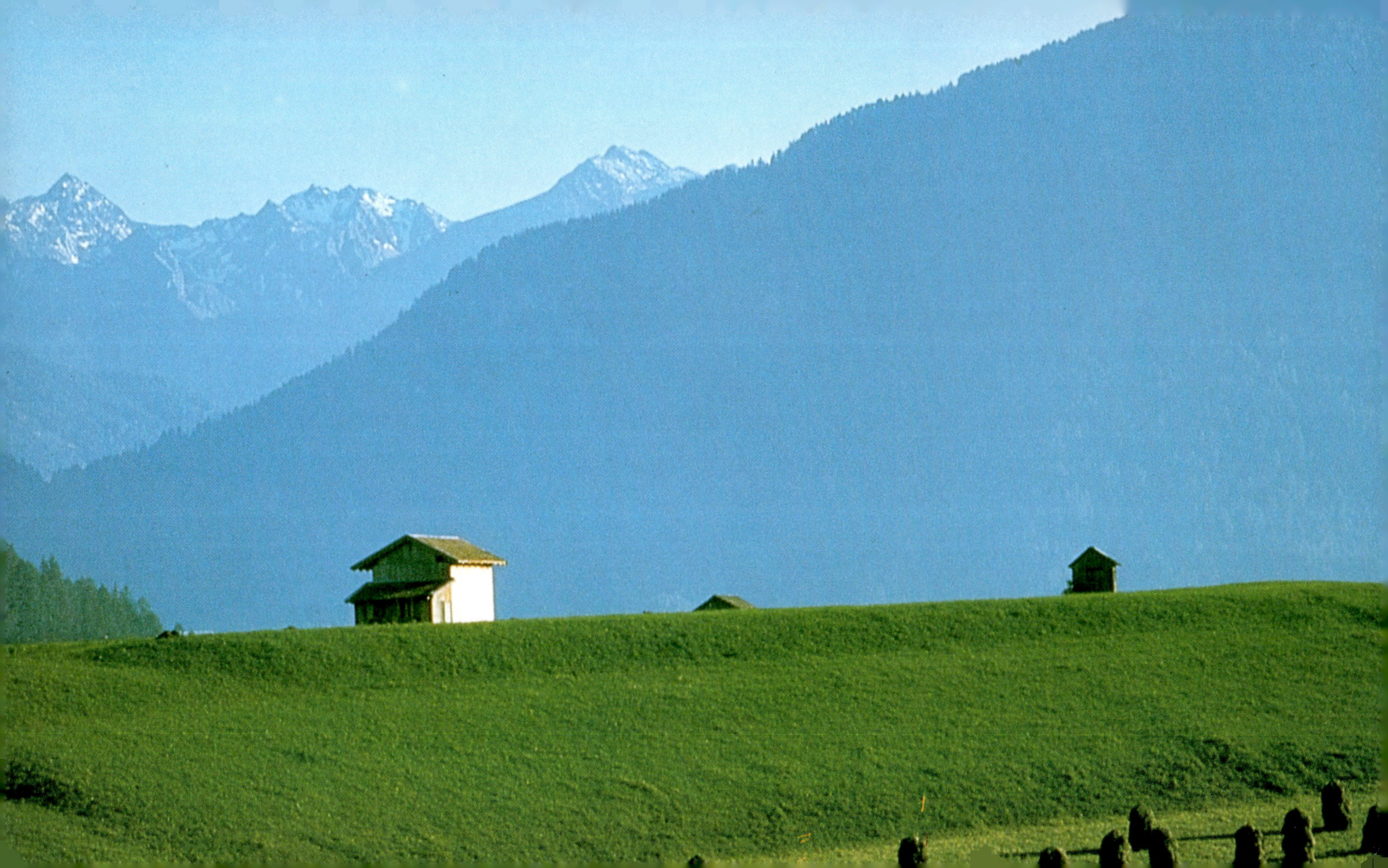

Hol' Dir Dein Trike bei Mike!

ESSO IMST

Tel. 0 54 12/6 26 70

Täglich 24 Stunden geöffnet!

Auf 140 m² Verkaufsfläche finden Triker Lebensmittel in reichhaltiger Auswahl: Eier, Milchprodukte, Wurst, Käse, Tiefkühlkost und ein großes Sortiment an Getränken. Haushaltsartikel, Zeitschriften, Zeitungen und Spiele für Kinder runden unser Shop-Angebot ab.

Family 3-Sitzer
Der Freizeit-Hit

Chopper 2-Sitzer
Das Erlebnis

EASY FUN DRIVE

0664/35 66 907

High Tech Waschanlage | **Kraftstoffe der Superlative**

Ofenfrisches Brot und Gebäck rund um die Uhr

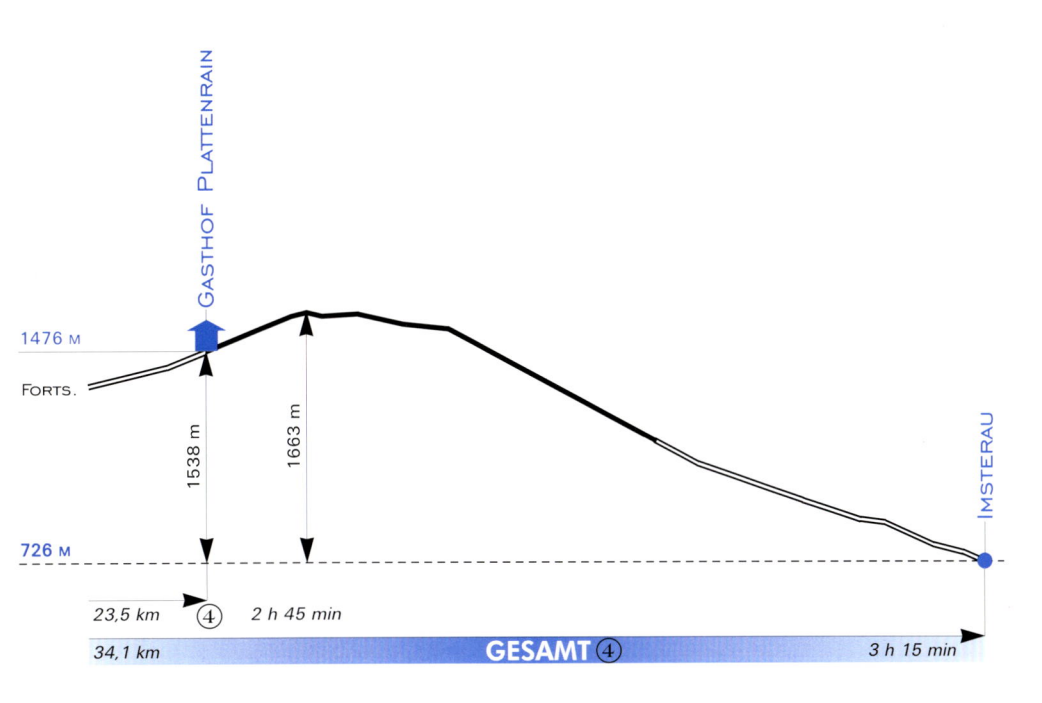

➟ *1,7 km Asphalt*
➟ *0,8 km Forstweg*
➟ *2,4 km Asphalt*

Ghf. Plattenrain 1476 m
GANZJÄHRIG BEWIRTSCHAFTETER GASTHOF

➟ *6,1 km Forstweg*
➟ *4,5 km Asphalt*

Imsterau 726 m

Gasthof Plattenrain

Forts.

1476 m
726 m

1538 m
1663 m

Imsterau

23,5 km ④ 2 h 45 min
34,1 km **GESAMT** ④ 3 h 15 min

TOUR 7 OBERLAND

37

7 OBERLAND

TOUR ★★★

1 : 30.000
Österreichische Karte 145

1,9 in *Imsterberg* der Beschilderung nach *Spadegg* folgen; (⇨ nach *Landeck*)

2,2 ⇦ bergauf abbiegen; (⇧ auch möglich)

2,6 ⇦ bergauf weiter; (⇨ = Rückweg) anschließend der Rechtskehre entlang Richtung *Venet* und *Spadegg*

3,1 ⇦ abbiegen, der Beschilderung nach *Vorderspadegg* folgen; (⇧ auch)

4,3 ⇧ am Forstweg weiter Richtung *Venetalm*; (⇦ bergab nach *Höfle*); nach 100 m ⇧ zur *Venetalm* (⇨ auch möglich)

4,9 ⇧ am oberen Weg Richtung *Venetalm* (der untere Weg = Sackgasse); nach 100 m erneut ⇧ auf der Asphaltstraße weiter ; (⇦ = Rückweg)

5,8 ⇦ bergauf weiter; (⇨ bergab nach *Hinterspadegg*)

7 der Rechtskehre auf der Asphaltstraße folgen; (⇧ = Sackgasse); nach 600 m, dort wo die Asphaltstraße endet, ⇦ bergauf abbiegen; (⇧ nach *Schönwies*)

8,8 der Rechtskehre bergauf folgen; (⇦ bergab zum Rückweg)

9 ⇧ weiter; (⇦ auch möglich)

9,6 ⇧ weiter; (⇦ auch möglich)

11,4 ⇦ bergauf abbiegen, der Beschilderung zur *Venetalm* folgen; (⇧ zur *Hochastner Alm*)

22,1 ⇧ weiter zum *Gasthof Plattenrain*; (⇦ nach *Venet*)

25,2 ⇧ weiter; (⇨ = Sackgasse); nach 50 m erneut ⇧ bergab weiter, (⇦ zur *Timmler Alm*)

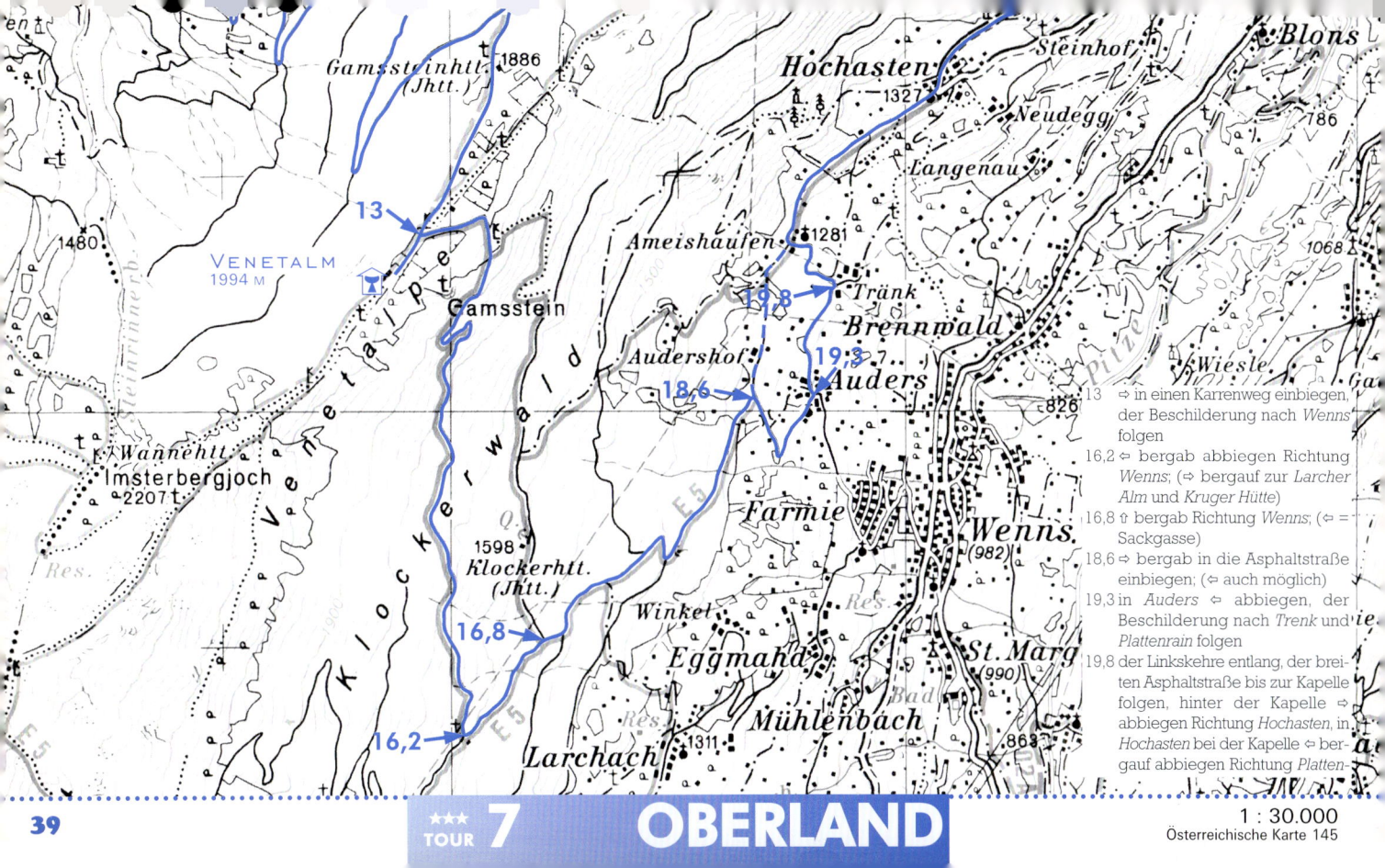

13 ⇨ in einen Karrenweg einbiegen, der Beschilderung nach *Wenns* folgen

16,2 ⇦ bergab abbiegen Richtung *Wenns*; (⇨ bergauf zur *Larcher Alm* und *Kruger Hütte*)

16,8 ⇧ bergab Richtung *Wenns*; (⇨ = Sackgasse)

18,6 bergab in die Asphaltstraße einbiegen; (⇦ auch möglich)

19,3 in *Auders* ⇦ abbiegen, der Beschilderung nach *Trenk* und *Plattenrain* folgen

19,8 der Linkskehre entlang, der breiten Asphaltstraße bis zur Kapelle folgen, hinter der Kapelle ⇨ abbiegen Richtung *Hochasten*, in *Hochasten* bei der Kapelle ⇦ bergauf abbiegen Richtung *Platten-*

39 TOUR 7 OBERLAND 1 : 30.000 Österreichische Karte 145

TOUR ★ 8   OBERLAND

INNSBRUCK - IMST   *60 km*

ANFAHRT

🚗 *A 12 Richtung Arlberg, Ausfahrt Imst, weiter auf der Bundesstraße Richtung Fernpaß, Imsterberg und Hochimst*

🅿 *in der Nähe der Kaufhäuser Vögele und Hofer*

🚲 *mit dem Regionalzug nach Imst*

Check vor Tourantritt	✓ gründlich vorbereitet ?
	✓ gesundheitliche Verfassung ausreichend ?
	✓ rechtliche Erlaubnis eingeholt ?

IMST   *800 M*
START ● BEIM SCHUHGESCHÄFT VÖGELE

der Asphaltstraße ins Zentrum und Hochimst folgen

➡ *3,6 km Asphalt*

➡ *3,1 km Forstweg*

➡ *0,4 km Asphalt*

➡ *6,8 km Forstweg*

OBERMARKTER ALM *1605 M*
UNBEWIRTSCHAFTETE ALMHÜTTE 🛖

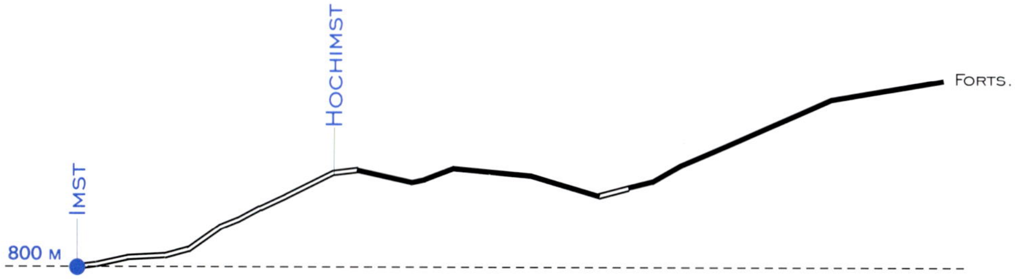

LATSCHENHÜTTE
UNTERMARKTER ALM
OBERMARKTER ALM
HOCHIMST
IMST

HOCHIMST
IMST
FORTS.
800 M

Elevation profile

- 1623 m — Obermarkter Alm / Latschenhütte
- 1605 m
- 1491 m — Untermarkter Alm
- Forts.
- Hochimst
- Imst
- 800 m

931 m, 949 m, 949 m

Distance	Grade	Time
13,9 km	③	1 h 45 min
14,3 km	③	1 h 50 min
15,9 km	③	2 h
23 km	**GESAMT** ③	2 h 15 min

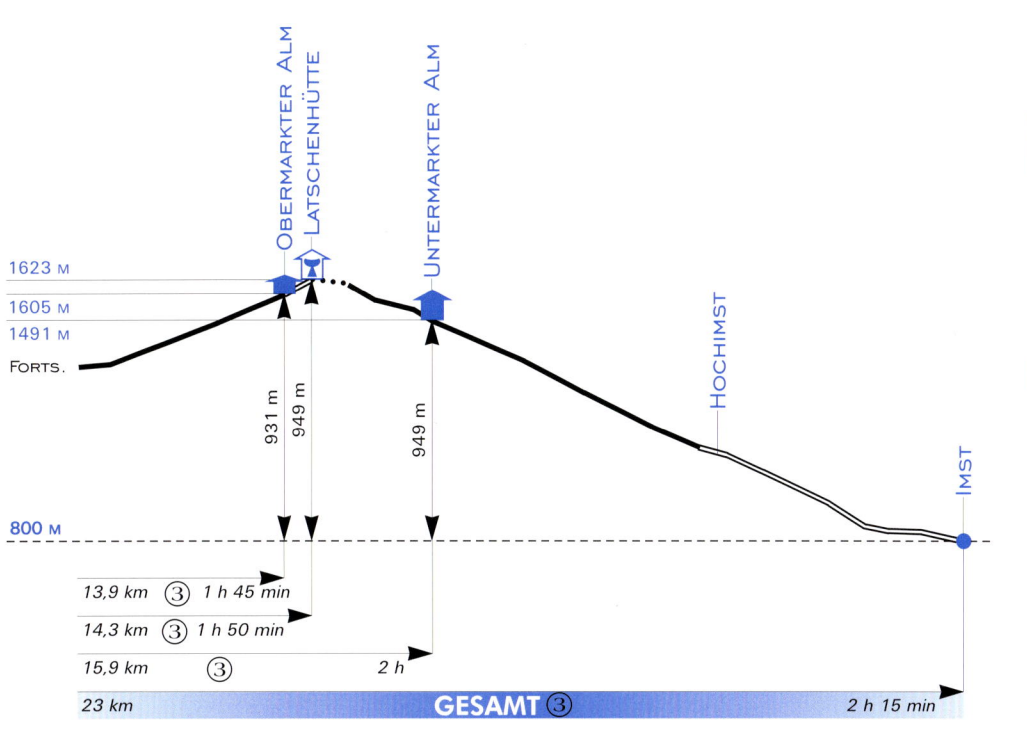

➡ *0,4 km Asphalt*

LATSCHENHÜTTE 1623 M
bew. Mitte Mai bis Ende Oktober (!!!)

☏ Hütte: (++43) (0) 663 / 85 94 24
   Tal: (++43) (0) 54 12 / 2 96 52

➡ *0,3 km Single Track*
➡ *1,3 km Forstweg*

UNTERMARKTER ALM 1491 M
ganzjährig bewirtschaftete Almhütte (!!!)

☏ Hütte: (++43) (0) 663 / 5 66 43

➡ *3,6 km Forstweg*
➡ *3,5 km Asphalt*

IMST   800 M

TOUR 8 — OBERLAND

TOUR ★ 8 OBERLAND

1 : 34.000
Österreichische Karte 115 · 145

7,1 unmittelbar nach einer kleinen Brücke ⇦ in den Forstweg einbiegen; (⇨ zum ÖGV-Hochimst)
7,6 ⇧ weiter; (⇦ = Sackgasse)
8,5 der Linkskehre entlang, der Beschilderung zur *Latschenhütte* folgen; (⇨ bergab zum *Linserhof*)
11,5 bergauf Richtung *Latschenhütte*; (⇦ zurück zum Hinweg)
14,3 hinter der *Latschenhütte* vom Forstweg ⇦ in den Single Track einbiegen, der Beschilderung *zu den Liftanlagen (Weg 27)* folgen, nach dem Überqueren des Bachbettes beginnt wieder der Forstweg

1,1 ⇦ abbiegen, der grün-weißen Beschilderung nach *Hochimst* folgen
1,3 vor dem großen Parkplatz ⇨ abbiegen, nach 100 m ⇦ bergauf weiter nach *Hochimst*
2,4 ⇧ auf der Asphaltstraße weiter; (⇨ führt ein Forstweg ins *Eibental*)
3,3 bei den zwei Telefonzellen ⇦ abbiegen, der Beschilderung zum *Linserhof* folgen; (⇧ = Rückweg)
3,5 beim *Sonnenhof* ⇦ abbiegen, der Beschilderung zum *Linserhof* folgen
5,9 ⇧ weiter zum *Linserhof*; (⇨ = Abkürzung zur *Latschenhütte*)
6,7 ⇨ in die Asphaltstraße einbiegen, Richtung *Hahntennjoch*

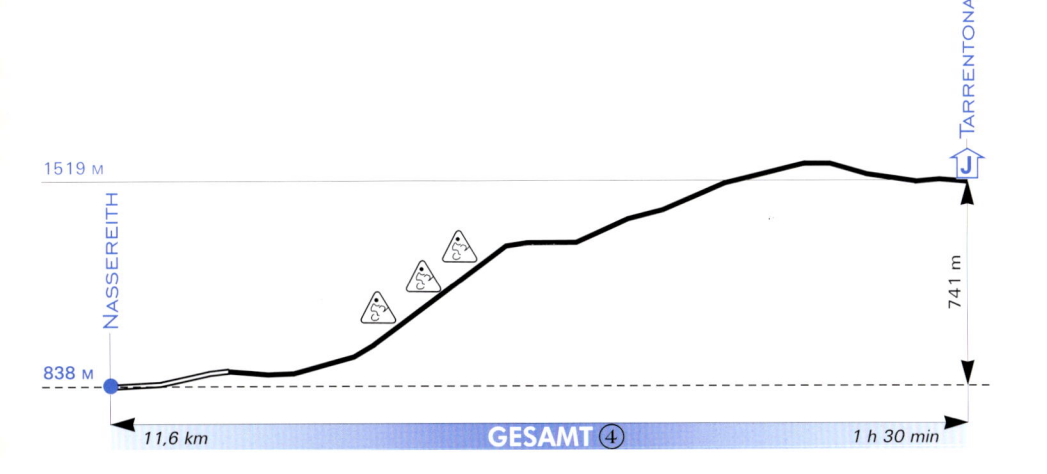

Innsbruck - Nassereith 51 km

Anfahrt

🚗 A 12 Richtung Arlberg, Ausfahrt Mötz, weiter auf der Bundesstraße B 189 Richtung Fernpaß und Nassereith, in Nassereith an der Gendarmerie vorbei bis zum Hauptplatz

🅿 am Hauptplatz in Nassereith beim ADEG-Geschäft

🚲 mit dem Bus nach Nassereith

Check vor Tourantritt
- ✓ gründlich vorbereitet ?
- ✓ gesundheitliche Verfassung ausreichend ?
- ✓ rechtliche Erlaubnis eingeholt ?

Nassereith 838 m
Start ● am Hauptplatz beim ADEG-Geschäft

der Asphaltstraße entlang Richtung Fernpaß, nach 500 m vor der ESSO-Tankstelle links abbiegen, der dortigen Beschilderung ins Tegestal folgen

➡ 1,6 km Asphalt
➡ 10 km Forstweg

Tarrentonalm 1519 m
im Sommer bewirtschaftete Almhütte

GESAMT ④ — 11,6 km — 1 h 30 min

TOUR 9 — OBERLAND

TOUR **9** OBERLAND

1 : 25.000
Österreichische Karte 115 · 116

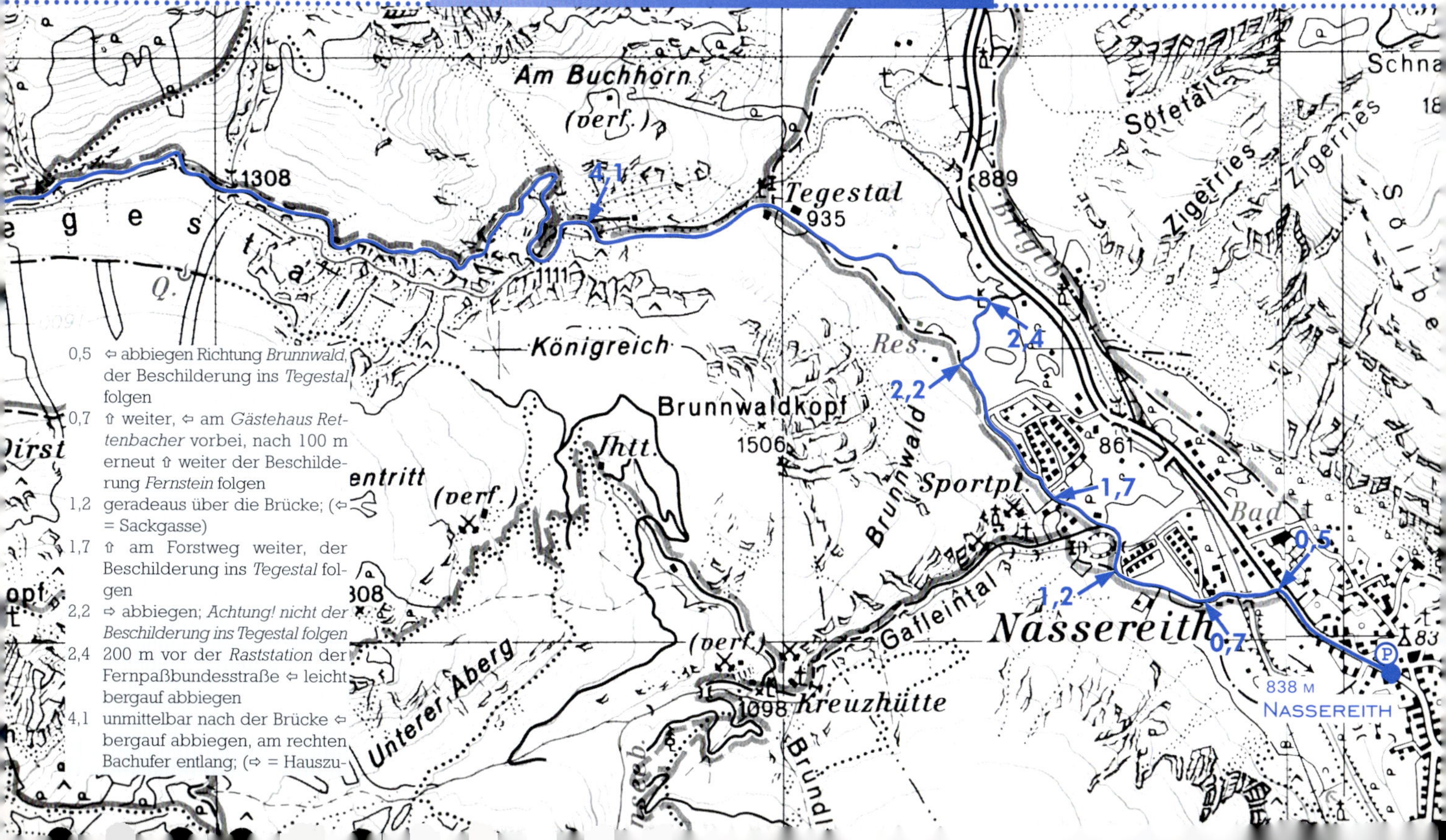

0,5 ⇦ abbiegen Richtung *Brunnwald*, der Beschilderung ins *Tegestal* folgen

0,7 ⇧ weiter, ⇦ am *Gästehaus Rettenbacher* vorbei, nach 100 m erneut ⇧ weiter der Beschilderung *Fernstein* folgen

1,2 geradeaus über die Brücke; (⇦ = Sackgasse)

1,7 ⇧ am Forstweg weiter, der Beschilderung ins *Tegestal* folgen

2,2 ⇨ abbiegen; *Achtung! nicht der Beschilderung ins Tegestal folgen*

2,4 200 m vor der *Raststation* der *Fernpaßbundesstraße* ⇦ leicht bergauf abbiegen

4,1 unmittelbar nach der Brücke ⇦ bergauf abbiegen, am rechten Bachufer entlang; (⇨ = Hauszu-

8 am rechten Weg leicht bergauf weiter, der Beschilderung zur *Anhalter Hütte* folgen; (⇐ zur *Heiterwandhütte*)
9,3 ⇧ weiter; (⇐ nach *Sinnesbrunn*)
9,7 ⇧ bergab weiter; (⇐ = Sackgasse)

TOUR 9 OBERLAND

1 : 25.000
Österreichische Karte 115 · 116

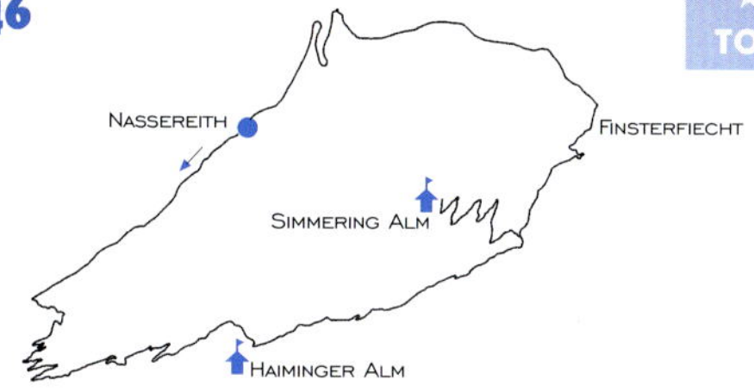

46

** TOUR 10 OBERLAND

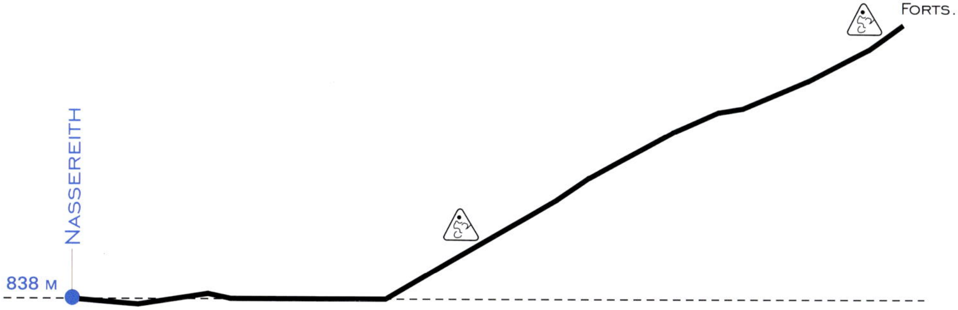

INNSBRUCK - NASSEREITH *49 km*

ANFAHRT

- *A 12 Richtung Arlberg, Ausfahrt Mötz, weiter auf der Bundesstraße B 189 Richtung Fernpaß und Nassereith*
- Ⓟ *rechts neben der Straße, 2 km vor Nassereith, unmittelbar vor einer langgezogenen Rechtskurve, gegenüber vom Zementwerk*
- 🚲 *mit dem Bus nach Nassereith*

Check vor Tourantritt	
	✓ gründlich vorbereitet ?
	✓ gesundheitliche Verfassung ausreichend ?
	✓ rechtliche Erlaubnis eingeholt ?

NASSEREITH   838 M
START ● BEIM ZEMENTWERK

unterhalb vom Zementwerk, dem Forstweg entlang ins Gurgeltal

⟾ *13,8 km Forstweg*

HAIMINGER ALM   1786 M
IM SOMMER BEWIRTSCHAFTETE ALMHÜTTE 🏠

NASSEREITH

SIMMERING ALM

FINSTERFIECHT

HAIMINGER ALM

FORTS.

NASSEREITH

838 M

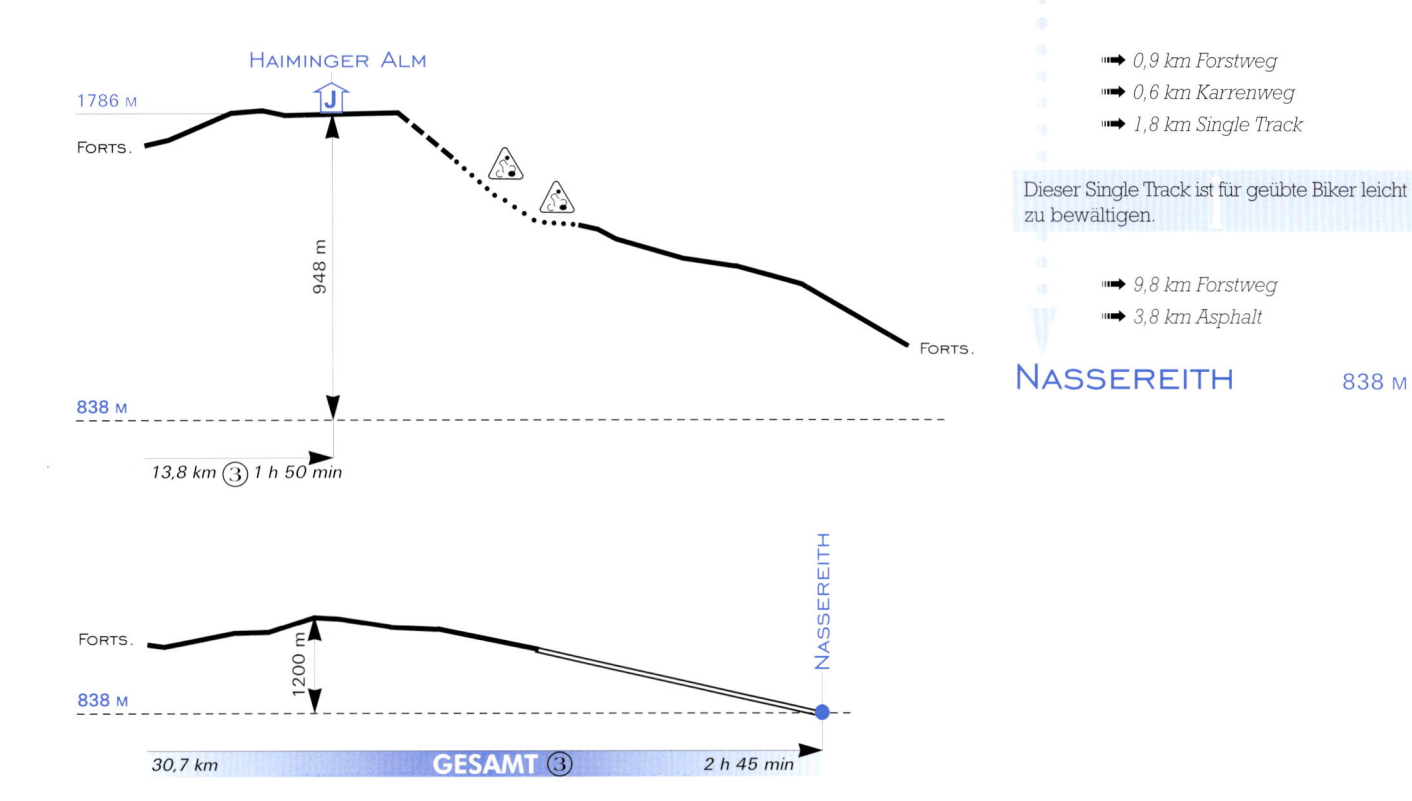

Haiminger Alm

1786 м

Forts.

948 m

Forts.

838 м

13,8 km ③ 1 h 50 min

➥ *0,9 km Forstweg*
➥ *0,6 km Karrenweg*
➥ *1,8 km Single Track*

Dieser Single Track ist für geübte Biker leicht zu bewältigen.

➥ *9,8 km Forstweg*
➥ *3,8 km Asphalt*

Nassereith 838 м

Forts.

1200 m

838 м

Nassereith

30,7 km **GESAMT** ③ 2 h 45 min

47 **TOUR ★★ 10 OBERLAND**

10 OBERLAND

TOUR 48

- 10,1 ⇨ abbiegen, der Beschilderung nach *Strad* folgen; (⇨ = Sackgasse)
- 2,1 bei der Forsthütte ⇧ weiter; (⇨ auch möglich)
- 3,5 ⇧ weiter; (⇨ = Sackgasse)
- 3,8 ⇧ weiter Richtung *Strad*; (⇨ zum *Seehaus*)
- 4 beim Waldspielplatz ⇧ weiter; (⇨ zum *Seehaus*)
- 4,2 ⇨ abbiegen der gelben Beschilderung zur *Haiminger Alm* folgen; (⇧ nach *Strad*)
- 4,4 ⇧ bergauf weiter; (⇨ = Sackgasse)
- 4,6 der Rechtskurve entlang; zurück zum Hinweg)
- 6,4 ⇨ bergauf Richtung *Haiminger Alm*; (⇨ = Sackgasse)
- 13,4 ⇨ leicht bergauf weiter; (⇨ bergab = Sackgasse)
- 14,7 ⇨ bergab abbiegen, der Beschilderung nach *Haiming* folgen; (⇨ = Sackgasse)

1 : 37.500
Österreichische Karte 177 · 178

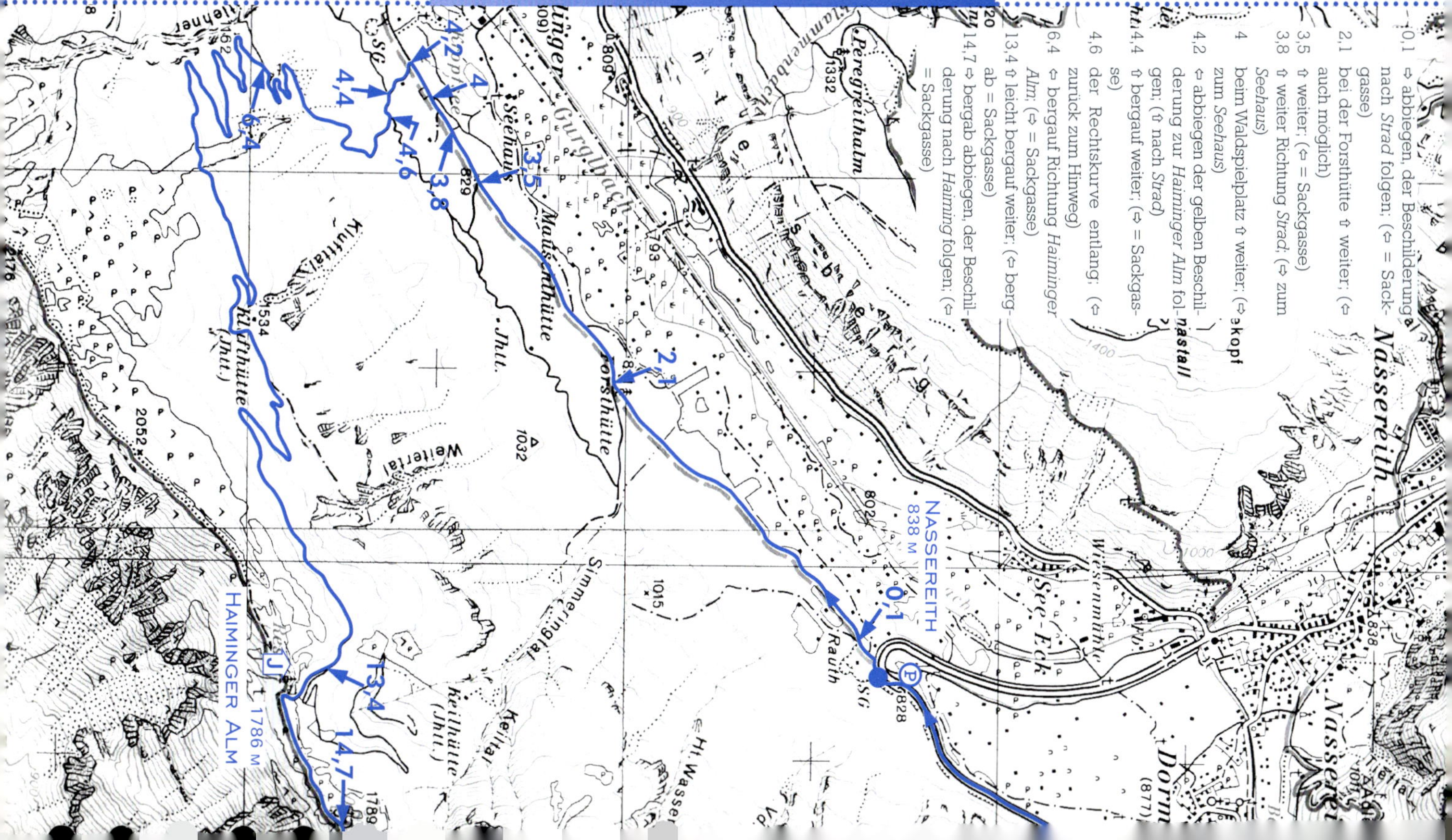

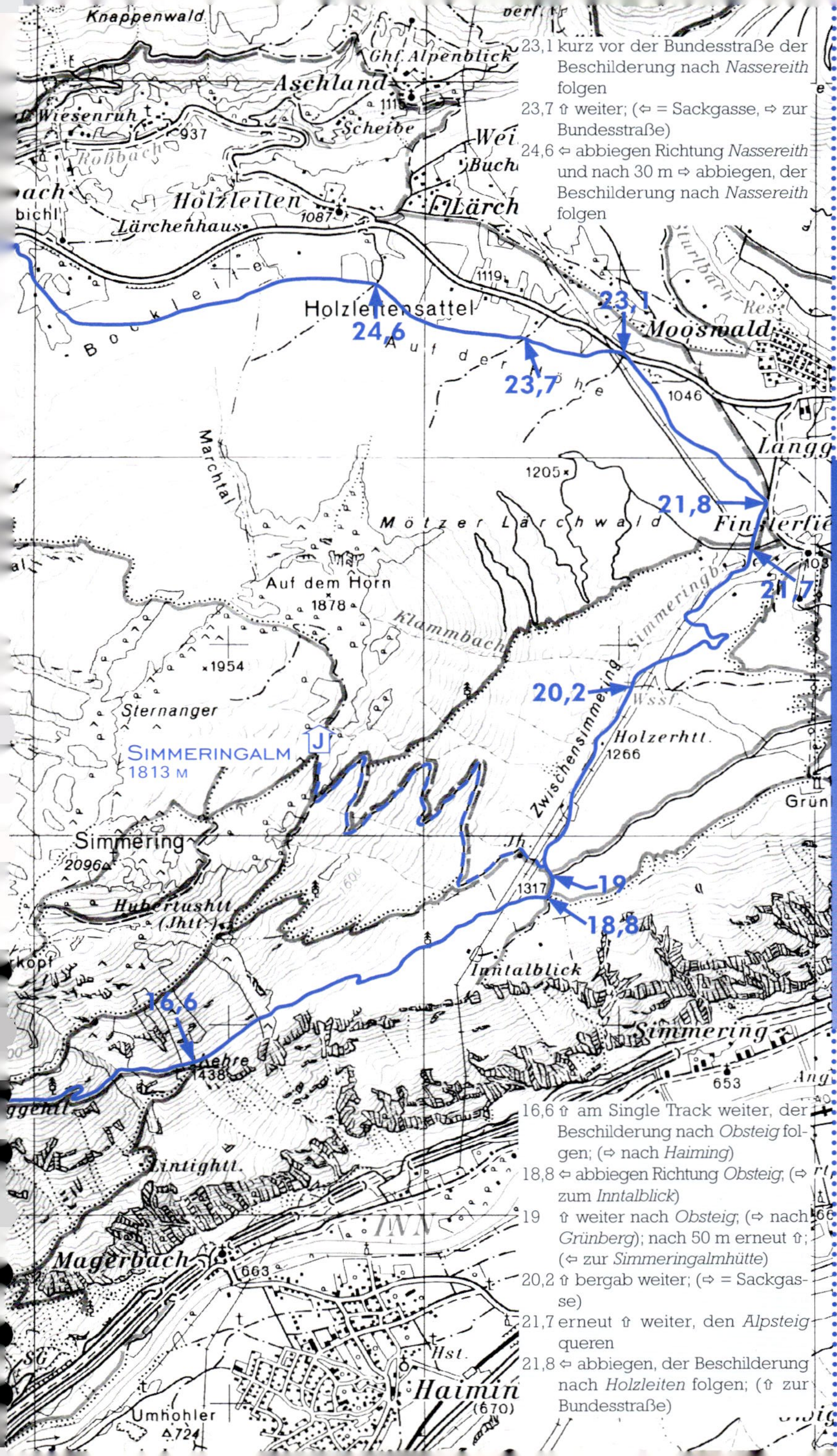

16.6 ⇑ am Single Track weiter, der Beschilderung nach Obsteig folgen; (➘ nach Haiming)
18.8 ⇐ abbiegen Richtung Obsteig; (➘ zum Inntalblick)
19 ⇑ weiter nach Obsteig; (➘ nach Grünberg); nach 50 m erneut ⇑; (➘ zur Simmeringalmhütte)
20.2 ⇑ bergab weiter; (➘ = Sackgasse)
21.7 erneut ⇑ weiter, den Alpsteig queren
21.8 ⇐ abbiegen, der Beschilderung nach Holzleiten folgen; (⇑ zur Bundesstraße)
23.1 kurz vor der Bundesstraße der Beschilderung nach Nassereith folgen
23.7 ⇑ weiter (⇐ = Sackgasse, ➘ zur Bundesstraße)
24.6 abbiegen Richtung Nassereith und nach 30 m ➘ abbiegen, der Beschilderung nach Nassereith folgen

49 **TOUR 10 OBERLAND** 1 : 37.500
Österreichische Karte 177 · 178

★ TOUR 11 OBERLAND

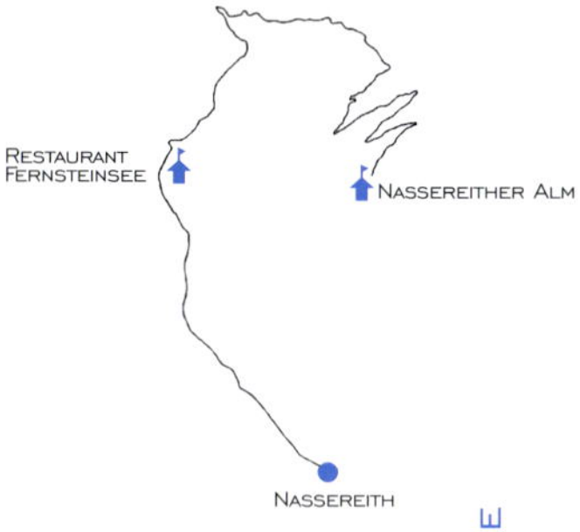

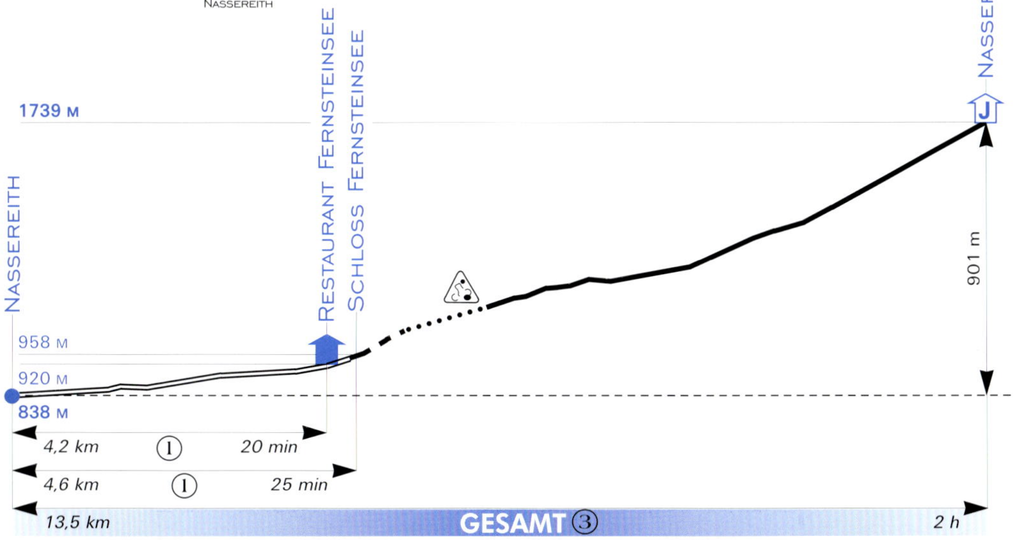

INNSBRUCK - NASSEREITH 51 km

ANFAHRT

⊖ *A 12 Richtung Arlberg, Ausfahrt Mötz, weiter auf der Bundesstraße B 189 Richtung Fernpaß und Nassereith, in Nassereith an der Gendarmerie vorbei bis zum Hauptplatz*

Ⓟ *am Hauptplatz in Nassereith beim ADEG-Geschäft*

🚲 *mit dem Bus nach Nassereith*

Check vor Tourantritt	
	✓ gründlich vorbereitet ?
	✓ gesundheitliche Verfassung ausreichend ?
	✓ rechtliche Erlaubnis eingeholt ?

NASSEREITH   838 M
START ● AM HAUPTPLATZ BEIM ADEG-GESCHÄFT

der Asphaltstraße entlang Richtung Fernpaß

➡ *4,2 km Asphalt*

FERNSTEINSEE   920 M
RESTAURANT GANZJÄHRIG BEWIRTSCHAFTET 🍴

➡ *0,2 km Asphalt*

➡ *0,2 km Forstweg*

FERNSTEINSEE   958 M
SCHLOSS FERNSTEINSEE

➡ *0,7 km Karrenweg*

➡ *1 km Single Track*

➡ *7,2 km Forstweg*

NASSEREITHER ALM 1739 M
SOMMER BEWIRTSCHAFTETE ALMHÜTTE 🍴

Map labels:
- RESTAURANT FERNSTEINSEE
- NASSEREITHER ALM
- NASSEREITH

Elevation profile labels:
- NASSEREITHER ALM
- 1739 M
- NASSEREITH
- RESTAURANT FERNSTEINSEE
- SCHLOSS FERNSTEINSEE
- 958 M
- 920 M
- 838 M
- 901 m

4,2 km	①	20 min
4,6 km	①	25 min
13,5 km	**GESAMT** ③	2 h

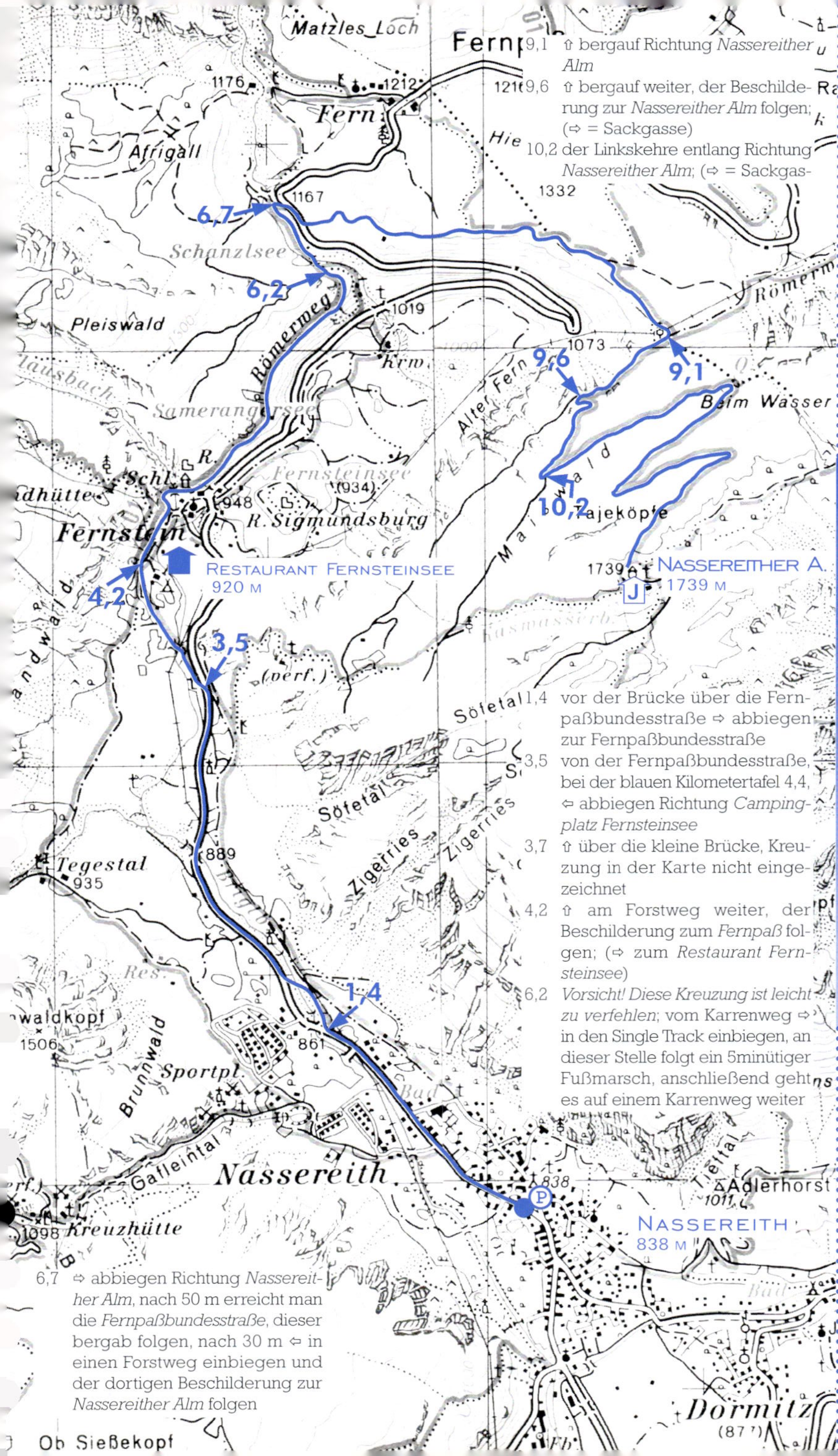

TOUR 11 OBERLAND

⇐ Ob Sießekopf 6,7 ⇐ abbiegen Richtung Nassereith, nach 50 m erreicht man her Alm, dieser Fernpaßbundesstraße, bergab folgen, nach 30 m ⇐ in einen Forstweg einbiegen und der dortigen Beschilderung zur Nassereither Alm folgen

NASSEREITH 838 M

1,4

3,5 (überf.)

RESTAURANT FERNSTEINSEE 920 M

4,2

vor der Brücke über die Fernpaßbundesstraße ⇐ abbiegen zur Fernpaßbundesstraße, von der Fernpaßbundesstraße bei der blauen Kilometertafel 4,4 ⇐ abbiegen Richtung Fernsteinsee

3,7 über die kleine Brücke, Kreuzung in der Karte nicht eingezeichnet

4,2 am Forstweg weiter, der Beschilderung zum Fernpaß folgen, (⇒ zum Restaurant Fernsteinsee)

Vorsicht! Diese Kreuzung ist leicht zu verfehlen; vom Karrenweg in den Single Track einbiegen, an dieser Stelle folgt ein 5minütiger Fußmarsch, anschließend geht's auf einem Karrenweg weiter

6,2

6,7

9,1

9,6

10,2 ajeköpfe

NASSEREITHER A. 1739 M

1 : 34.000
Österreichische Karte 115 · 116

52

★★ TOUR **12** OBERLAND

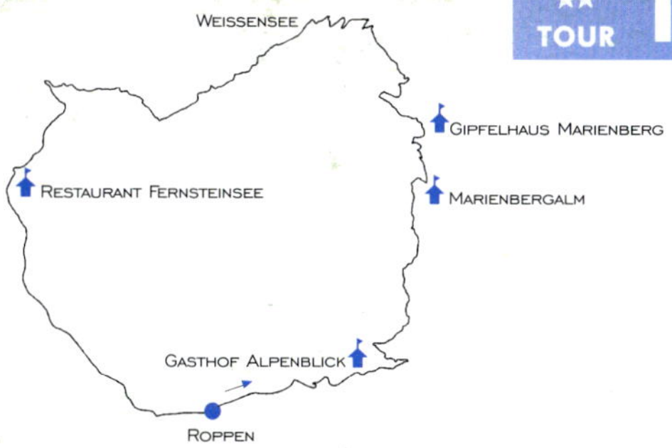

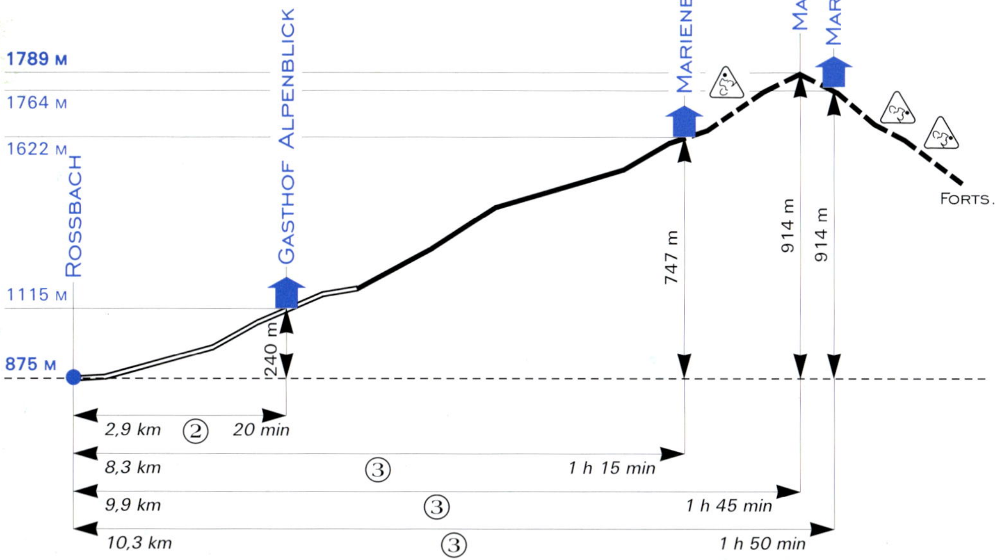

INNSBRUCK - ROSSBACH *51 km*

Weissensee

⛪ *Gipfelhaus Marienberg*

⛪ *Restaurant Fernsteinsee*

⛪ *Marienbergalm*

⛪ *Gasthof Alpenblick*

● *Roppen*

ANFAHRT

⊖ *A 12 Richtung Arlberg, Ausfahrt Mötz, weiter auf der Bundesstraße B 189 Richtung Fernpaß und Nassereith, in Nassereith beim Haus mit der Nr. 144 rechts abbiegen, der dortigen Beschilderung zum Campingplatz Roßbach folgen*

Ⓟ *beim Campingplatz Roßbach*

🚲 *mit dem Bus nach Nassereith*

Check vor Touràntritt ℹ
✓ *gründlich vorbereitet ?*
✓ *gesundheitliche Verfassung ausreichend ?*
✓ *rechtliche Erlaubnis eingeholt ?*

ROSSBACH 875 M
START ● BEIM CAMPINGPLATZ ROSSBACH

der Asphaltstraße bergauf folgen, bis zur Brücke über den Marienbergbach, dort links abbiegen, der Beschilderung zum Gasthof Alpenblick folgen

➡ *2,9 km Asphalt*

GHF. ALPENBLICK 1115 M
GANZJÄHRIG BEWIRTSCHAFTETER GASTHOF 🍴

➡ *1 km Asphalt*
➡ *4,4 km Forstweg*

MARIENBERGALM 1622 M
GANZJÄHRIG BEWIRTSCHAFTETE ALMHÜTTE 🍴

📞 **Tal:** (++43) (0) 52 65 / 25 91 Familie Schuchter

ROSSBACH · **GASTHOF ALPENBLICK** · **MARIENBERGALM** · **MARIENBERGJOCH** · **MARIENBERGHÜTTE**

FORTS.

1789 M
1764 M
1622 M
1115 M
875 M

240 m
747 m
914 m
914 m

2,9 km	②	20 min
8,3 km	③	1 h 15 min
9,9 km	③	1 h 45 min
10,3 km	③	1 h 50 min

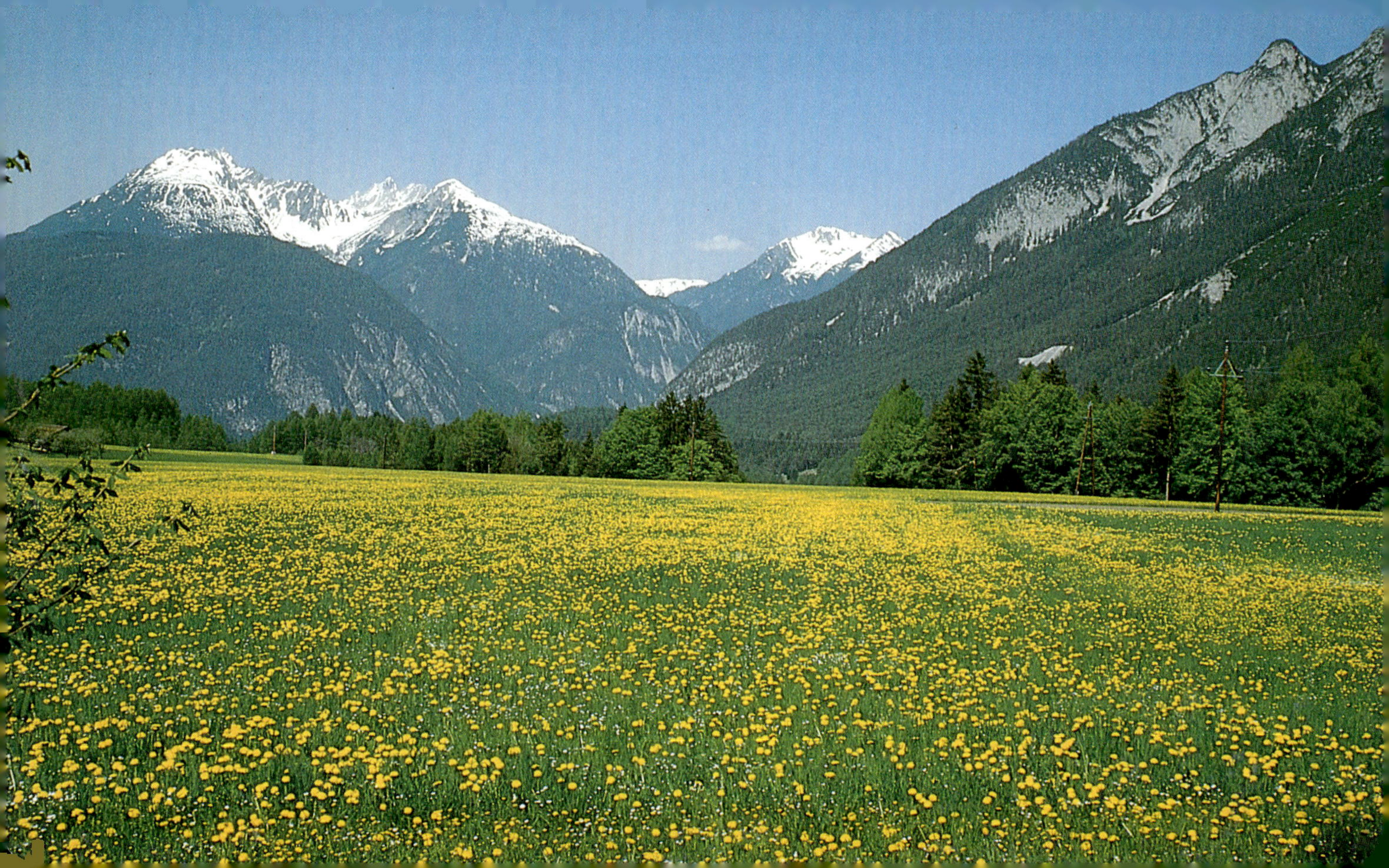

... mit uns den Bach hinunter?

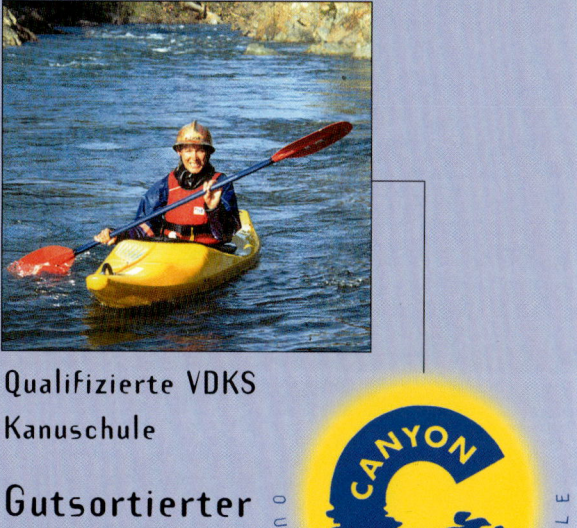

Qualifizierte VDKS
Kanuschule

Gutsortierter
Paddel- und
Outdoorshop

CANYON
OUTDOORSHOP · KANUSCHULE

CANYON · Simmeringstr. 10 A · 6424 Silz
Telefon 05263/5860 · Fax 05363/5861
E-Mail: canyon.shop@tirol.com

Internet & Computer   IMST © 63 555
surf oder „chat" & die Prüfung ist leichter

Sicherheitstraining
regelmäßig am Audi Testgelände

Super-Bikes
auch ein US-Bike C3 für Deine Ausbildung

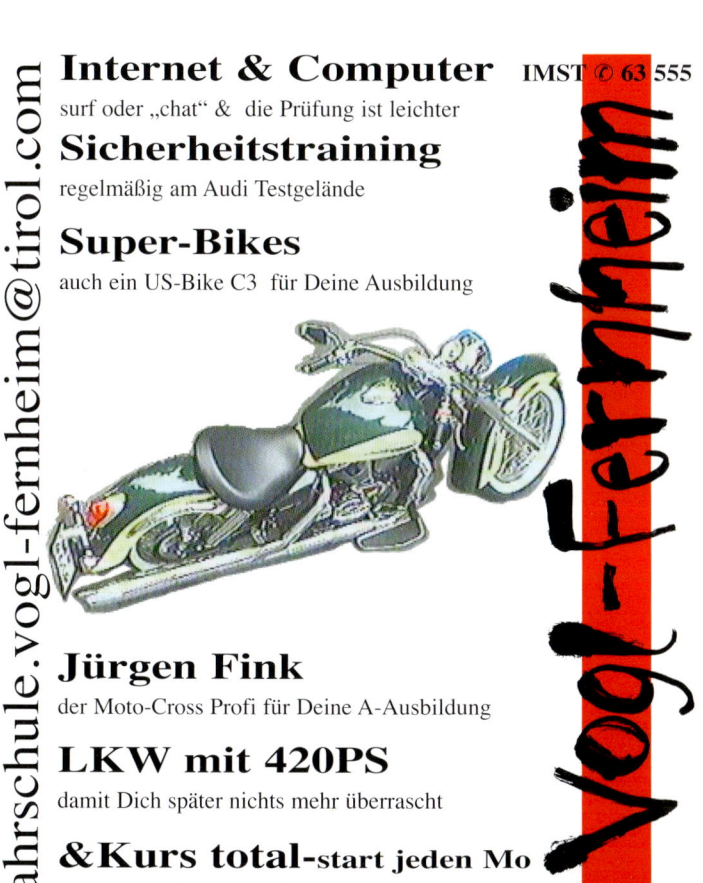

Jürgen Fink
der Moto-Cross Profi für Deine A-Ausbildung

LKW mit 420PS
damit Dich später nichts mehr überrascht

&Kurs total-start jeden Mo
wir bringen die Ideen, die die anderen kopieren   IMST © 63 555

fahrschule.vogl-fernheim@tirol.com

Vogl-Fernheim

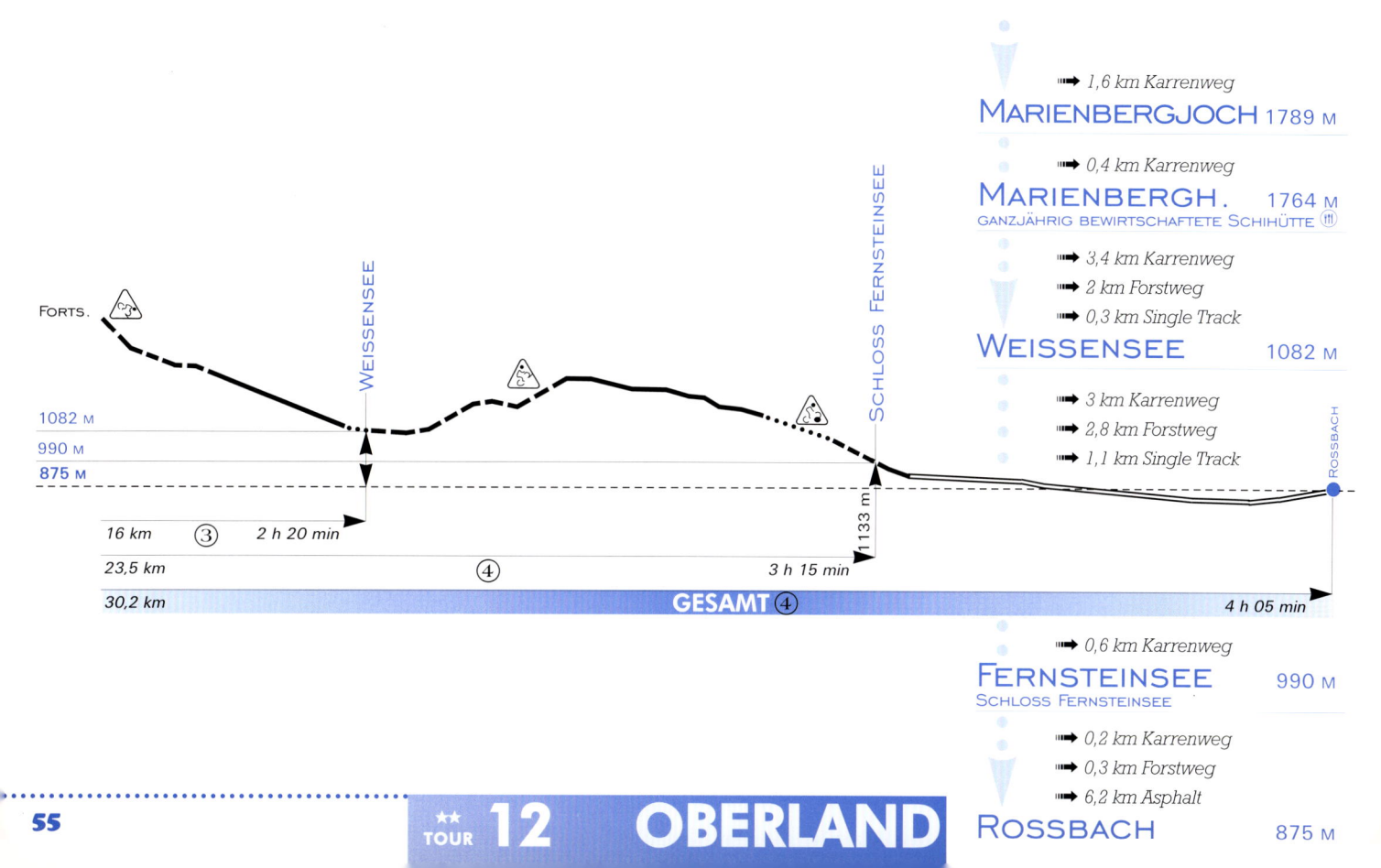

TOUR 12 — OBERLAND

Marienbergjoch 1789 m
➜ 1,6 km Karrenweg

Marienbergh. 1764 m
Ganzjährig bewirtschaftete Schihütte
➜ 0,4 km Karrenweg

Weissensee 1082 m
➜ 3,4 km Karrenweg
➜ 2 km Forstweg
➜ 0,3 km Single Track

Schloss Fernsteinsee 1133 m
➜ 3 km Karrenweg
➜ 2,8 km Forstweg
➜ 1,1 km Single Track

Fernsteinsee 990 m
Schloss Fernsteinsee
➜ 0,6 km Karrenweg

Rossbach 875 m
➜ 0,2 km Karrenweg
➜ 0,3 km Forstweg
➜ 6,2 km Asphalt

Forts. — 1082 m — 990 m — 875 m

- 16 km ③ 2 h 20 min (Weissensee)
- 23,5 km ④ 3 h 15 min (Schloss Fernsteinsee)
- 30,2 km GESAMT ④ 4 h 05 min (Rossbach)

55

OBERLAND — TOUR 12

SCHLOSS FERNNSTEINSEE 990 m

- 20,3 ↔ abbiegen; (↑ bergauf zur Nassereither Alm, bzw. zur Muthenaualm)
- 21,3 ↔ bergauf in die Fernpaßbundesstraße einbiegen, nach 30 m ↔ in einen Forstweg einbiegen
- 21,4 ↔ abbiegen der Beschilderung zum *Schloß Fernsteinsee* folgen
- 21,8 ↔ am oberen Single Track bergauf weiter; (↔ = Single Track zur Fernpaßbundesstraße)
- 24,8 Fernpaßbundesstraße erreicht, ↔ auf dieser weiter nach *Nassereith Zentrum*
- 28,9 beim Brunnen ↔ abbiegen, der Beschilderung zum *Campingplatz Roßbach* folgen
- 29,5 erneut ↔ abbiegen Richtung Campingplatz Roßbach

1 : 37.500
Österreichische Karte 115 · 116

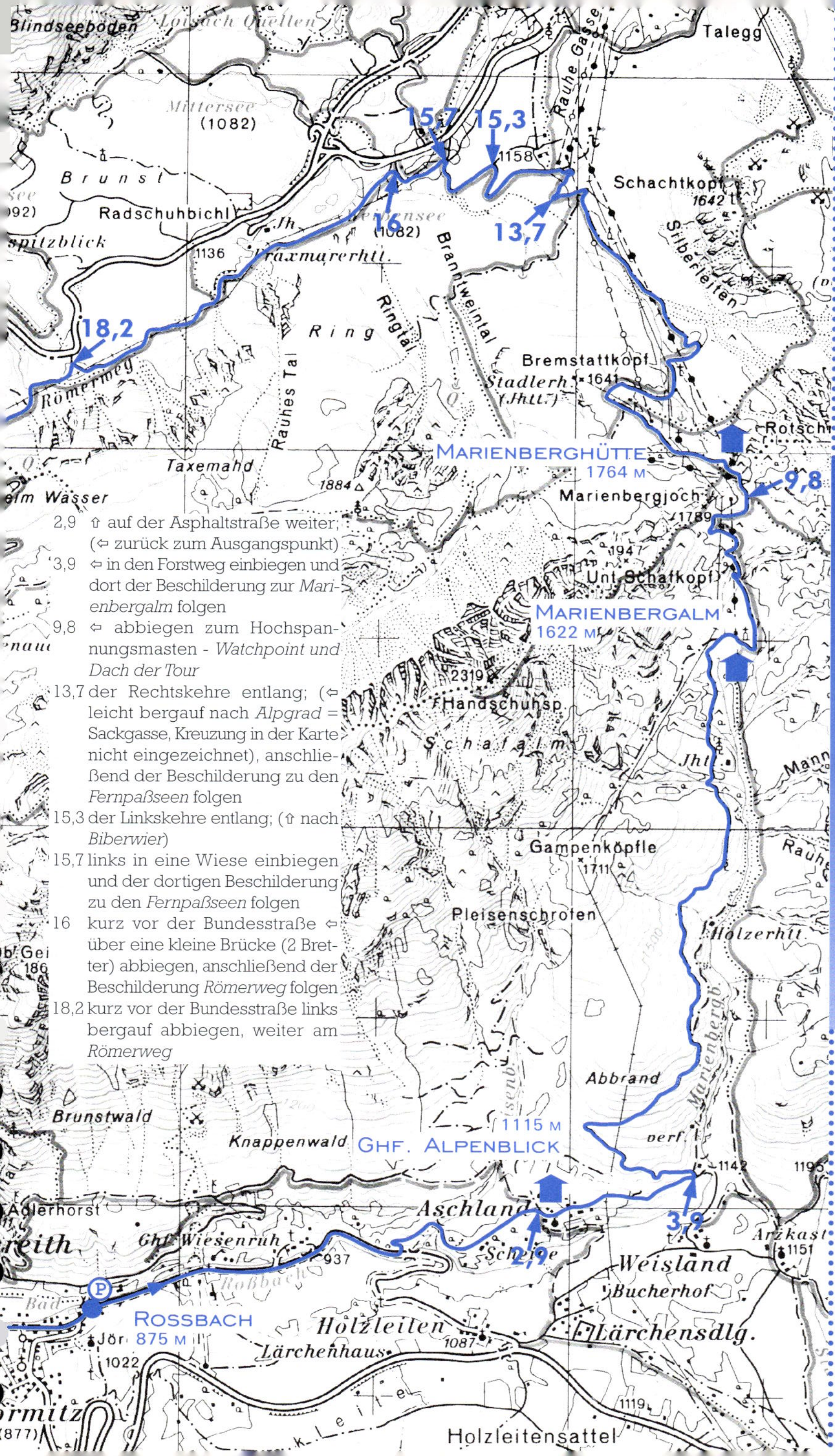

2,9 ⇨ auf der Asphaltstraße weiter. (⇨ zurück zum Ausgangspunkt)

3,9 ⇨ in den Forstweg einbiegen und dort der Beschilderung zur Marienbergalm folgen

9,8 ⇨ abbiegen zum Hochspannungsmasten - Watchpoint und Dach der Tour

13,7 der Rechtskehre entlang. (⇨ leicht bergauf nach Alpgrad = Sackgasse; Kreuzung in der Karte nicht eingezeichnet), anschließend der Beschilderung zu den Fernpaßseen folgen

15,3 der Linkskehre entlang. (⇨ nach Biberwier)

15,7 links in eine Wiese einbiegen und der dortigen Beschilderung zu den Fernpaßseen folgen

16 kurz vor der Bundesstraße ⇨ über eine kleine Brücke (2 Bretter) abbiegen, anschließend der Beschilderung Römerweg folgen

18,2 kurz vor der Bundesstraße links bergauf abbiegen, weiter am Römerweg

TOUR 12 OBERLAND

1 : 37.500
Österreichische Karte 115 · 116

ÖTZTAL

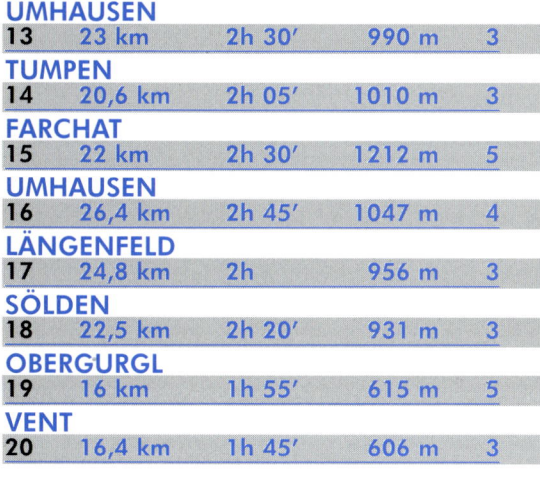

TOUR	DISTANZ	FAHRZEIT	HÖHENMETER	SCHWIERIGKEIT
13 UMHAUSEN	23 km	2h 30'	990 m	3
14 TUMPEN	20,6 km	2h 05'	1010 m	3
15 FARCHAT	22 km	2h 30'	1212 m	5
16 UMHAUSEN	26,4 km	2h 45'	1047 m	4
17 LÄNGENFELD	24,8 km	2h	956 m	3
18 SÖLDEN	22,5 km	2h 20'	931 m	3
19 OBERGURGL	16 km	1h 55'	615 m	5
20 VENT	16,4 km	1h 45'	606 m	3

GASTHOF EDELWEISS UMHAUSEN

GASTHOF WALDESRUHE

STABELEALM

INNERBERGALM

1935 M
1908 M

STABELEALM INNERBERGALM J J FORTS.

UMHAUSEN
1031 M

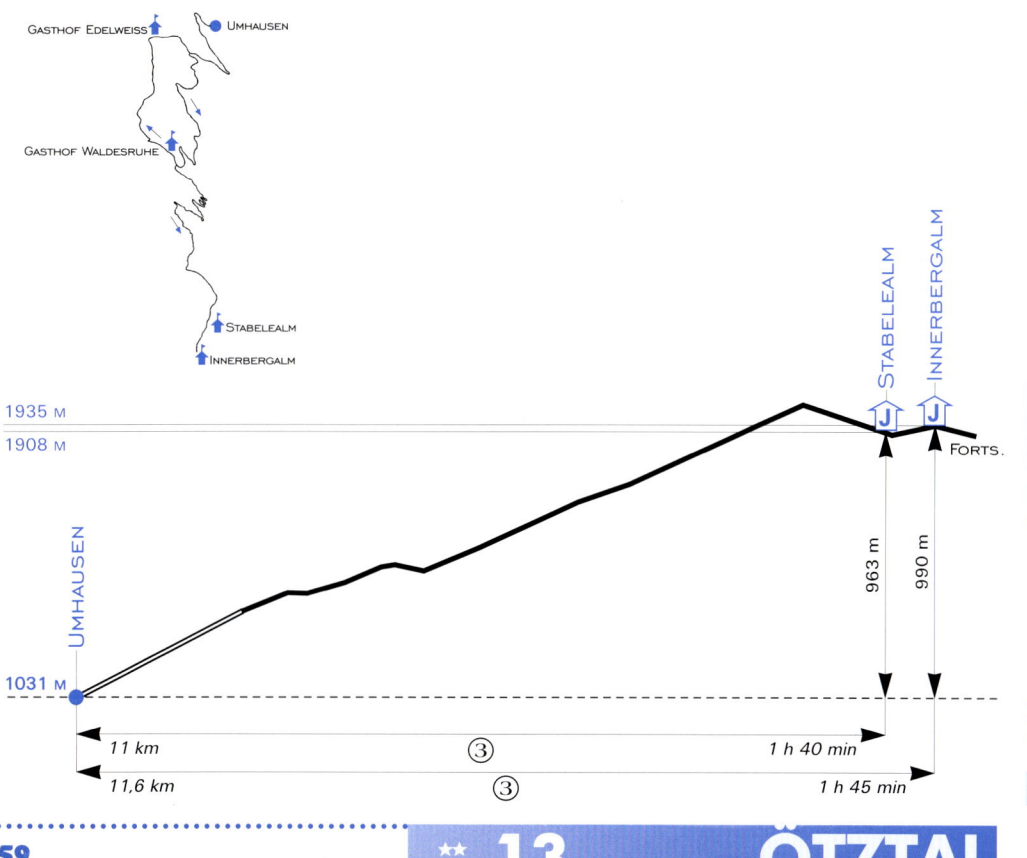

963 m   990 m

11 km   ③   1 h 40 min
11,6 km   ③   1 h 45 min

INNSBRUCK - UMHAUSEN 68 km

ANFAHRT

🚗 A 12 Richtung Arlberg, Ausfahrt Haiming/Ötztal, weiter auf der Bundesstraße B 182 nach Umhausen, dort rechts abbiegen Richtung Köfels

🅿 nach der Brücke über die Ötztaler Ache, am linken oder rechten Straßenrand

🚴 mit dem Regionalzug nach Haiming, Haiming - Umhausen 18 km; oder mit dem Bus, Linie Ötztaler, Innsbruck - Haiming - Umhausen

Check vor Tourantritt
✓ gründlich vorbereitet ?
✓ gesundheitliche Verfassung ausreichend ?
✓ rechtliche Erlaubnis eingeholt ?

UMHAUSEN   1031 M
START ● BEIM P

der Asphaltstraße Richtung Köfels folgen

➡ 2,3 km Asphalt
➡ 8,7 km Forstweg

STABELEALM   1908 M
BEW. MITTE JUNI BIS ENDE SEPTEMBER (!)

📞 Tal: (++43) (0) 52 54 / 23 56

★★ TOUR **13** ÖTZTAL

★★ TOUR 13   ÖTZTAL

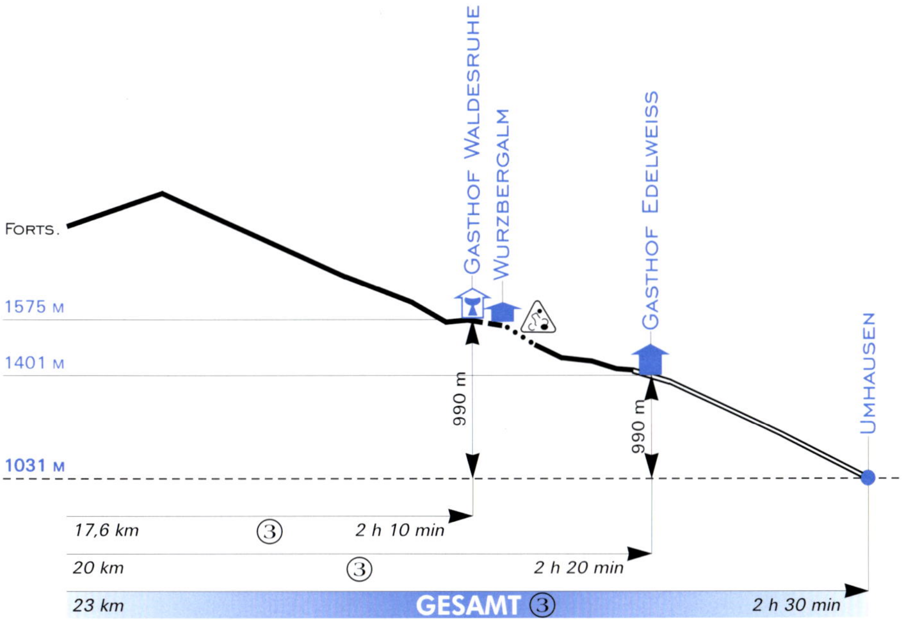

FORTS.

1575 M

1401 M

1031 M

GASTHOF WALDESRUHE
WURZBERGALM
GASTHOF EDELWEISS
UMHAUSEN

990 m

990 m

17,6 km   ③   2 h 10 min
20 km   ③   2 h 20 min
23 km   **GESAMT** ③   2 h 30 min

➡ 0,6 km Forstweg

INNERBERGALM   1935 M
BEW. MITTE JUNI BIS ANFANG OKTOBER

☎ Tal: (++43) (0) 52 53 / 56 31
A. Grüner

➡ 6 km Forstweg

GHF. WALDESRUHE   1575 M
IM SOMMER BEWIRTSCHAFTETER GASTHOF

➡ 0,3 km Karrenweg
➡ 0,5 km Single Track

Dieser Single Track ist für jeden geübten
Biker leicht zu bewältigen.

➡ 1,3 km Forstweg
➡ 0,3 km Asphalt

GHF. EDELWEISS   1401 M
GANZJÄHRIG BEWIRTSCHAFTETER GASTHOF

➡ 3 km Asphalt

UMHAUSEN   1031 M

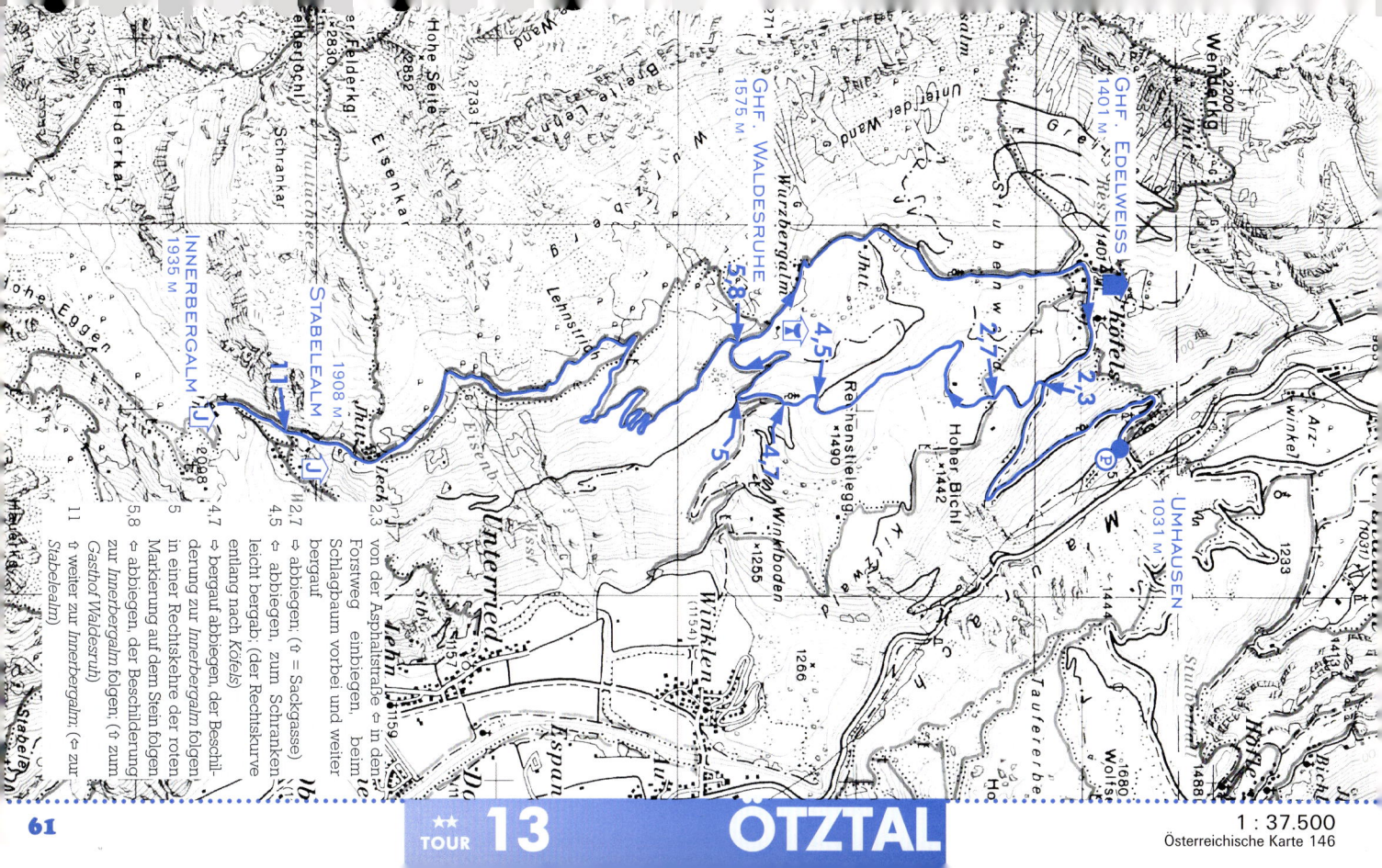

GHF. EDELWEISS 1401 m.
GHF. WALDESRUHE 1575 m.
STABELEALM 1908 m.
INNERBERGALM 1935 m.
UMHAUSEN 1031 m.

von der Asphaltstraße ⇦ in den Forstweg einbiegen, beim Schlagbaum vorbei und weiter bergauf
2,7 ⇨ abbiegen, (⇧ = Sackgasse)
4,5 ⇦ abbiegen, zum Schranken entlang nach Köfels)
4,7 ⇦ bergauf abbiegen, (der Rechtskurve entlang nach Köfels)
5 ⇨ bergauf abbiegen, der Beschilderung zur Innerbergalm folgen in einer Rechtskehre der roten Markierung auf dem Stein folgen
5,8 ⇨ abbiegen, der Beschilderung zur Innerbergalm folgen (⇧ zum Gasthof Waldesruh)
11 ⇧ weiter zur Innerbergalm (⇦ zur Stabelealm)

61 | TOUR 13 | ÖTZTAL | 1 : 37.500 Österreichische Karte 146

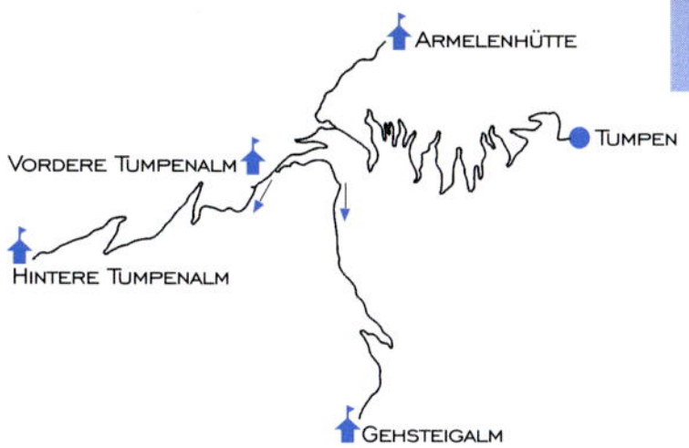

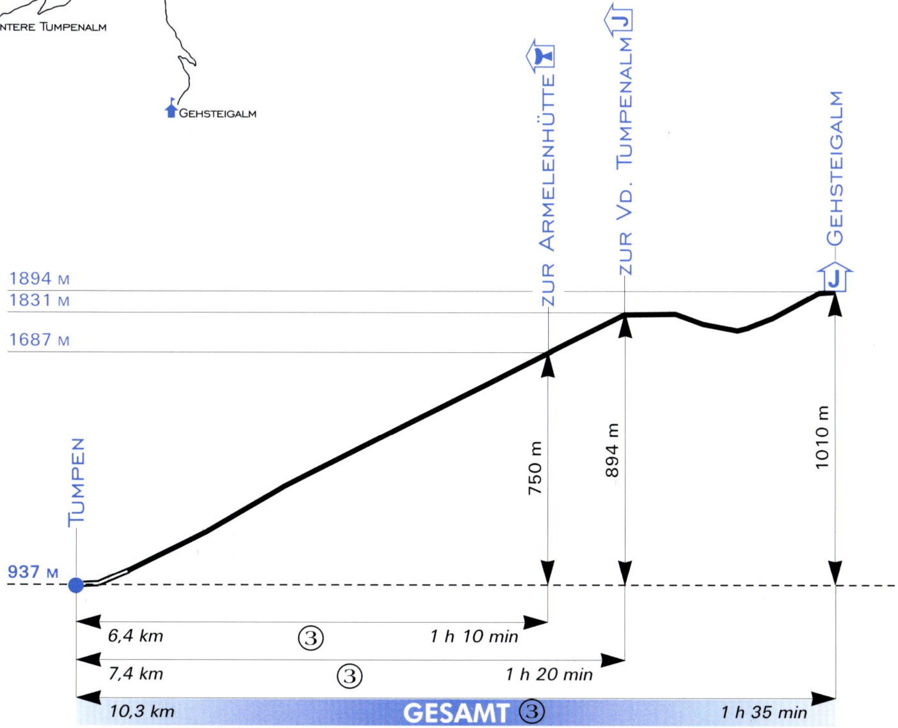

★★ TOUR 14 — ÖTZTAL

INNSBRUCK - TUMPEN   *62 km*

Map labels:
- ARMELENHÜTTE
- TUMPEN
- VORDERE TUMPENALM
- HINTERE TUMPENALM
- GEHSTEIGALM

ANFAHRT

- A 12 Richtung Arlberg, Ausfahrt Haiming / Ötztal, weiter auf der Bundesstraße B 182 nach Tumpen, in Tumpen bei der BP-Tankstelle vorbei, kurz vor der Post rechts von der B 182 abbiegen, zur Tourismusinformation Tumpen
- ℗ in der Nähe der Tourismusinformation Tumpen
- mit dem Regionalzug nach Haiming; Haiming - Tumpen 12 km; oder mit dem Bus, Linie Ötztaler, Innsbruck - Haiming - Tumpen

Check vor Tourantritt	✓ gründlich vorbereitet ?
	✓ gesundheitliche Verfassung ausreichend ?
	✓ rechtliche Erlaubnis eingeholt ?

TUMPEN   *937 M*
START ● BEI DER TOURISMUSINFORMATION

der Asphaltstraße Richtung Westen folgen und bei der ersten Kreuzung rechts abbiegen

➡ *0,7 km Asphalt*
➡ *7 km Forstweg*

VD. TUMPENALM   1831 M
BEW. MITTE JUNI BIS MITTE SEPTEMBER

☎ Tal: (++43) (0) 52 55 / 54 18
H. Plattner

➡ *2,9 km Forstweg*

Elevation profile:

- 1894 M
- 1831 M
- 1687 M
- 937 M

Labels: TUMPEN · ZUR ARMELENHÜTTE · ZUR VD. TUMPENALM · GEHSTEIGALM

Vertical measurements: 750 m · 894 m · 1010 m

| 6,4 km | ③ | 1 h 10 min |
| 7,4 km | ③ | 1 h 20 min |

GESAMT ③   10,3 km · 1 h 35 min

km	Directions
3,1	der Rechtskehre zur *Gehsteigalm* und zur *Armelenhütte* folgen; (⇧ = Sackgasse)
6,4	⇧ weiter zur *Tumpenalm* und *Gehsteigalm*, ⇨ zur *Armelenhütte*
7,4	⇦ abbiegen Richtung *Gehsteigalm*, ⇧ zur *Vorderen Tumpenalm*, in 300 m
0,1	⇨ abbiegen, der schlecht lesbaren Beschilderung zur *Tumpenalm* folgen
0,3	⇦ bergauf abbiegen, der Beschilderung *Tumpenalm* und *Gehsteigalm* folgen
0,6	⇨ abbiegen Richtung *Gehsteigalm* und *Tumpenalm*; (⇧ = Sackgasse)

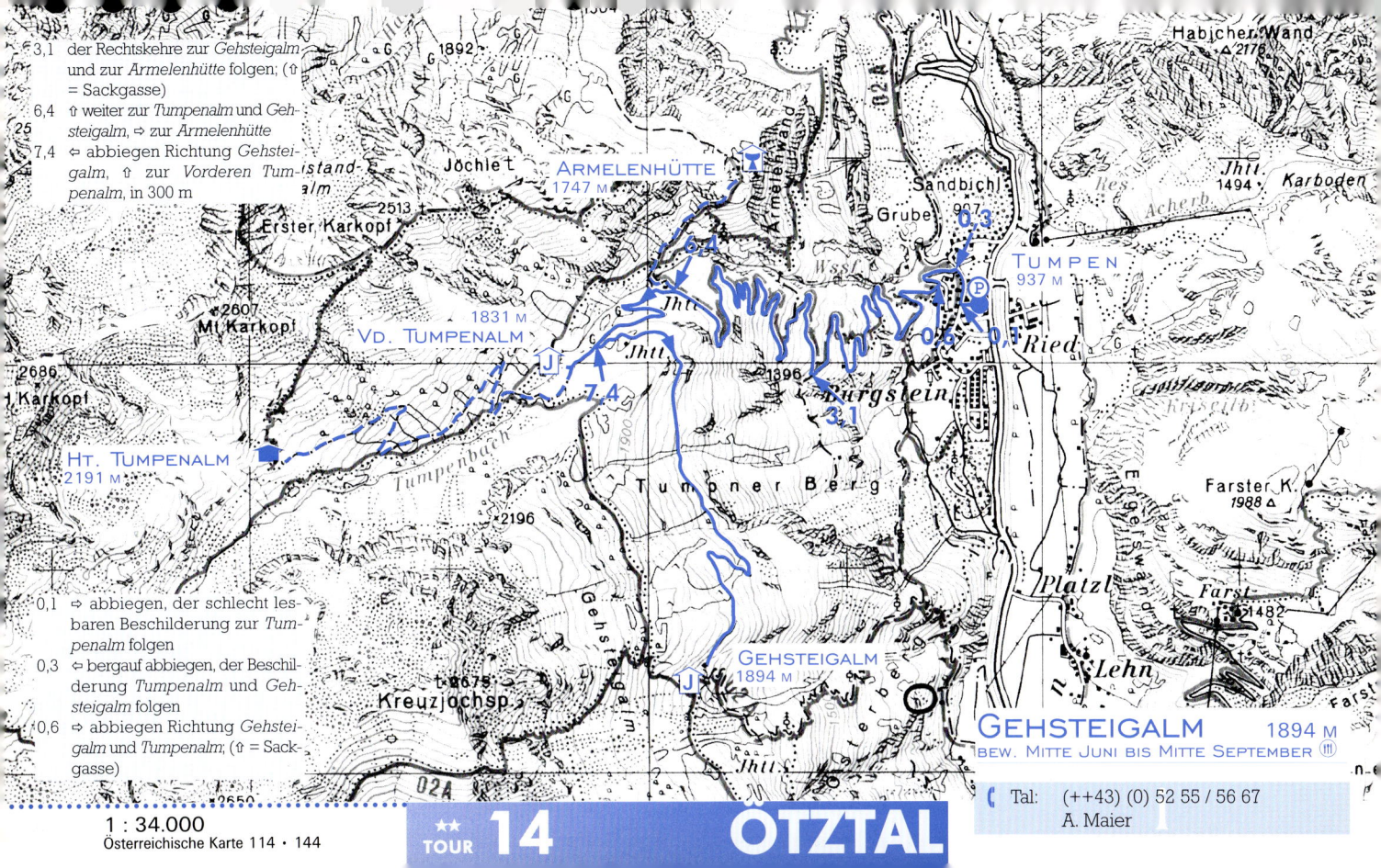

1 : 34.000
Österreichische Karte 114 · 144

TOUR 14

ÖTZTAL

GEHSTEIGALM 1894 M
bew. Mitte Juni bis Mitte September

☎ Tal: (++43) (0) 52 55 / 56 67
A. Maier

64

VORDERE LEIERSTALALM

VORDERE FUNDUSALM

FARCHAT

HINTERE LEIERSTALALM

FRISCHMANNHÜTTE

★★★
TOUR 15 ÖTZTAL

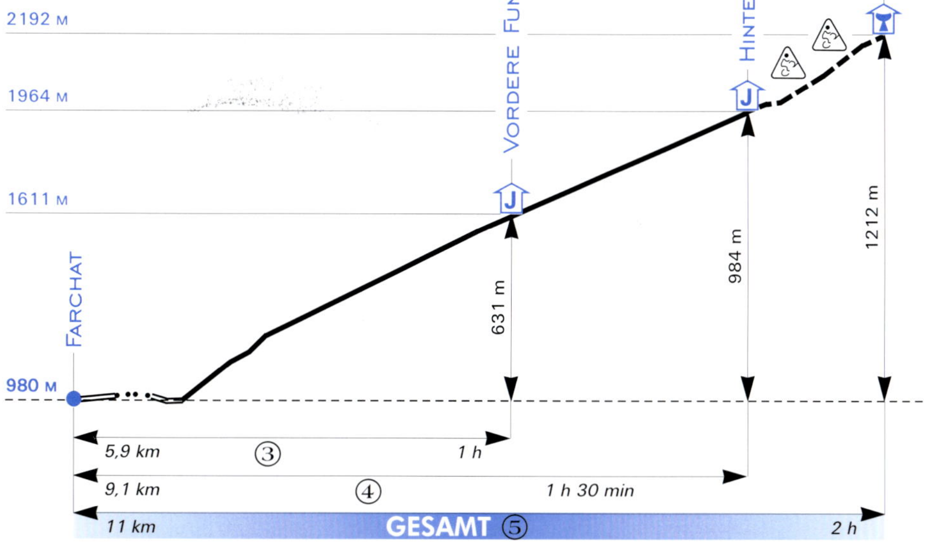

INNSBRUCK – FARCHAT   65 km

ANFAHRT

➊ A 12 Richtung Arlberg, Ausfahrt Haiming/Ötztal, weiter auf der Bundesstraße B 182 nach Farchat, vor Umhausen nach der Bushaltestelle rechts abbiegen, dem Wegweiser Neudorf/Farchat folgen

ⓟ hinter der Tischlerei Dittberner

🚲 mit dem Regionalzug nach Haiming, Haiming - Farchat 15 km; oder mit dem Bus, Linie Ötztaler, Innsbruck - Haiming - Farchat

Check vor Tourantritt	✓ gründlich vorbereitet ?
	✓ gesundheitliche Verfassung ausreichend ?
	✓ rechtliche Erlaubnis eingeholt ?

FARCHAT   980 M
START ● HINTER DER TISCHLEREI DITTBERNER

hinter der Tischlerei Dittberner der Beschilderung Umhausen/Neudorf folgen, auf dem Weg Nr. 26

➡ 0,4 km Asphalt

➡ 0,2 km Single Track

➡ 0,5 km Asphalt

➡ 4,8 km Forstweg

VD. FUNDUSALM   1611 M
BEW. MITTE JUNI BIS MITTE SEPTEMBER

☎ Tal: (++43) (0) 52 55 / 58 31
F. Frischmann

➡ 3,2 km Forstweg

2192 M

1964 M

1611 M

980 M

FARCHAT

VORDERE FUNDUSALM

HINTERE FUNDUSALM

FRISCHMANN HÜTTE

631 m

984 m

1212 m

5,9 km   ③   1 h

9,1 km   ④   1 h 30 min

11 km   **GESAMT ⑤**   2 h

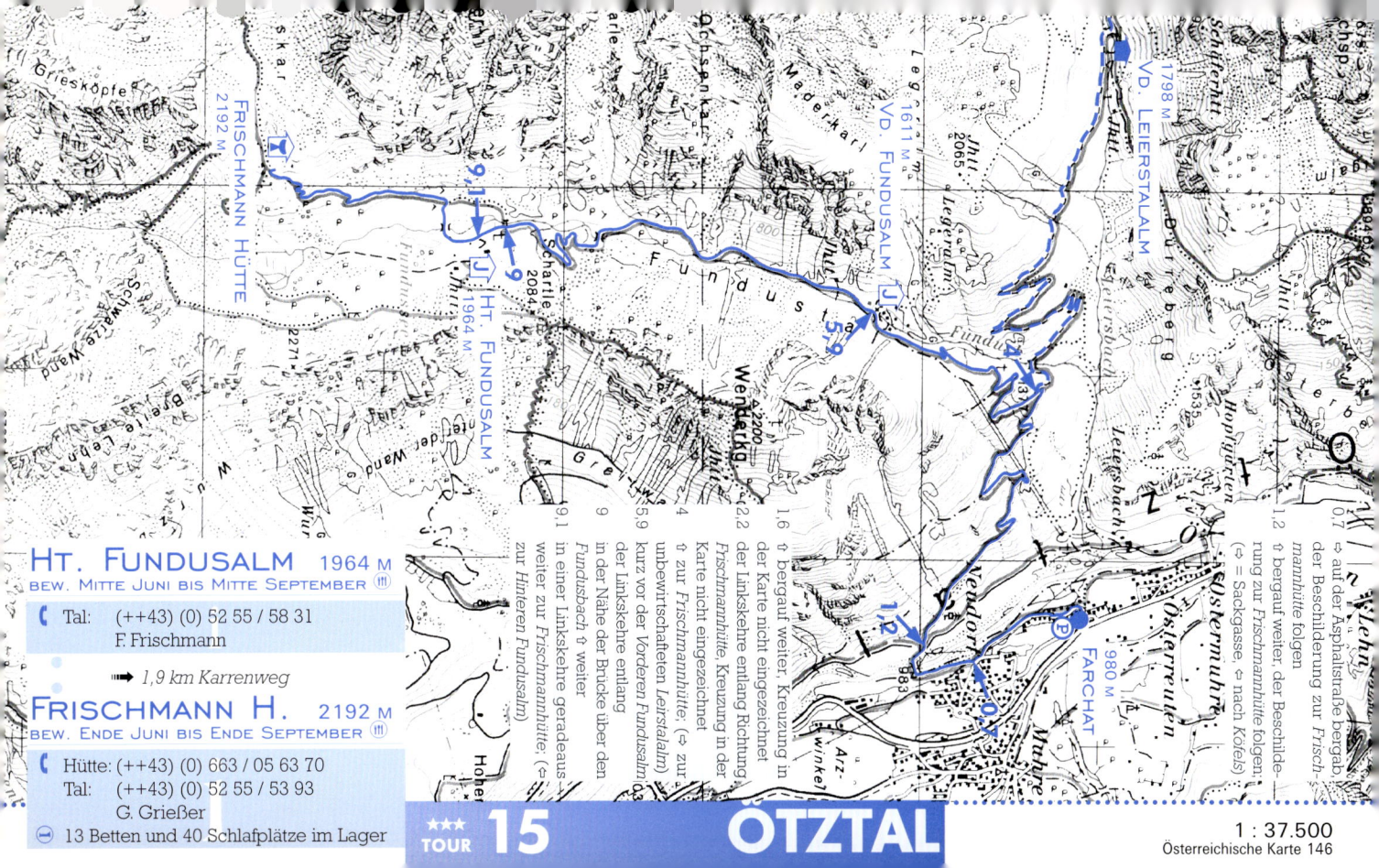

Ht. FUNDUSALM 1964 M
bew. Mitte Juni bis Mitte September

📞 Tal: (++43) (0) 52 55 / 58 31
   F. Frischmann

➡ *1,9 km Karrenweg*

FRISCHMANN H. 2192 M
bew. Ende Juni bis Ende September

📞 Hütte: (++43) (0) 663 / 05 63 70
   Tal: (++43) (0) 52 55 / 53 93
   G. Grießer

🛏 13 Betten und 40 Schlafplätze im Lager

TOUR 15 ★★★   ÖTZTAL

1 : 37.500
Österreichische Karte 146

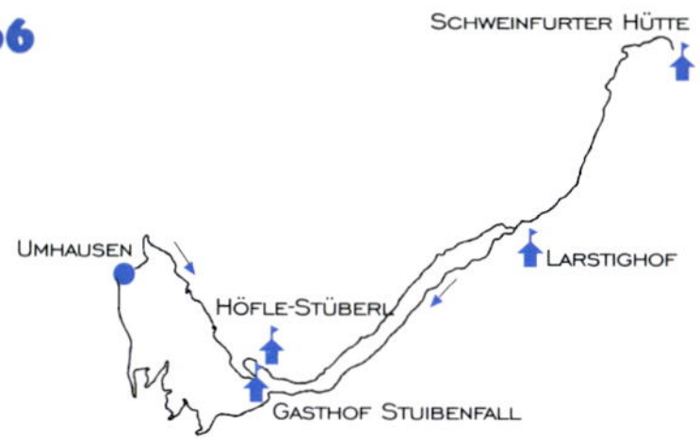

	***		
	TOUR **16**		**ÖTZTAL**

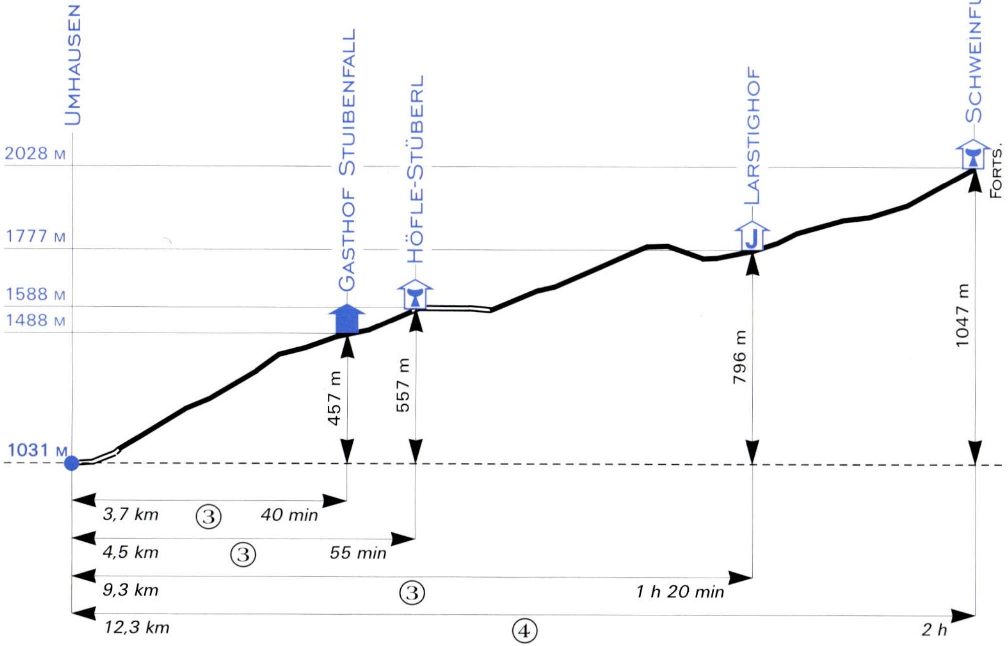

INNSBRUCK – UMHAUSEN *66 km*

ANFAHRT

- *A 12 Richtung Arlberg, Ausfahrt Haiming/Ötztal, weiter auf der Bundesstraße B 182 nach Umhausen, von der B 182, nach der Ortschaft Farchat, links abbiegen nach Umhausen zum Gasthof Andreas Hofer, anschließend über die Brücke zum Parkplatz*
- Ⓟ *nach der Bachbrücke beim großen Parkplatz*
- *mit dem Regionalzug nach Haiming, Haiming – Umhausen 16 km; oder mit dem Bus, Linie Ötztaler, Innsbruck – Haiming – Umhausen*

Check vor Tourantritt	✓ gründlich vorbereitet ?
	✓ gesundheitliche Verfassung ausreichend ?
	✓ rechtliche Erlaubnis eingeholt ?

UMHAUSEN 1031 M
START ● BEIM P

- *am Schützenheim rechts vorbei, dieser Straße bis zum Forstweg folgen*
- *0,7 km Asphalt*
- *3 km Forstweg*

GHF. STUIBENFALL 1488 M
GANZJÄHRIG BEWIRTSCHAFTETER GASTHOF

- *0,7 km Forstweg*
- *0,1 km Asphalt*

SCHWEINFURTER HÜTTE

UMHAUSEN
HÖFLE-STÜBERL
LARSTIGHOF
GASTHOF STUIBENFALL

UMHAUSEN
GASTHOF STUIBENFALL
HÖFLE-STÜBERL
LARSTIGHOF
SCHWEINFURTER HÜTTE FORTS.

2028 m
1777 m
1588 m
1488 m
1031 M

457 m
557 m
796 m
1047 m

3,7 km	③	40 min		
4,5 km		③	55 min	
9,3 km		③		1 h 20 min
12,3 km			④		2 h

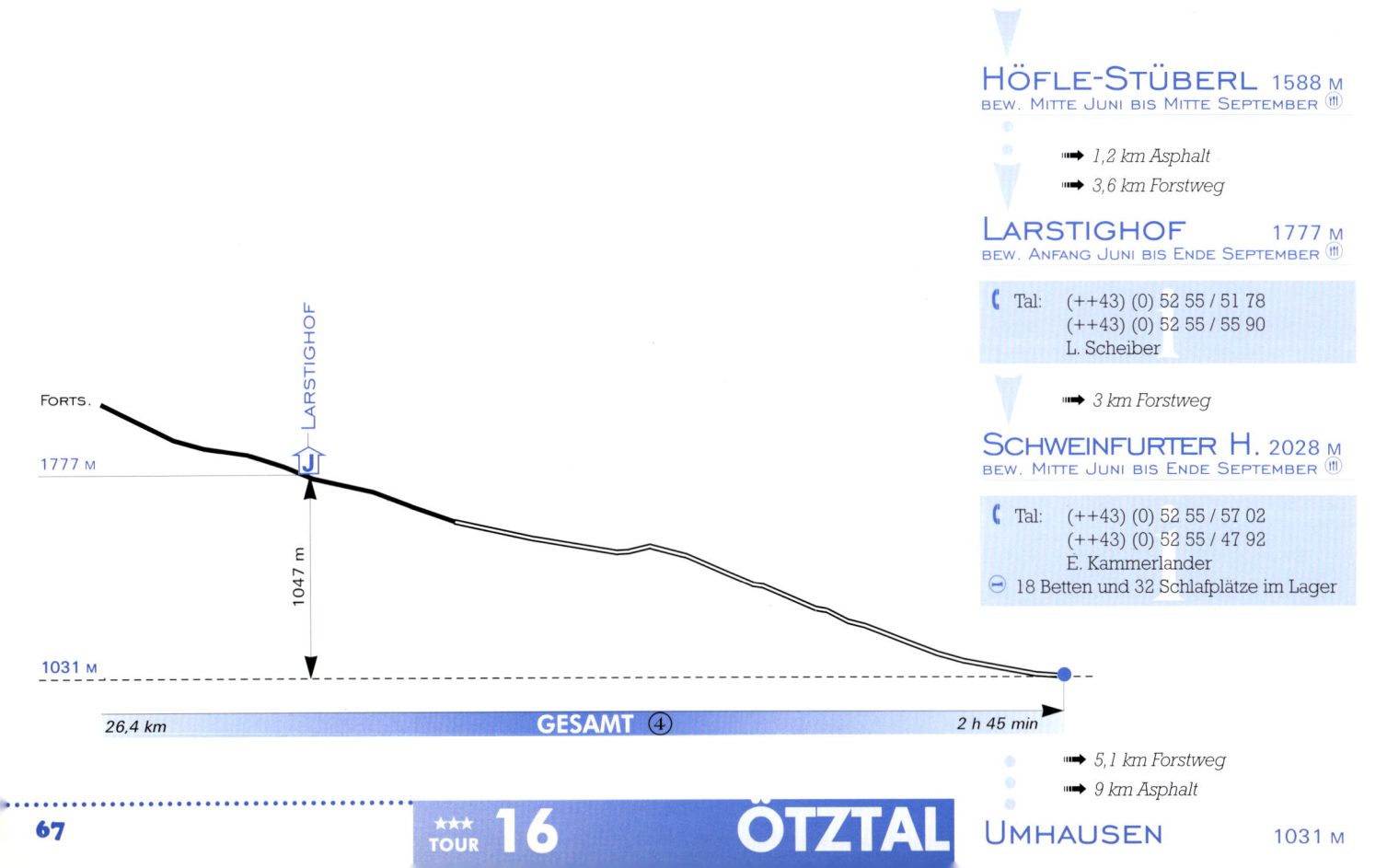

Höfle-Stüberl 1588 M
bew. Mitte Juni bis Mitte September

→ 1,2 km Asphalt
→ 3,6 km Forstweg

Larstighof 1777 M
bew. Anfang Juni bis Ende September

Tal: (++43) (0) 52 55 / 51 78
(++43) (0) 52 55 / 55 90
L. Scheiber

→ 3 km Forstweg

Schweinfurter H. 2028 M
bew. Mitte Juni bis Ende September

Tal: (++43) (0) 52 55 / 57 02
(++43) (0) 52 55 / 47 92
E. Kammerlander
⊖ 18 Betten und 32 Schlafplätze im Lager

→ 5,1 km Forstweg
→ 9 km Asphalt

Forts.
1777 M
Larstighof
1047 m
1031 M
26,4 km
GESAMT ④
2 h 45 min

TOUR 16 ÖTZTAL Umhausen 1031 M

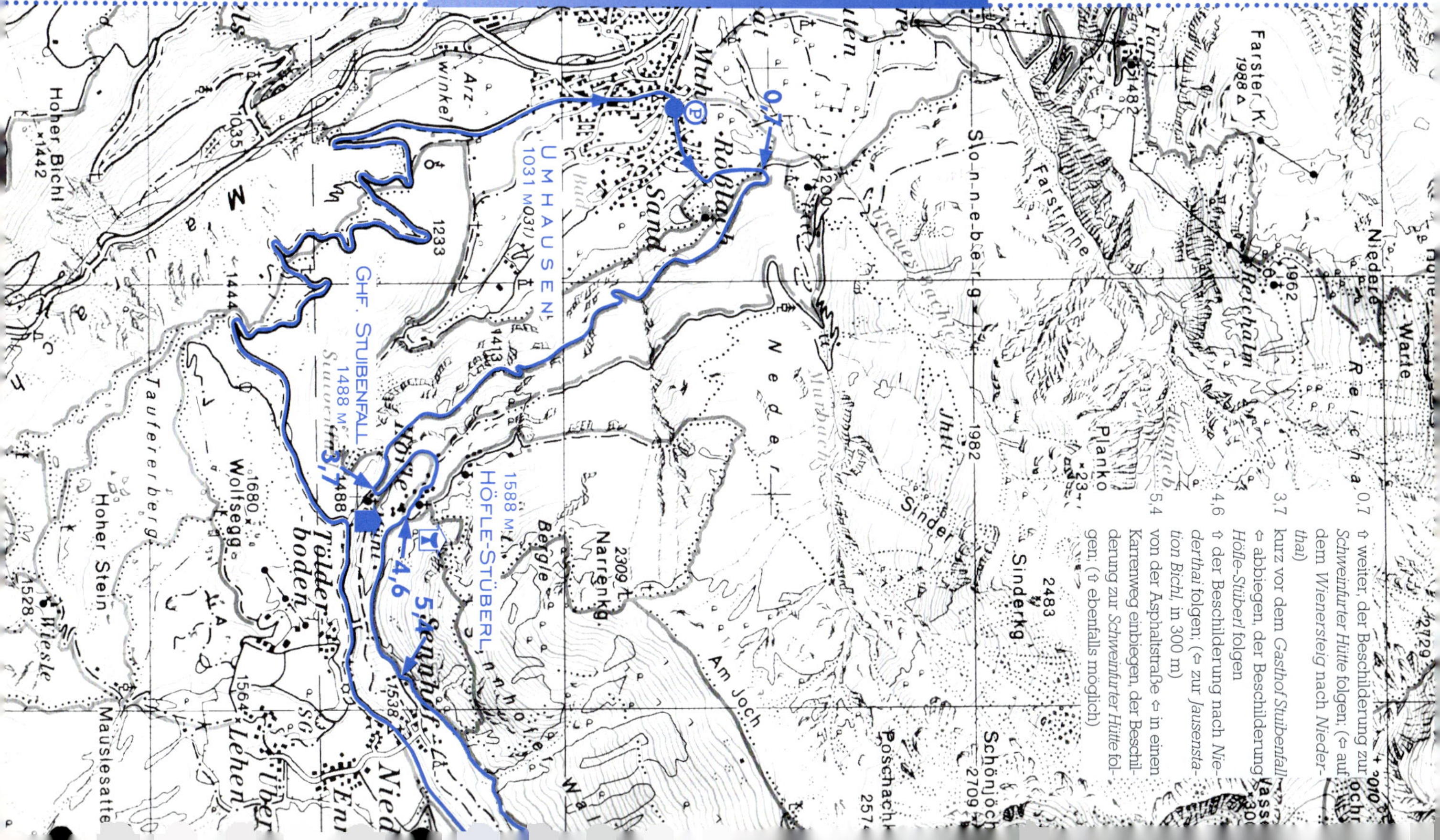

↑ weiter, der Beschilderung zur Schweinfurter Hütte folgen; (↪ auf dem Wienersteig nach Niedertal)

kurz vor dem *Gasthof Stuibenfall* ↪ abbiegen, der Beschilderung *Höfle-Stüberl* folgen

↑ der Beschilderung nach Niederthal folgen; (↪ zur *Jausenstation Bichl* in 300 m)

↑ in einen Karrenweg einbiegen, der Beschilderung zur *Schweinfurter Hütte* folgen; (↑ ebenfalls möglich)

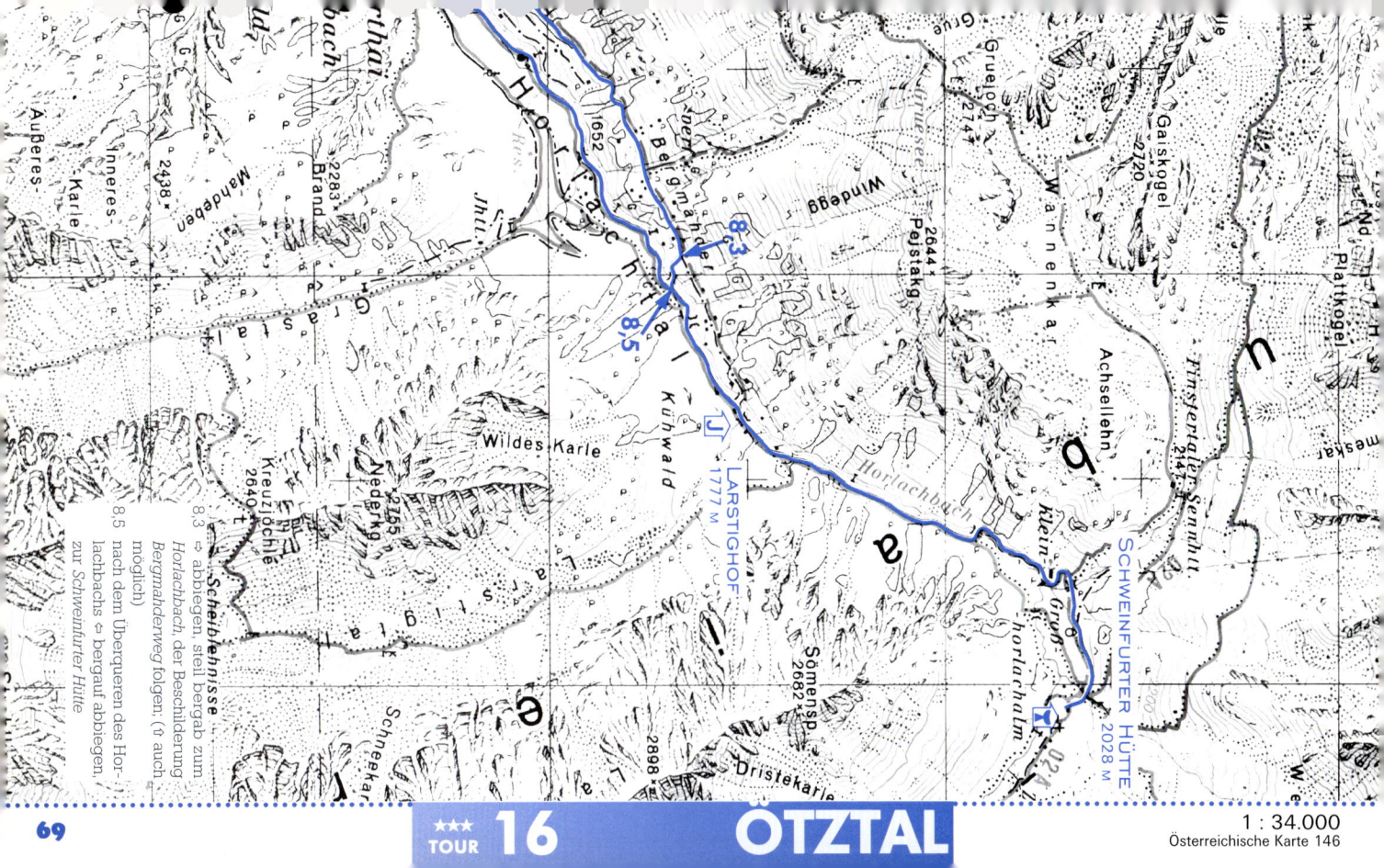

8.3 ⇦ abbiegen, steil bergab zum *Horlachbach*, der Beschilderung *Bergmähderweg* folgen; (↑ auch möglich)

8.5 nach dem Überqueren des *Horlachbachs* ⇦ bergauf abbiegen, zur *Schweinfurter Hütte*

TOUR 16 — ÖTZTAL

1 : 34.000
Österreichische Karte 146

★★★ TOUR 17 ÖTZTAL

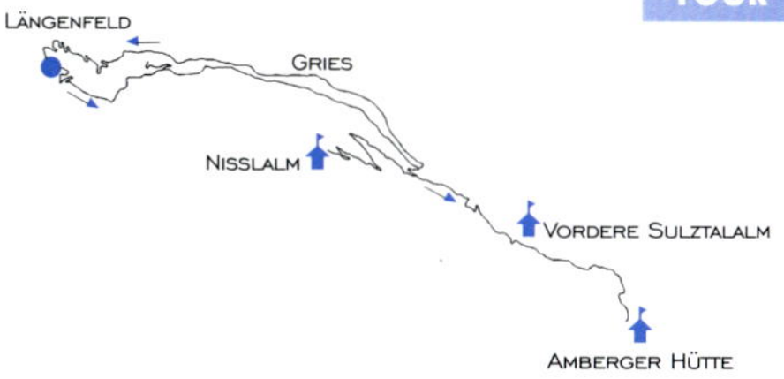

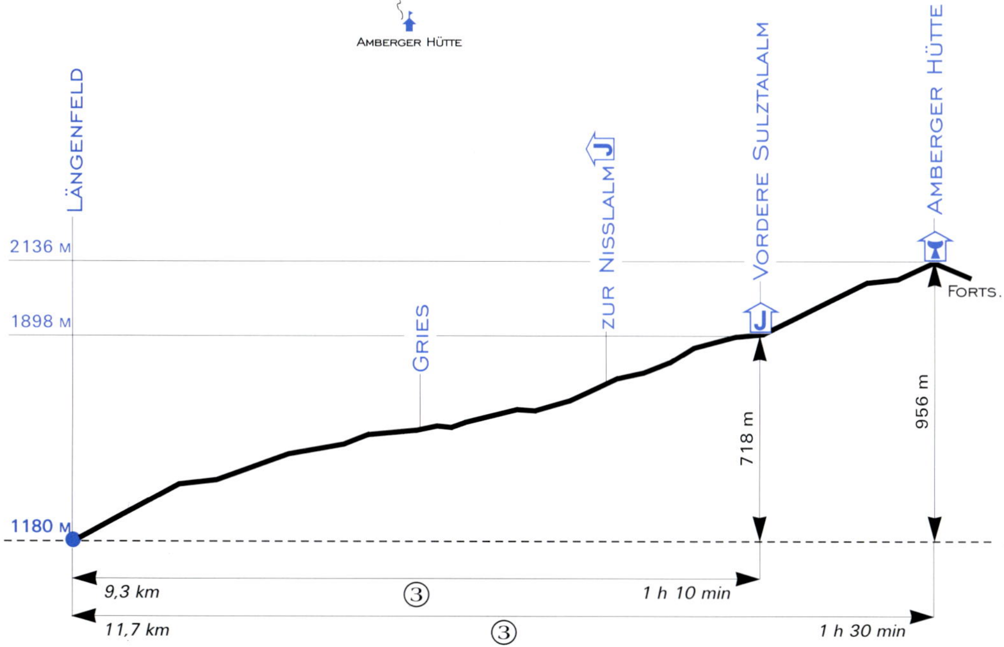

INNSBRUCK - LÄNGENFELD 76 km

ANFAHRT

⊖ *A 12 Richtung Arlberg, Ausfahrt Haiming/Ötztal, weiter auf der Bundesstraße B 182 nach Längenfeld, in Längenfeld nach der Brücke über den Fischbach links abbiegen, am rechten Ufer des Fischbachs entlang bis zum Forstweg*

Ⓟ *am rechten Ufer des Fischbachs, dort wo der Forstweg beginnt*

🚲 *mit dem Regionalzug nach Haiming, Haiming - Längenfeld 26 km; oder mit dem Bus, Linie Ötztaler, Innsbruck - Haiming - Längenfeld*

Check vor Tourantritt	✓ gründlich vorbereitet ?
	✓ gesundheitliche Verfassung ausreichend ?
	✓ rechtliche Erlaubnis eingeholt ?

LÄNGENFELD 1180 M

START ● BEIM Ⓟ

am rechten Ufer des Fischbachs entlang

⇒ *9,3 km Forstweg*

LÄNGENFELD

GRIES

ZUR NISSLALM Ⓙ

VORDERE SULZTALALM Ⓙ

AMBERGER HÜTTE
FORTS.

2136 M

1898 M

718 m

956 m

1180 M

9,3 km — ③ — 1 h 10 min

11,7 km — ③ — 1 h 30 min

LÄNGENFELD
GRIES
NISSLALM
VORDERE SULZTALALM
AMBERGER HÜTTE

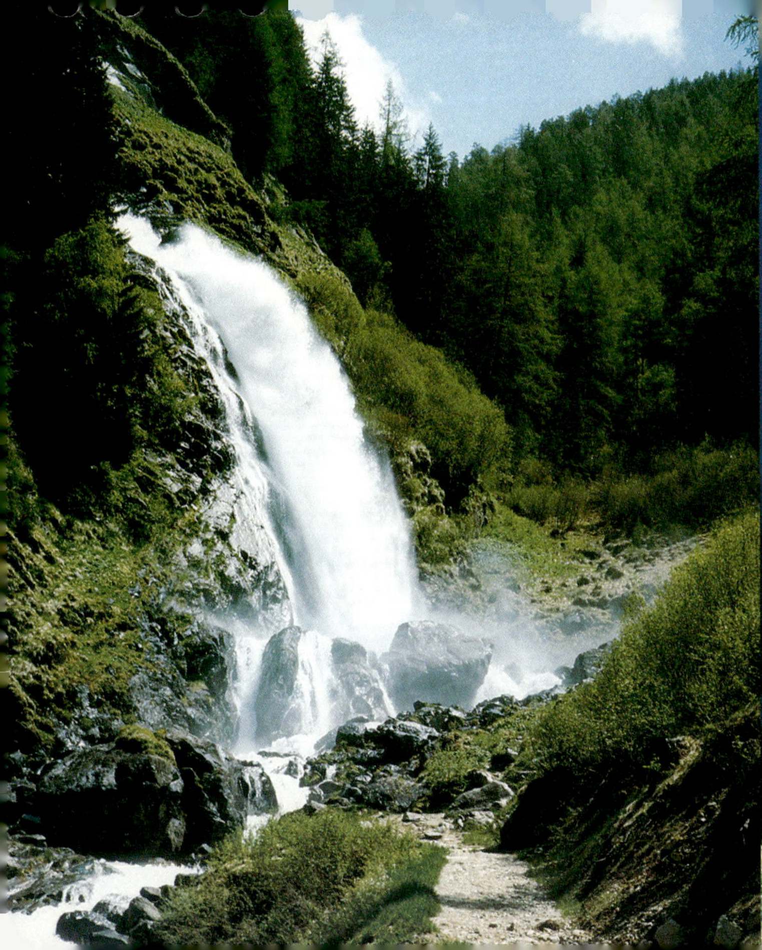
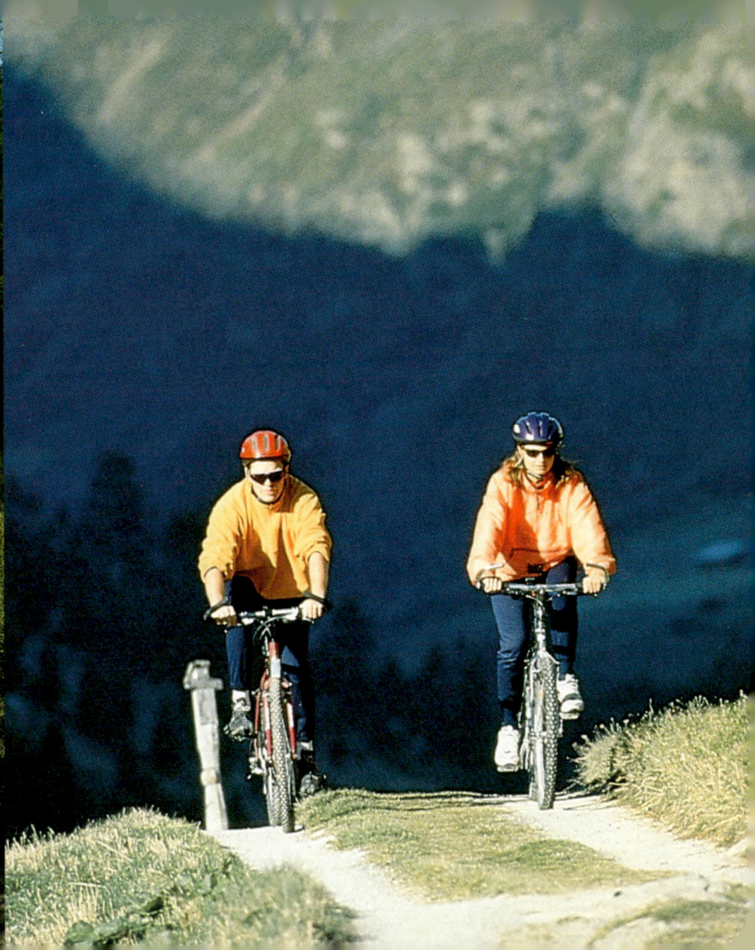

INTERSPORT®
RIML

OBERGURGL - LÄNGENFELD

Tel. (++43) (0) 52 56 / 216, Fax. (++43) (0) 52 56 / 584

bikes for winners

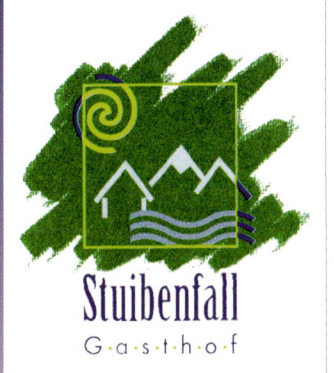

Wunderschöne Lage oberhalb des größten Wasserfalls Tirols.

Die Tour 16 in diesem Buch führt Sie zu uns.

Machen Sie Rast und genießen Sie die regionale Küche in gemütlicher, ungezwungener Atmosphäre

Stuibenfall
G·a·s·t·h·o·f

Stuibenfall
G·a·s·t·h·o·f

A-6441 Niederthai 47
Familie Falkner-Gigon

Tel. (++43) (0) 52 55 / 55 12
Fax. (++43) (0) 52 55 / 58 23

- **Urige Zimmer mit Etagendusche**
- **Komfortzimmer**
- **Familienappartement**
- **Kinderspielzimmer**
- **Waldhütte**
- **Kaminlesezimmer**
- **Sauna**
- **Dampfbad mit Frischluftgrotte**

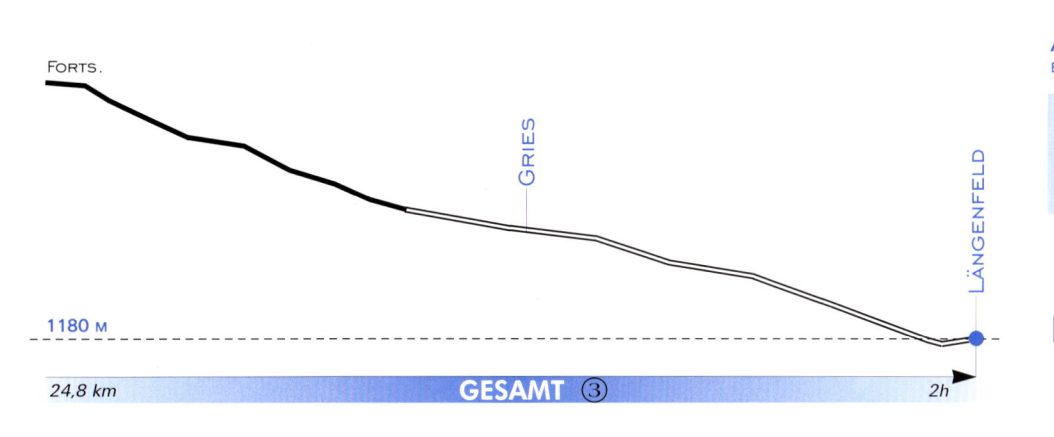

Vd. Sulztalalm 1898 m
bew. Mitte Juni bis Anfang Oktober

- Tal: (++43) (0) 52 53 / 56 34
  H. Scheiber
- Übernachtung im Lager für maximal 17 Personen

➠ 2,4 km Forstweg

Amberger Hütte 2136 m
bew. Mitte Juni bis Anfang Oktober

- Tal: (++43) (0) 52 53 / 56 05
  (++43) (0) 52 53 / 51 06
  H. Schöpf
- 16 Betten und 70 Lagerschlafplätze

➠ 5,4 km Forstweg
➠ 7,7 km Asphalt

Längenfeld   1180 m

Forts.
Gries
Längenfeld
1180 m
24,8 km   GESAMT ③   2h

TOUR 17 ÖTZTAL

4,7 ⇧ weiter am rechten Ufer des *Fischbaches*; (⇦ nach *Gries*)
5,1 in *Gries* gegenüber vom *Fußballplatz* ⇨ bergauf abbiegen; (⇧ nach *Gries*)
5,2 erneut ⇧ weiter; (⇨ = Sackgas-

1,1 beim Rodlerstarthaus ⇧ weiter nach *Gries*; (⇨ nach *Brand*)
3,7 erneut ⇧ weiter nach *Gries*; (⇨ = Sackgasse)
4,2 ⇧ am rechten Ufer des *Fischbaches* entlang; (⇨ zur Landstraße nach Gries)

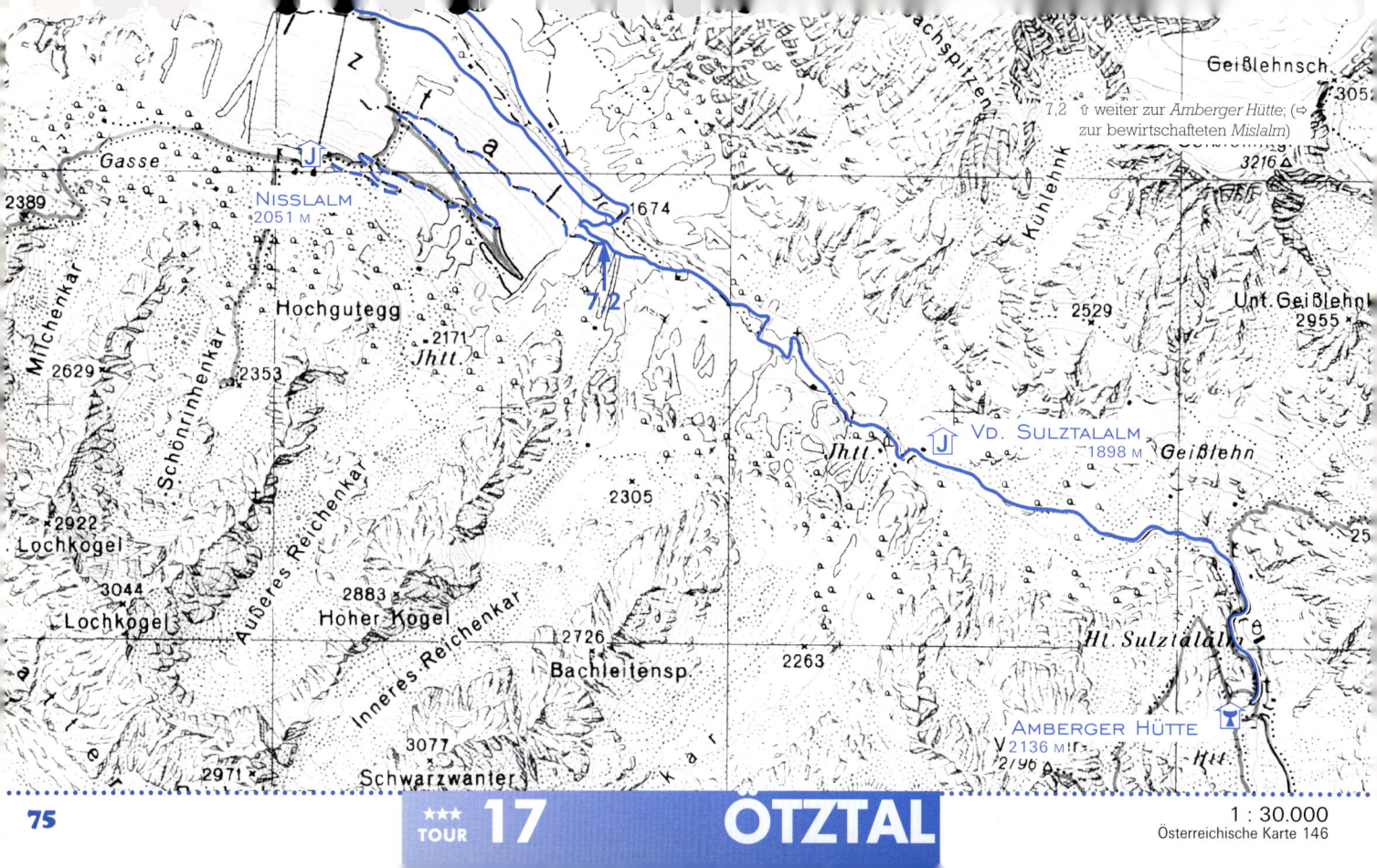

7,2 ⇧ weiter zur *Amberger Hütte*; (⇨
   zur bewirtschafteten *Mislalm*)

75 · ★★★ TOUR **17** · **ÖTZTAL** · 1 : 30.000
Österreichische Karte 146

** TOUR 18 ÖTZTAL

INNSBRUCK - SÖLDEN   90 km

ANFAHRT

- ⊖ A 12 Richtung Arlberg, Ausfahrt Haiming/Ötztal, weiter auf der Bundesstraße B 182 nach Sölden
- Ⓟ bei der Talstation Gaislachkogelbahn
- 🚲 mit dem Regionalzug nach Haiming, Haiming - Sölden 40 km; oder mit dem Bus, Linie Ötztaler, Innsbruck - Haiming - Sölden

Check vor Tourantritt
- ✓ gründlich vorbereitet ?
- ✓ gesundheitliche Verfassung ausreichend ?
- ✓ rechtliche Erlaubnis eingeholt ?

SÖLDEN   1368 M
START ● BEI DER TALSTATION GAISLACHKOGELBAHN

der Asphaltstraße taleinwärts folgen, Richtung Hochsölden

➡ 2,5 km Asphalt
➡ 3,1 km Forstweg

GHF. SONNECK   1948 M
BEW. MITTE JUNI BIS MITTE OKTOBER

➡ 0,5 km Forstweg

GAISLACHALM   1968 M
BEW. MITTE JUNI BIS MITTE SEPTEMBER

☎ Tal: (++43) (0) 52 54 / 29 14

➡ 0,3 km Forstweg

GHF. SILBERTAL   1980 M
BEW. ENDE JUNI BIS ANFANG OKTOBER

Höhenprofil

- ALPENCAFE HOCHSÖLDEN
- RETTENBACHALM
- HÜHNERSTEIGN
- SÖLDEN
- GASTHOF GAISLACHKOGELBAHN
- GOLDEGGALM
- LÖPLEALM
- GASTHOF SONNECK
- GASTHOF SILBERTAL
- GAISLACHALM

2174 M
2010 M
1980 M
1948 M

SÖLDEN 1368 M

GASTHOF SONNECK — 580 m
GASTHOF GAISLACHALM — 600 m
GASTHOF SILBERTAL — 612 m
GAISLACHKOGELBAHN — 806 m
HÜHNERSTEIGN — 806 m — 1968 m

Forts.

5,6 km	②	55 min
6,1 km	②	1 h
6,4 km	②	1 h 10 min
9,1 km	③	1 h 30 min
11,2 km	③	1 h 35 min

Tour 18 — ÖTZTAL

Profile labels:
- Rettenbachalm 2145 m
- Forts. 2083 m
- Alpencafe Hochsölden
- Sölden 1368 m
- 931 m / 931 m
- 12,3 km ③ 1 h 45 min
- 15,3 km ③ 2 h
- 22,5 km **GESAMT** ③ 2 h 20 min

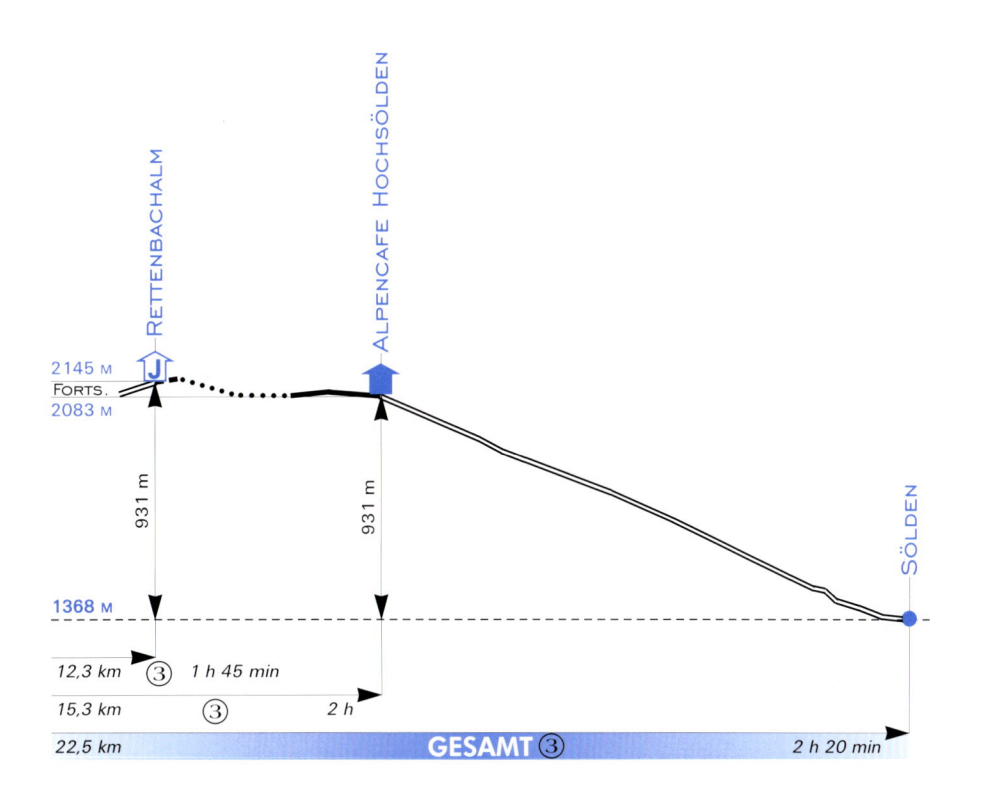

Route details:

➠ 0,1 km Forstweg
➠ 2,6 km Karrenweg

GAISLACHKOGELBAHN 2174 M
GANZJÄHRIG BEWIRTSCHAFTETER GASTHOF

➠ 2,1 km Asphalt

HÜHNERSTEIGN 2010 M
GANZJÄHRIG BEWIRTSCHAFTETE SCHIHÜTTE

➠ 1,1 km Asphalt

RETTENBACHALM 2145 M
BEW. MITTE JUNI BIS WINTERBEGINN

☏ Tal: (++43) (0) 52 54 / 26 22

➠ 0,3 km Karrenweg
➠ 1,5 km Single Track

Dieser Single Track ist für jeden Biker leicht zu bewältigen.

➠ 1,2 km Forstweg

HOCHSÖLDEN 2083 M
GANZJÄHRIG BEW. ALPENCAFE

➠ 7,2 km Asphalt

SÖLDEN 1368 M

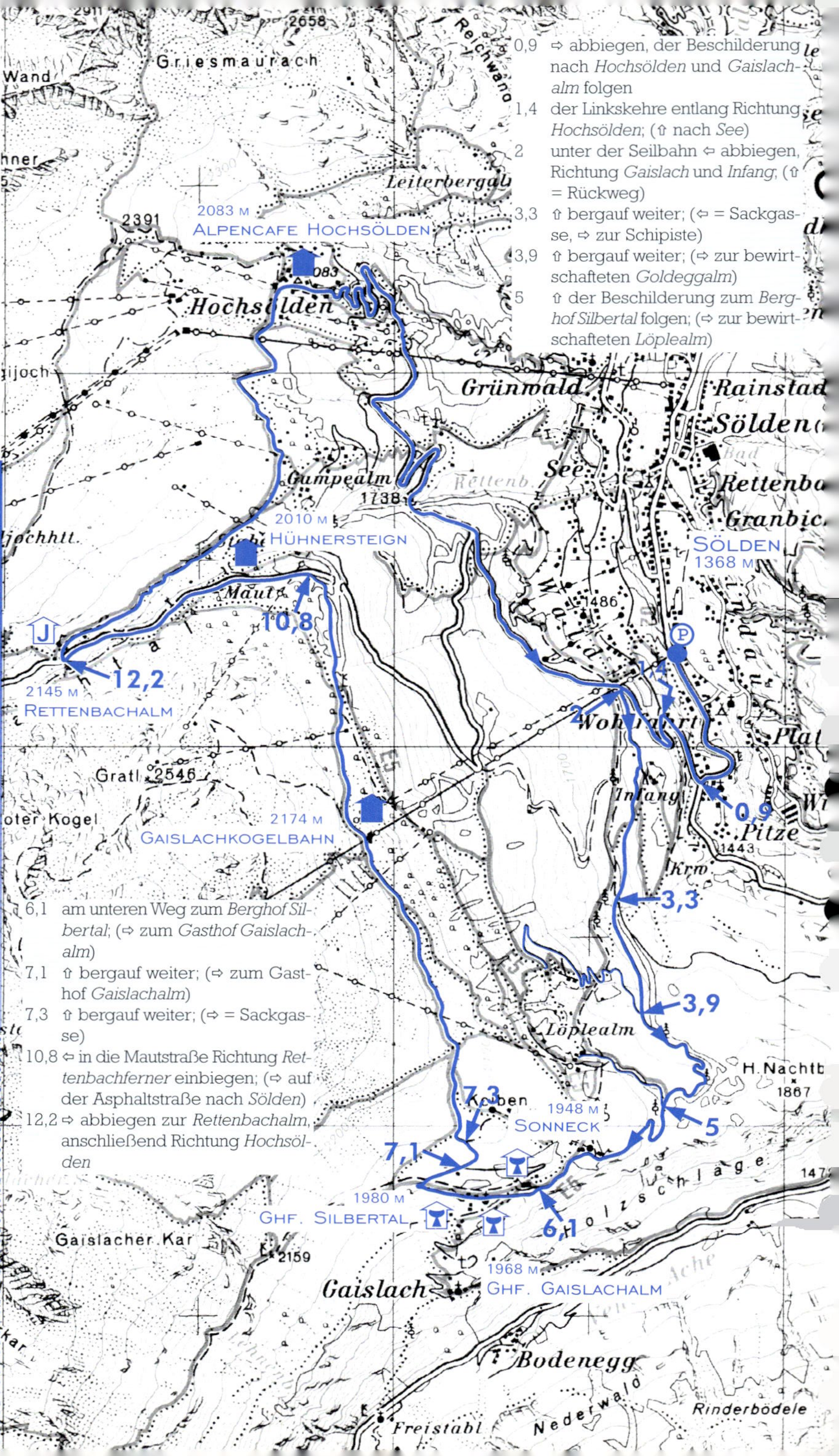

ÖTZTAL
TOUR 18 ★★

0,9 ⇨ abbiegen, der Beschilderung nach *Hochsölden* und *Gaislachalm* folgen
1,4 der Linkskehre entlang Richtung *Hochsölden* ⇨ abbiegen, unter der Seilbahn ⇨ abbiegen, Richtung *Gaislach* und *Infang*, († = Rückweg)
3,3 ⇧ bergauf weiter; (⇨ = Sackgasse, ⇨ nach *See*)
3,9 ⇧ bergauf weiter; (⇨ zur Schipiste)
5 ⇧ bergauf weiter; (⇨ zur bewirtschafteten *Goldeggalm*)
⇧ der Beschilderung zum *Berghof Silbertal* folgen; (⇨ zur bewirtschafteten *Löplealm*)
7,1 ⇨ am unteren Weg zum *Berghof Silbertal*, (⇨ zum *Gasthof Gaislachalm*)
7,3 ⇧ bergauf weiter; (⇨ zum Gasthof *Gaislachalm*)
⇧ bergauf weiter; (⇨ = Sackgasse)
10,8 ⇨ in die Mautstraße Richtung *Rettenbachferner* einbiegen; (⇨ auf der Asphaltstraße nach *Sölden*)
12,2 ⇨ abbiegen zur *Rettenbachalm*, anschließend Richtung *Hochsölden*

Österreichische Karte 173
1 : 37.500

Ötztal-Apotheke und Drogerie Sölden

Mag. pharm. Georg Röhheuser

A-6450 Sölden, Gemeindehaus 514

Tel. (++43) (0) 5254 / 2670, Fax (++43) (0) 5254 / 3272
Öffentliche Apotheke im Ötztal

Öffnungszeiten:

Winter:	Montag - Freitag:	8.30 - 12.00 und 15.00 - 18.30 Uhr
	Samstag:	8.30 - 12.00 und 15.00 - 18.00 Uhr
Sommer:	Montag - Freitag:	8.30 - 12.00 und 15.00 - 18.30 Uhr
	Samstag:	8.30 - 12.00 Uhr

Wir stellen in unserer Apotheke **eigene Hausspezialitäten** wie Ötztaler Alpenkräutersalbe und Ötztaler Haus-Einreibung, Ötztaler Kräuterhustensaft sowie Teemischungen nach eigenem Rezept her und verschicken diese auch gerne an Sie.

Für Ihre Schönheits- und Haarpflege führen wir folgende Kosmetik-Depots:

- VICHY — Vichy Apothekenkosmetik
- ROC (HYPO-ALLERGEN OHNE PARFUM) — Innovative Kosmetik mit Verantwortung — ROC hyperallergene Schönheitspflege
- PHAS Hypoallergénique — Declare Schönheit für empfindliche Haut — GREITER DECLARE
- LOUIS WIDMER — Widmer International mit und ohne Parfum

---

freytag & berndt
Reisebuchhandlung

Das Spezialgeschäft für Radführer und Karten

- **Reise**
- **Alpin**
- **Nautik**

Inh.: Wolfgang Finger
Wilhelm-Greil-Straße 15
A-6020 Innsbruck
Tel.: 0512 / 57 76 06

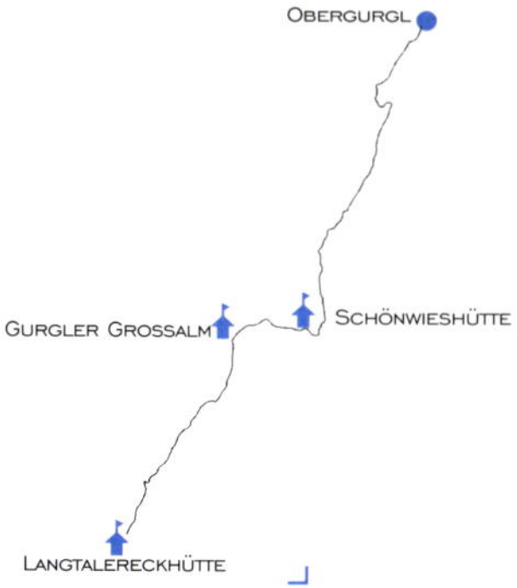

TOUR ★★ **19** # ÖTZTAL

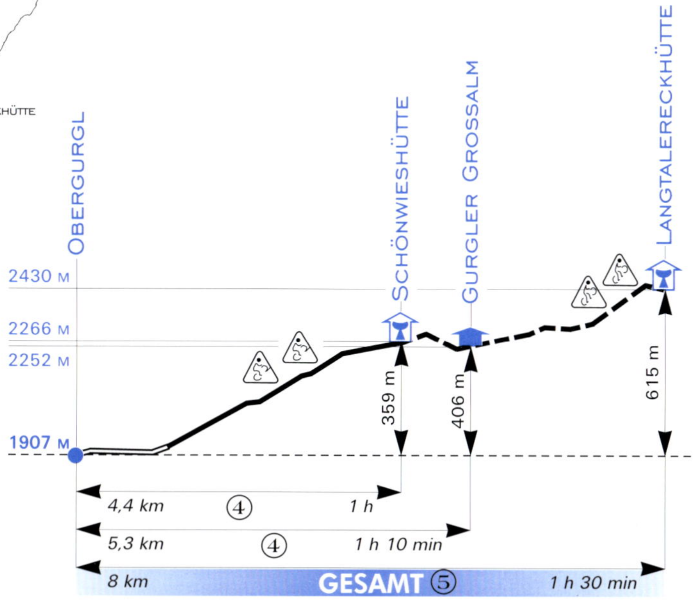

INNSBRUCK - OBERGURGL *100 km*

ANFAHRT

🚗 *A 12 Richtung Arlberg, Ausfahrt Haiming/Ötztal, weiter auf der Bundesstraße B 182 nach Sölden - Zwieselstein - Obergurgl*

🅿 *bei der Talstation Festkogelbahn*

🚲 *mit dem Regionalzug nach Haiming, Haiming - Obergurgel 50 km; oder mit dem Bus, Linie Ötztaler, Innsbruck - Haiming - Zwieselstein*

Check		
	○	✓ gründlich vorbereitet ?
vor		✓ gesundheitliche Verfassung ausreichend ?
Tourantritt		✓ rechtliche Erlaubnis eingeholt ?

OBERGURGL 1907 M
START ● BEI DER TALSTATION FESTKOGELBAHN

der Asphaltstraße taleinwärts folgen, bei der Kirche der Linkskehre entlang

➡ *1,2 km Asphalt*

➡ *3,2 km Forstweg*

SCHÖNWIESHÜTTE 2266 M
BEW. ENDE JUNI BIS ENDE SEPTEMBER 🍴

➡ *0,9 km Karrenweg*

GURGLER GROSSALM 2252 M
UNBEWIRTSCHAFTETE ALMHÜTTE

➡ *2,7 km Karrenweg*

LANGTALERECKH. 2430 M
BEW. ENDE JUNI BIS MITTE SEPTEMBER 🍴

📞 Hütte: (++43) (0) 52 53 / 53 96
Tal: (++43) (0) 52 56 / 233

OBERGURGL

GURGLER GROSSALM   SCHÖNWIESHÜTTE

LANGTALERECKHÜTTE

OBERGURGL

SCHÖNWIESHÜTTE

GURGLER GROSSALM

LANGTALERECKHÜTTE

2430 M

2266 M
2252 M

1907 M

359 m

406 m

615 m

4,4 km	④	1 h
5,3 km	④	1 h 10 min
8 km	**GESAMT ⑤**	1 h 30 min

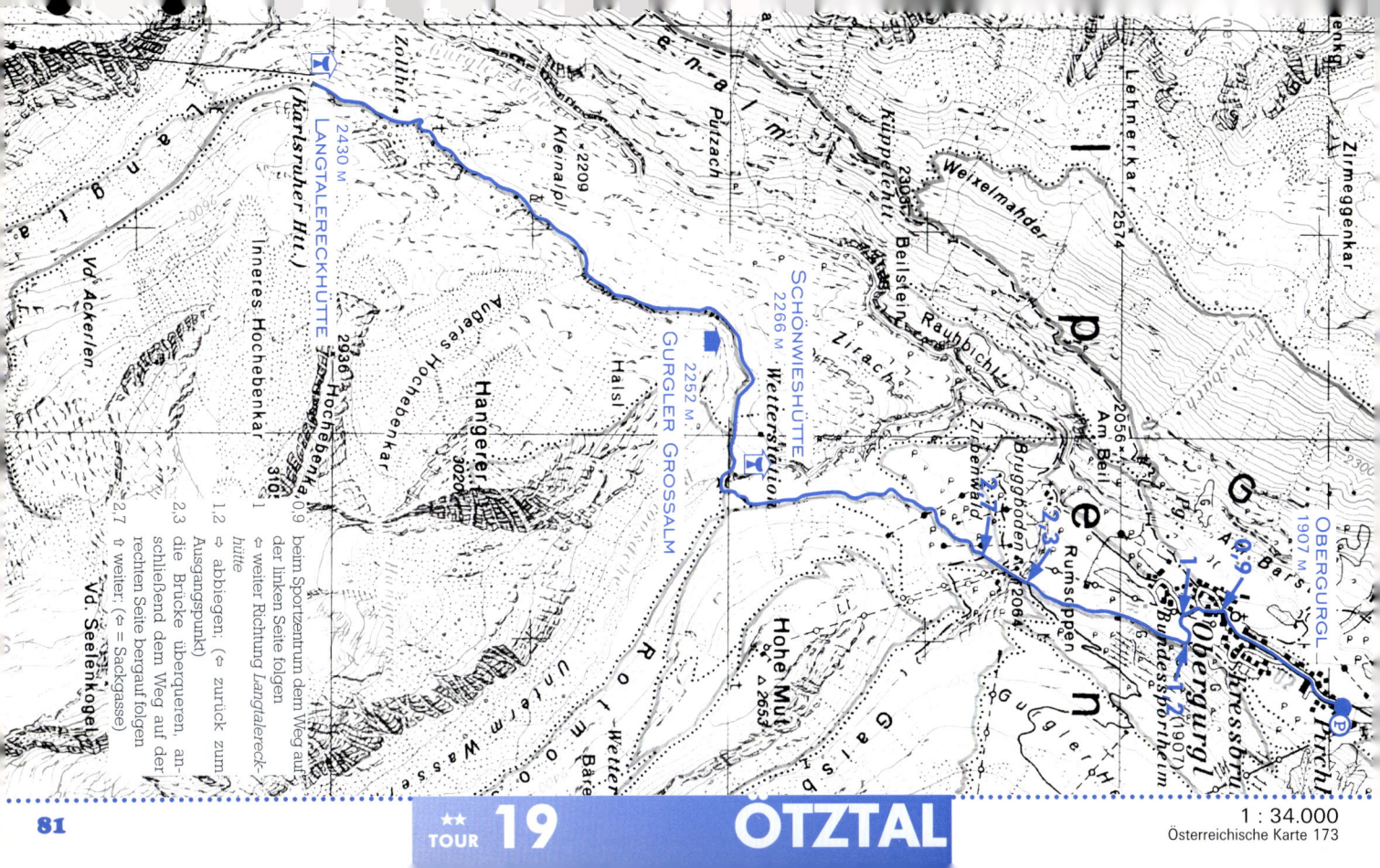

LANGTALERECKHÜTTE
(Karlsruher Hütte)
2430 M

SCHÖNWIESHÜTTE
2266 M

GURGLER GROSSALM
2252 M

OBERGURGL
1907 M

Inneres Hochebenkar

0,9 → beim Sportzentrum dem Weg auf der linken Seite folgen
→ weiter Richtung *Langtalereck-hütte*
1,2 → abbiegen; (← zurück zum Ausgangspunkt)
2,3 die Brücke überqueren, an-schließend dem Weg auf der rechten Seite bergauf folgen
2,7 ↓ weiter; (← Sackgasse)
↓ Vd. Seelenkogel

TOUR **19** ÖTZTAL

1 : 34.000
Österreichische Karte 173

TOUR 20 ✶✶ **ÖTZTAL**

INNSBRUCK - VENT *106 km*

ANFAHRT

🚗 A 12 Richtung Arlberg, Ausfahrt Haiming / Ötztal, weiter auf der Bundesstraße B 182 nach Sölden und Zwieselstein, in Zwieselstein rechts abbiegen nach Vent

🅿 beim Hotel Vent, nach der Brücke über die Venter Ache

🚲 mit dem Regionalzug nach Haiming, Haiming - Vent 56 km; oder mit dem Bus, Linie Ötztaler, Innsbruck - Haiming - Zwieselstein

Check
vor
Tourantritt

✓ gründlich vorbereitet ?
✓ gesundheitliche Verfassung ausreichend ?
✓ rechtliche Erlaubnis eingeholt ?

VENT 1895 M
START ● BEIM HOTEL VENT

rechts am Lebensmittelgeschäft IFA vorbei, der Asphaltstraße bergab zur Venter Ache folgen

➡ 0,2 km Asphalt

➡ 5,6 km Karrenweg

SCHÄFERHÜTTE 2230 M
UNBEWIRTSCHAFTETE ALMHÜTTE

➡ 2,4 km Karrenweg

MARTIN-BUSCH-H. 2501 M
BEW. MITTE JUNI BIS ENDE SEPTEMBER

☎ Tal: (++43) (0) 52 54 / 81 30

VENT

SCHÄFERHÜTTE

MARTIN-BUSCH-HÜTTE

SCHÄFERHÜTTE

MARTIN-BUSCH-HÜTTE

2501 M

2230 M

1895 M

VENT

335 m

606 m

5,8 km   ③   55 min

8,2 km   **GESAMT** ③   1 h 20 min

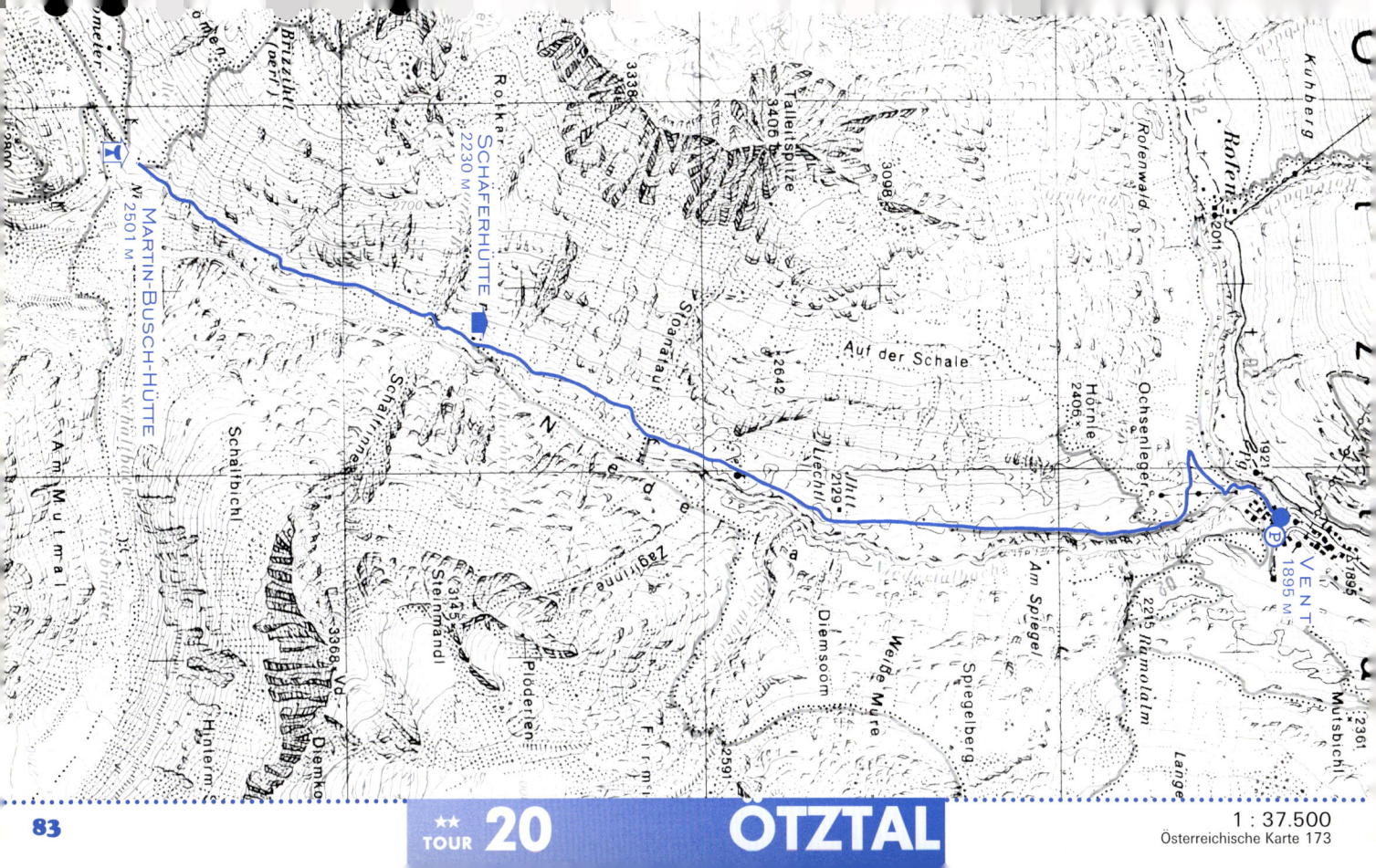

83 | TOUR 20 | ÖTZTAL | 1 : 37.500
Österreichische Karte 173

Für eine sichere Orientierung
im Wander- und Tourengebiet

Tiroler Oberland und Außerfern

empfehlen wir die folgenden

MAYR-Wanderkarten:

Nr. 5 »LECHTAL«
Nr. 6 »TIROLER OBERLAND«
Nr. 9 »TANNHEIMER TAL«
Nr. 12 »TIROLER ZUGSPITZGEBIET«

Der »Urlaubsführer Tirol«

informiert Sie über alles Sehens-
und Wissenswerte in Nord-, Ost-
und Südtirol.

Eine **Straßenkarte**, sowie eine
Panorama-Darstellung
des Landes führt Sie sicher
an Ihr ausgewähltes Ziel.

Erhältlich bei den meisten Tourismus-
verbänden und im guten Handel!

TOUR	DISTANZ	FAHRZEIT	HÖHENMETER	SCHWIERIGKEIT
KIENBERG				
21	15,6 km	2h	829 m	3
KIENBERG				
22	17,9 km	2h 15′	1031 m	3
WIESE				
23	23,4 km	2h 15′	1068 m	4
WIESE				
24	25,6 km	3h 10′	1358 m	3
ST. LEONHARD				
25	20 km	2h 50′	1037 m	3

PITZTAL

TOUR 21 PITZTAL

INNSBRUCK - KIENBERG 73 km

ANFAHRT

A 12 Richtung Arlberg, Ausfahrt Imst/Pitztal, anschließend der Beschilderung ins Pitztal nach Wenns folgen, auf der Bundesstraße weiter bis zur Abzweigung nach Kienberg

ⓟ auf der linken Straßenseite, unmittelbar vor der Toyota-Werkstatt, kurz nach der Abzweigung nach Kienberg

🚲 mit dem Zug nach Imst und weiter mit dem Bus bis nach Kienberg

Check vor Tourantritt	☐ ✓ gründlich vorbereitet ?
	✓ gesundheitliche Verfassung ausreichend ?
	✓ rechtliche Erlaubnis eingeholt ?

KIENBERG 970 M
START ● BEI DER TOYOTA-WERKSTATT

der Asphaltstraße nach Kienberg folgen

➡ 1,1 km Asphalt

➡ 2,1 km Forstweg

➡ 0,4 km Asphalt

➡ 4,7 km Forstweg

KIELEBERGALM 1761 M
IM SOMMER BEWIRTSCHAFTETE ALMHÜTTE 🏠

⊖ Übernachtungsmöglichkeit im Lager

➡ 0,4 km Single Track

➡ 3,1 km Forstweg

KIENBERG

KIELEBERGALM

KIELEBERGALM 1761 M

J FORTS.

829 m

KIENBERG

970 M

8,3 km ③ 1 h 30 min

FORTS.

KIENBERG

970 M

15,6 km **GESAMT** ③ 2 h

Dist	Description
0,4	über die Brücke Richtung *Pitzenschlucht*
0,9	⇧ weiter Richtung *Grasllehn*; (⇦ zur *Pitzenschlucht*)
1,1	⇧ nach *Matzlewald*; (⇦ nach *Stein*)
1,2	der Beschilderung bis nach *Matzlewald* folgen
3,4	nach der Kappele ⇧ weiter; (⇦ = *Matzlewald*)
3,6	⇦ in den Forstweg einbiegen, Richtung *Kielebergalm*
8,3	⇨ bei der *Kielebergalm* vorbei, über die Wiese zum Wald, der Beschilderung nach *Wenns* und der roten Bodenmarkierung folgen
11,5	⇦ bergab Richtung *Wenns*
11,8	*Achtung! Diese Kreuzung ist leicht zu verfehlen;* ⇨ in den Karrenweg Richtung *Steinhof* einbiegen
12,9	⇧ bergab auf dem Forstweg weiter
13,2	⇧ weiter; (⇦ nach *Stein*)
13,8	der Linkskehre folgen

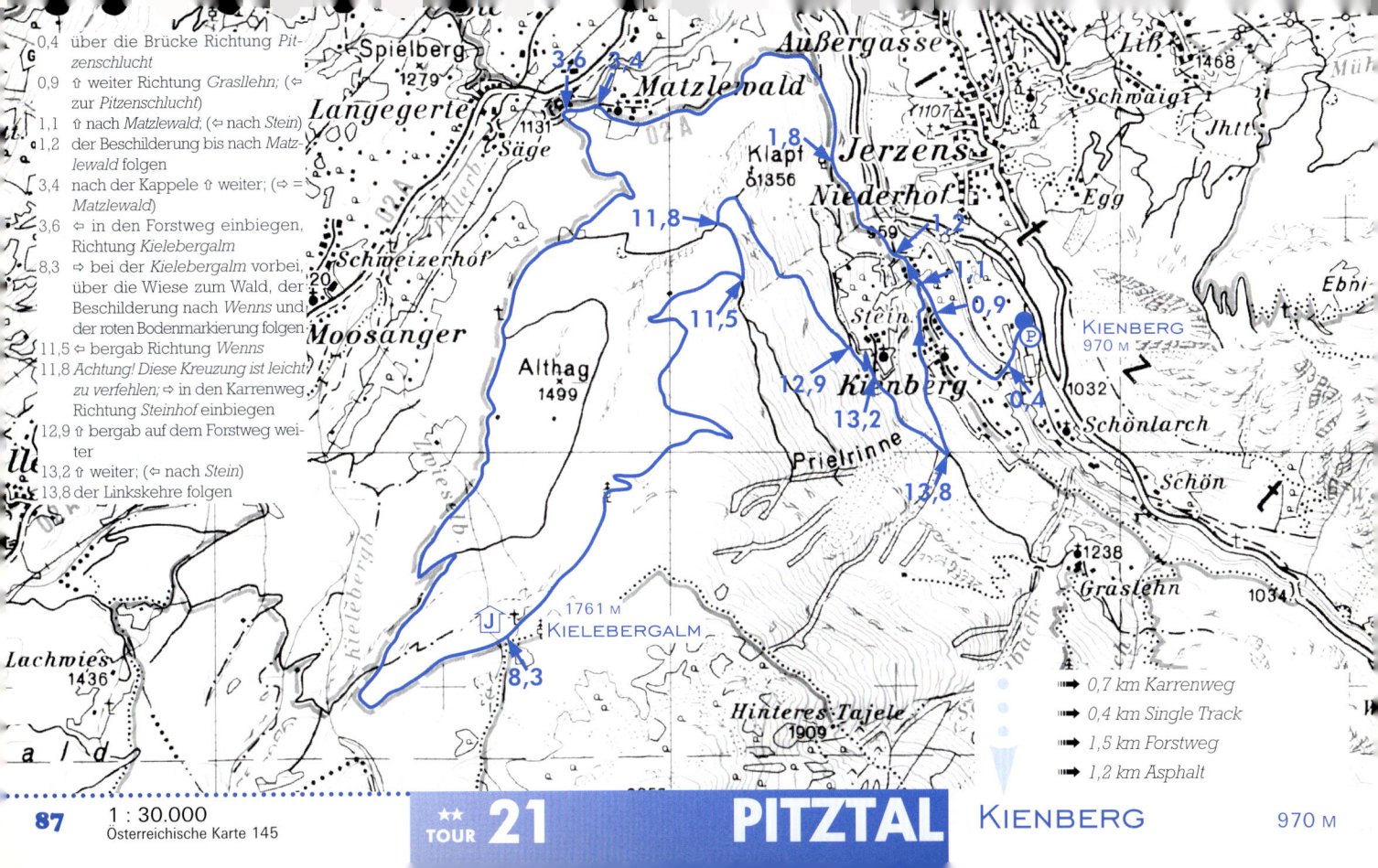

➡ 0,7 km Karrenweg
➡ 0,4 km Single Track
➡ 1,5 km Forstweg
➡ 1,2 km Asphalt

87 1 : 30.000
Österreichische Karte 145

★★ TOUR **21** **PITZTAL** KIENBERG 970 M

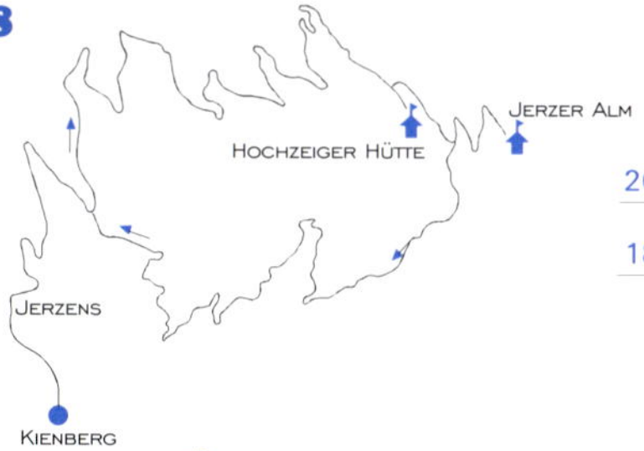

TOUR 22 PITZTAL

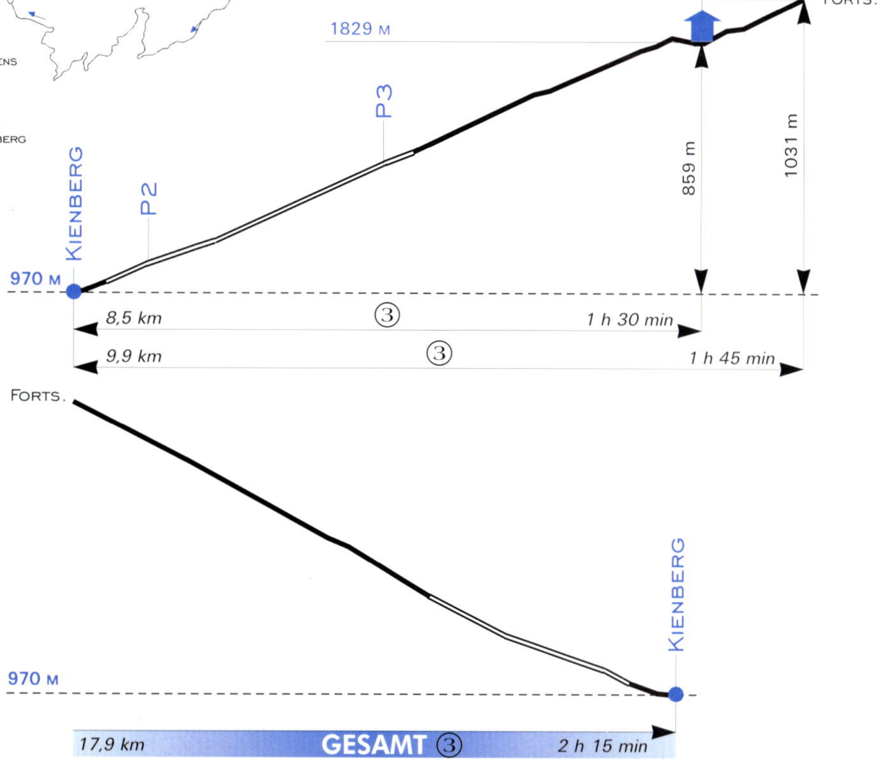

INNSBRUCK – KIENBERG *73 km*

ANFAHRT

⊖ *A 12 Richtung Arlberg, Ausfahrt Imst/Pitztal, anschließend der Beschilderung ins Pitztal bis nach Wenns folgen, auf der Bundesstraße weiter bis zur Abzweigung nach Kienberg*

ⓟ *auf der linken Straßenseite, unmittelbar vor der Toyota-Werkstatt, kurz nach der Abzweigung nach Kienberg*

🚲 *mit dem Zug nach Imst und weiter mit dem Bus bis nach Kienberg*

Check vor Tourantritt	✓ gründlich vorbereitet ?
	✓ gesundheitliche Verfassung ausreichend ?
	✓ rechtliche Erlaubnis eingeholt ?

KIENBERG 970 M
START ● BEI DER TOYOTA-WERKSTATT

der Beschilderung Fußweg nach Jerzens *folgen*

➡ *0,4 km Forstweg*

➡ *4,2 km Asphalt*

➡ *3,9 km Forstweg*

HOCHZEIGER H. 1829 M
GANZJÄHRIG BEWIRTSCHAFTETE SCHIHÜTTE 🏠

➡ *1,4 km Forstweg*

JERZER ALM 2001 M
GANZJÄHRIG BEWIRTSCHAFTETE SCHIHÜTTE 🏠

➡ *4,8 km Forstweg*

➡ *2,7 km Asphalt*

JERZER ALM

HOCHZEIGER HÜTTE

HOCHZEIGER HÜTTE

JERZER ALM

JERZENS

KIENBERG

2001 M

1829 M

970 M — KIENBERG — P2 — P3 — 859 m — 1031 m — FORTS.

8,5 km — ③ — 1 h 30 min

9,9 km — ③ — 1 h 45 min

FORTS. — KIENBERG

970 M

17,9 km — **GESAMT ③** — 2 h 15 min

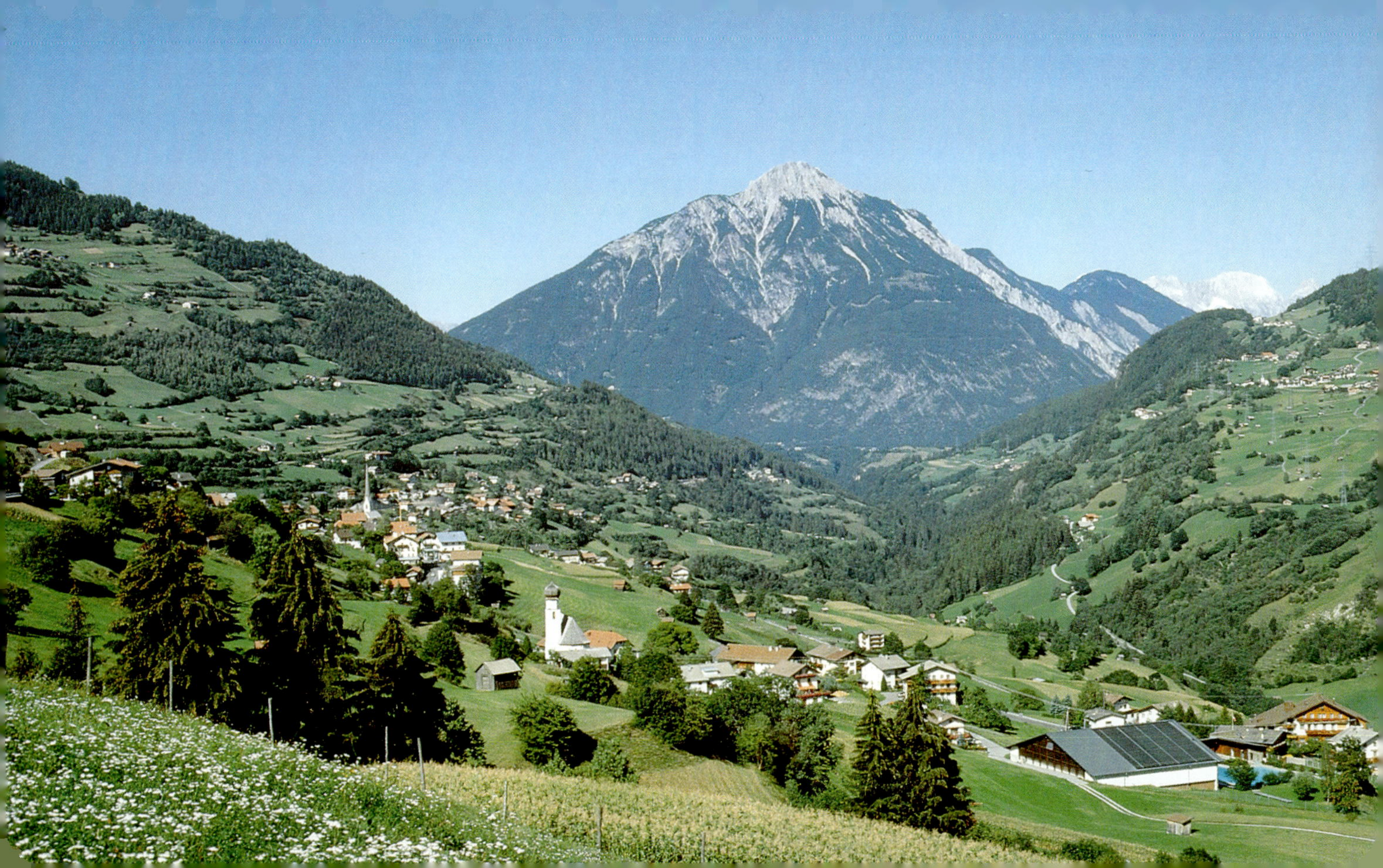

HOTEL·PENSION SAILER ★★★★

(vertical text, left margin) Familie Sailer · A-6473 Wenns · Telefon: (++43) (0) 5414/872115 · Fax: .../8722515 · www.tiscover.com/hotel sailer

Neu, klein und fein
in einem der schönsten Täler Tirols

FAMILIENHOTEL SAILER ☆☆☆☆

Moderne Zimmer mit:

• TV • Radio • Telefon • Balkon

ALLES INKLUSIVE VON MAI BIS NOVEMBER

• Sauna • Solarium • Freibad • Hallen- und
Freitennisplätze • Tischtennis • Bikes

• geführte Wanderungen • Kaffee und Kuchen

Für die kleinen Gäste:

• Spielzimmer • Spielplatz

• Kinderclub mit unserer Kindertante Marianne
und so manche angenehme Überraschung mehr

KINDER UNTER 10 JAHREN GRATIS!!!

Das ganze Jahr über günstige Pauschalen ab
DM 499,- pro Person/Woche/HP
Ganz in der Nähe der Pitztaler Gletscher mit Österreichs höchster Gondelbahn bis auf 3440 m!
Wir bieten Urlaub für jede Geldtasche! Urig
und gemütlich im Berggasthof Hochzeigerhaus, auf 1900 Meter Höhe, bis 90 Personen,
oder in der Ferienhütte Alpenrose, für Grup-
pen bis 36 Personen zur Selbstversorgung und
Familienferienwohnungen!

INFORMATION UND BUCHUNG:

Familie Sailer • A-6473 Wenns/Pitztal/Tirol
Telefon: (++43) (0) 54 14 / 87 21 5
Fax: .../87 22 51 5
www.tiscover.com/hotel sailer

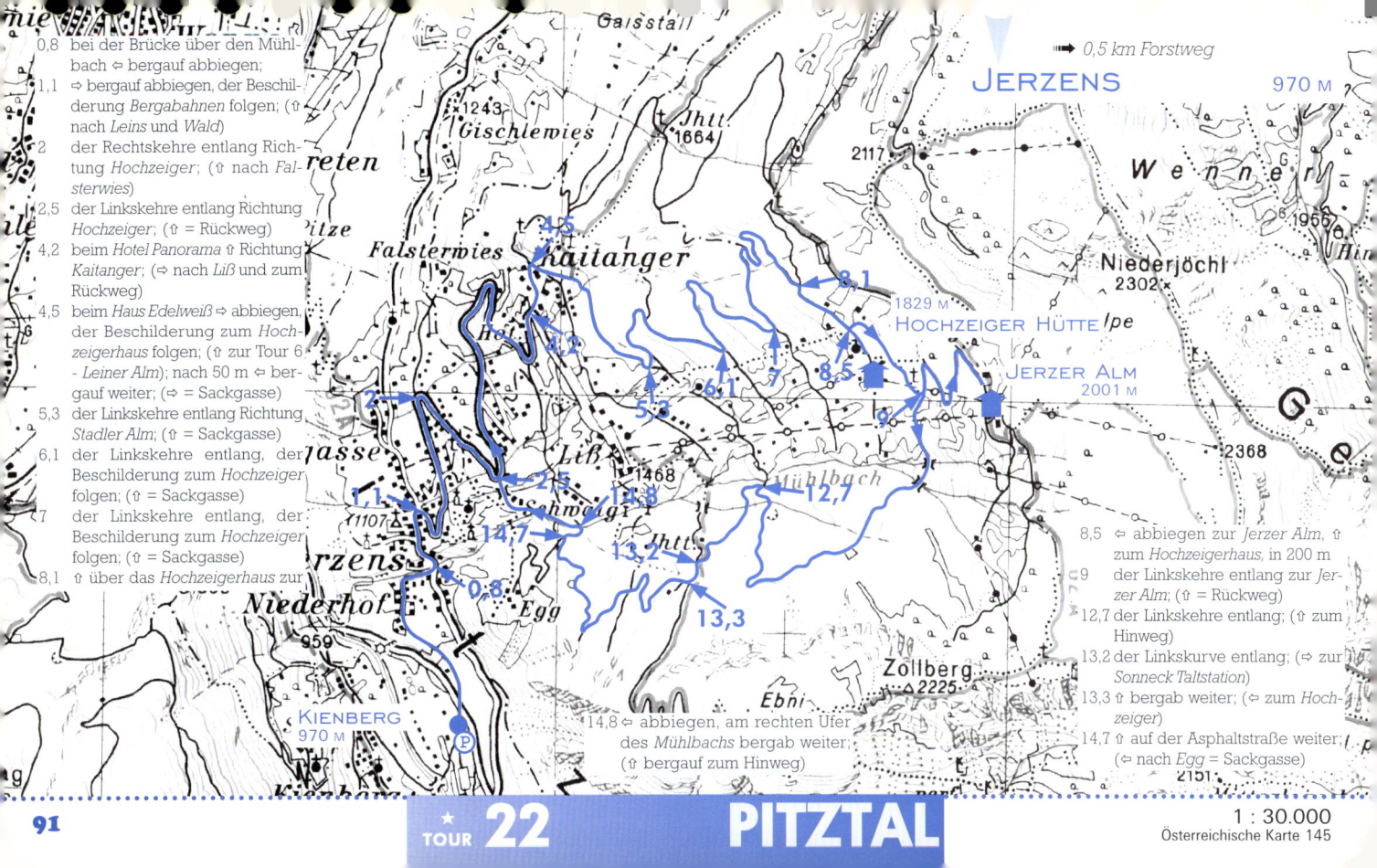

0,8 bei der Brücke über den Mühlbach ⇦ bergauf abbiegen;

1,1 ⇨ bergauf abbiegen, der Beschilderung *Bergabahnen* folgen; (⇧ nach *Leins* und *Wald*)

2 der Rechtskehre entlang Richtung *Hochzeiger*; (⇧ nach *Falsterwies*)

2,5 der Linkskehre entlang Richtung *Hochzeiger*; (⇧ = Rückweg)

4,2 beim *Hotel Panorama* ⇧ Richtung *Kaitanger*; (⇨ nach *Liß* und zum Rückweg)

4,5 beim *Haus Edelweiß* ⇦ abbiegen, der Beschilderung zum *Hochzeigerhaus* folgen; (⇧ zur Tour 6 - *Leiner Alm*); nach 50 m ⇦ bergauf weiter; (⇨ = Sackgasse)

5,3 der Linkskehre entlang Richtung *Stadler Alm*; (⇧ = Sackgasse)

6,1 der Linkskehre entlang, der Beschilderung zum *Hochzeiger* folgen; (⇧ = Sackgasse)

7 der Linkskehre entlang, der Beschilderung zum *Hochzeiger* folgen; (⇧ = Sackgasse)

8,1 ⇧ über das *Hochzeigerhaus* zur

➡ 0,5 km Forstweg

JERZENS 970 M

HOCHZEIGER HÜTTE

JERZER ALM 2001 M

8,5 ⇦ abbiegen zur *Jerzer Alm*; zum *Hochzeigerhaus*, in 200 m der Linkskehre entlang zur *Jerzer Alm*; (⇧ = Rückweg)

12,7 der Linkskehre entlang; (⇧ zum Hinweg)

13,2 der Linkskurve entlang; (⇨ zur *Sonneck Taltstation*)

13,3 ⇧ bergab weiter; (⇦ zum *Hochzeiger*)

14,7 ⇧ auf der Asphaltstraße weiter; (⇦ nach *Egg* = Sackgasse)

14,8 ⇦ abbiegen, am rechten Ufer des *Mühlbachs* bergab weiter; (⇧ bergauf zum Hinweg)

TOUR 22 PITZTAL

1 : 30.000
Österreichische Karte 145

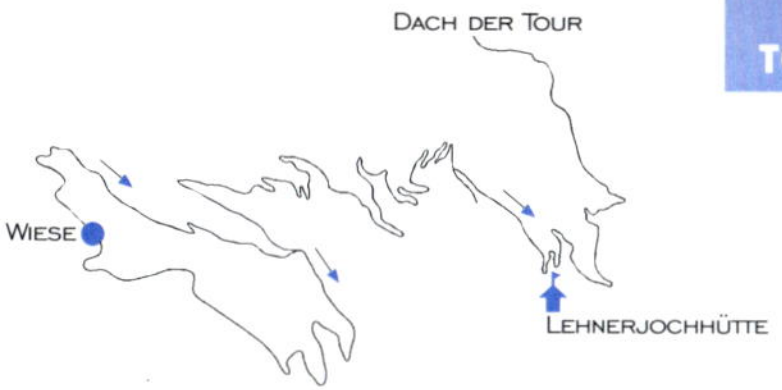

TOUR ★ 23 PITZTAL

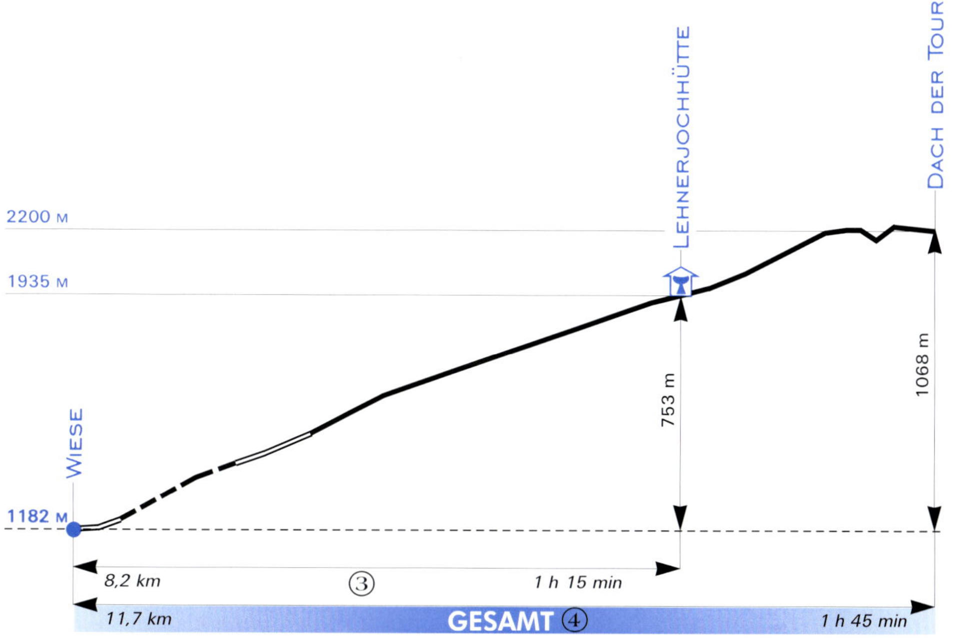

INNSBRUCK - WIESE *78 km*

ANFAHRT

🚗 *A 12 Richtung Arlberg, Ausfahrt Imst/Pitztal, anschließend der Beschilderung ins Pitztal nach Wiese folgen, bis zum Gasthof Wiese*

🅿 *beim Gasthof Wiese, rechts neben der Bundesstraße*

🚲 *mit dem Zug nach Imst und weiter mit dem Bus nach Wiese*

Check		✓ gründlich vorbereitet ?
vor		✓ gesundheitliche Verfassung ausreichend ?
Tourantritt		✓ rechtliche Erlaubnis eingeholt ?

WIESE 1182 m
START ● BEIM GASTHOF WIESE

der Asphaltstraße talauswärts folgen, bis zum Haus mit der Nr. 96, dort der Beschilderung zum Professor-Gabel-Weg folgen

➡ *0,6 km Asphalt*

➡ *1,8 km Karrenweg*

➡ *1,1 km Asphalt*

➡ *4,7 km Forstweg*

LEHNERJOCHH. 1935 m
IM SOMMER BEWIRTSCHAFTETE HÜTTE ‼

➡ *3,8 km Forstweg*

DACH DER TOUR 2200 m

DACH DER TOUR

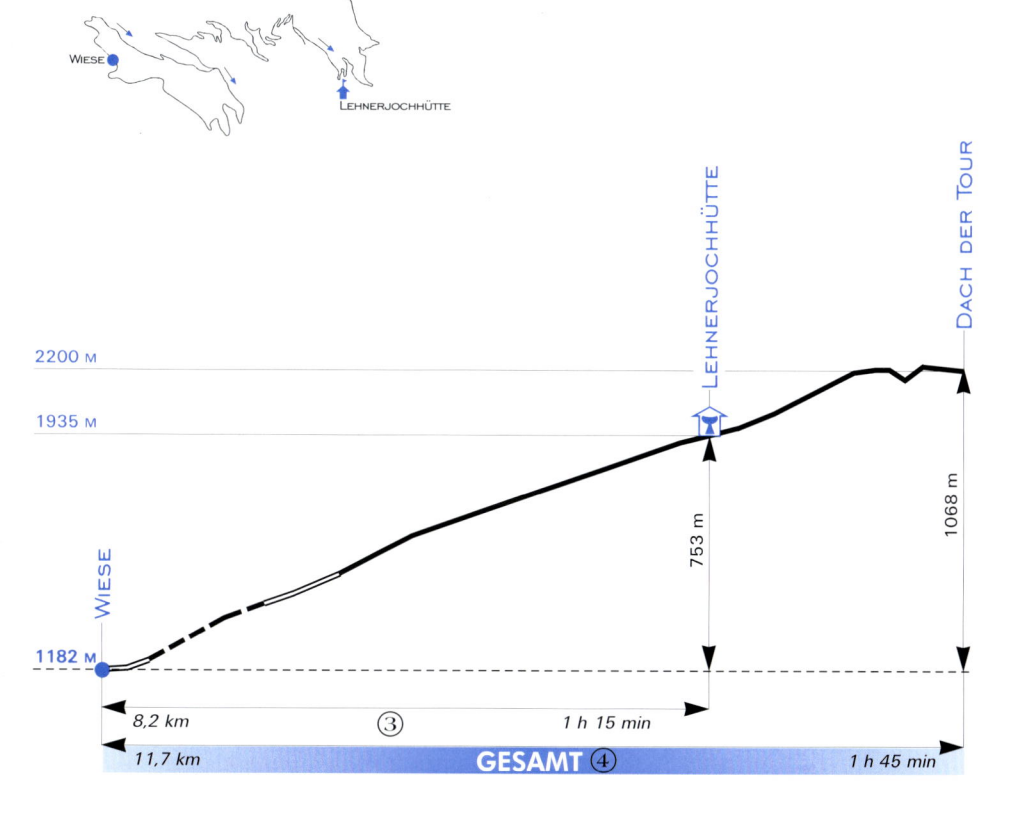

WIESE

LEHNERJOCHHÜTTE

LEHNERJOCHHÜTTE

2200 m

1935 m

1182 m

WIESE

753 m

1068 m

8,2 km

③

1 h 15 min

11,7 km

GESAMT ④

1 h 45 min

3,2 der Rechtskehre entlang, der dortigen Beschilderung zur *Lehnerjochhütte* folgen

DACH DER TOUR
2200 M

Schafhimmel
2737

Ritzenried
Rablesau
Schußlehn
Ausserlehn
Oberlehn
Oberlehner Alpe
Lehnerjoch 2510
Egg
Wiese 1182 M
Lehnerjochhütte 1935 M
Zaunhof 1265
Rauchenbichl
Grüble
Rehwald
Enzenstall
1849
Ibergalpe
Burg
Moosbrücke
Maucheleaipe
Eschelbach

0,5 beim *Haus Sonnenheim* ⇨ bergauf abbiegen; nach 100 m beim Haus mit der Nr. 12 endet die Asphaltstraße, dort ⇨ abbiegen

1 ⇧ weiter; (⇦ = Sackgasse)

1,6 beim Heustadl links im spitzen Winkel bergauf abbiegen; (⇧ nach *Zaunhof*)

2,4 ⇦ in die Asphaltstraße bergauf einbiegen; (⇧ = Rückweg)

TOUR **23** PITZTAL

1 : 25.000
Österreichische Karte 145

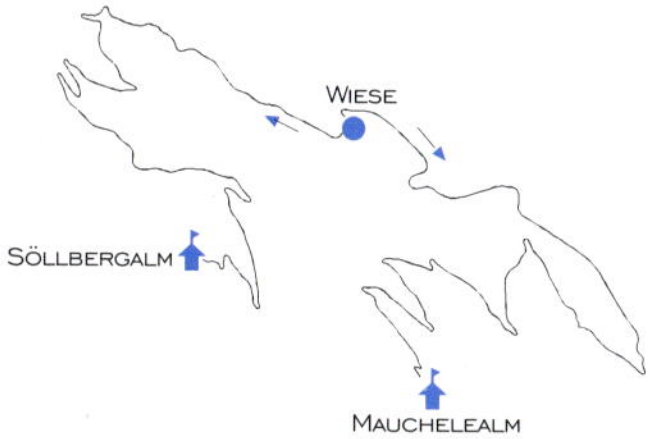

★ TOUR 24 — PITZTAL

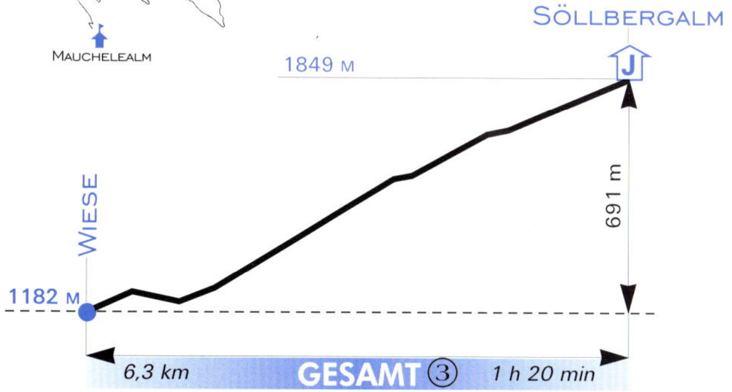

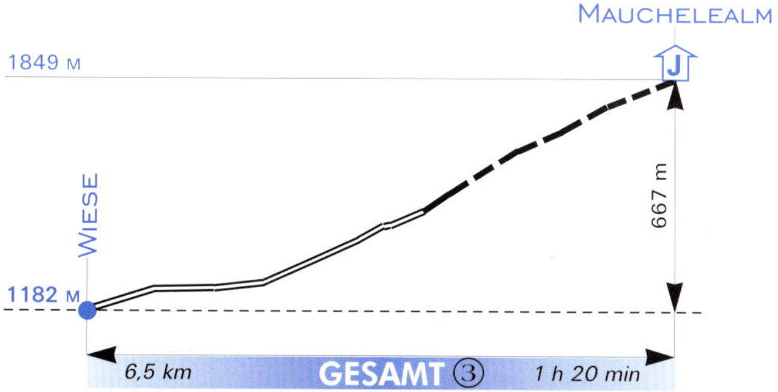

INNSBRUCK - WIESE 78 km

ANFAHRT

⊖ A 12 Richtung Arlberg, Ausfahrt Imst/Pitztal, anschließend der Beschilderung ins Pitztal nach Wiese folgen, kurz vor dem Ortstafelschild Wiese rechts in den Forstweg einbiegen

Ⓟ Parkplatz im Wald, rechts neben der Bundesstraße, kurz vor dem Ortstafelschild Wiese

🚲 mit dem Zug nach Imst und weiter mit dem Bus nach Wiese

Check vor Tourantritt
- ✓ gründlich vorbereitet ?
- ✓ gesundheitliche Verfassung ausreichend ?
- ✓ rechtliche Erlaubnis eingeholt ?

WIESE 1182 M
START ● BEIM P IM WALD

der Forststraße bergauf zur Söllbergalm folgen

➡ 6,3 km Forstweg

SÖLLBERGALM 1849 M
IM SOMMER BEWIRTSCHAFTETE ALMHÜTTE 🍴

WIESE 1182 M
START ● BEIM P

zurück zur Bundesstraße und dieser taleinwärts folgen

➡ 3,7 km Asphalt

SÖLLBERGALM

1849 M · J · 691 m

WIESE · 1182 M

6,3 km · GESAMT ③ · 1 h 20 min

MAUCHELEALM

1849 M · J · 667 m

WIESE · 1182 M

6,5 km · GESAMT ③ · 1 h 20 min

WIESE · SÖLLBERGALM · MAUCHELEALM

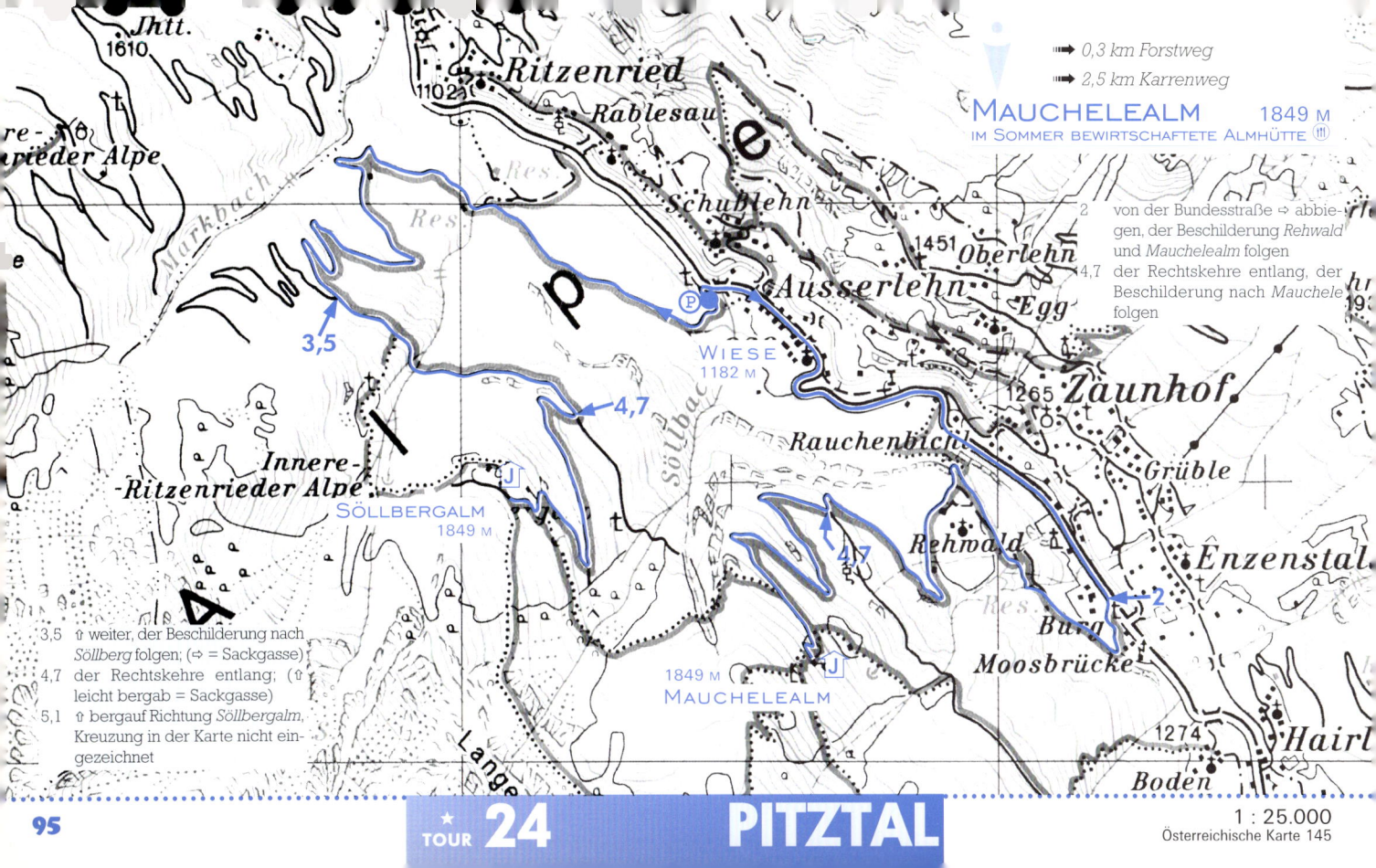

➡ 0,3 km Forstweg
➡ 2,5 km Karrenweg

MAUCHELEALM 1849 M
IM SOMMER BEWIRTSCHAFTETE ALMHÜTTE

2 von der Bundesstraße ⇨ abbiegen, der Beschilderung *Rehwald* und *Mauchelealm* folgen
4,7 der Rechtskehre entlang, der Beschilderung nach *Mauchele* folgen

3,5 ⇧ weiter, der Beschilderung nach *Söllberg* folgen; (⇨ = Sackgasse)
4,7 der Rechtskehre entlang; (⇧ leicht bergab = Sackgasse)
5,1 ⇧ bergauf Richtung *Söllbergalm*, Kreuzung in der Karte nicht eingezeichnet

95 | TOUR 24 | **PITZTAL** | 1 : 25.000 Österreichische Karte 145

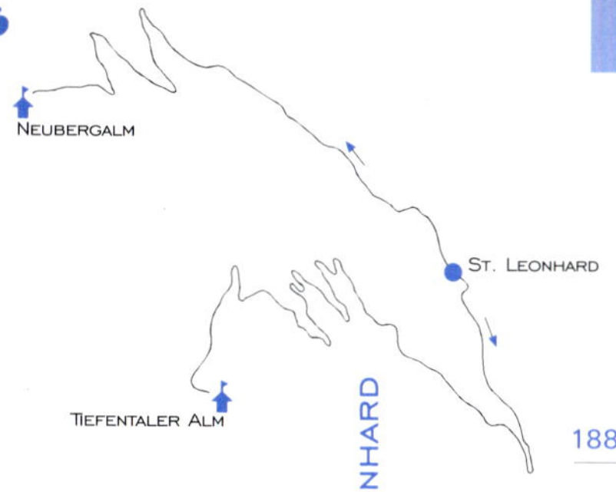

TOUR 25 — ★

PITZTAL

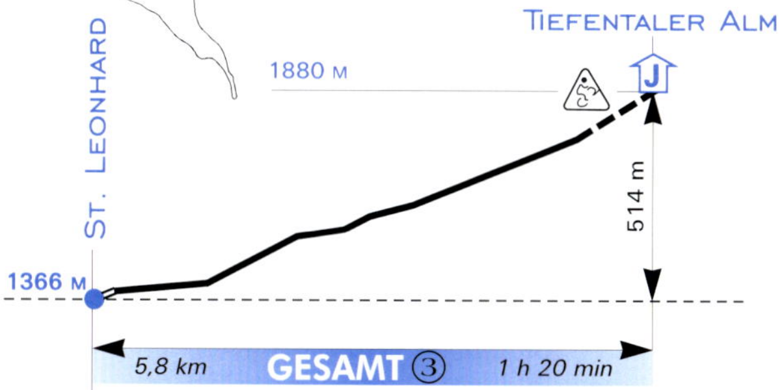

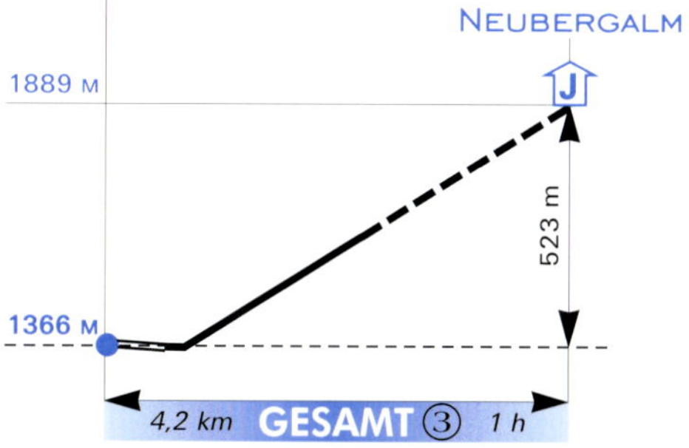

INNSBRUCK - ST. LEONHARD *85 km*

ANFAHRT

🚗 *A 12 Richtung Arlberg, Ausfahrt Imst/Pitztal, anschließend der Beschilderung ins Pitztal nach St. Leonhard folgen*

🅿 *100 m nach dem Ortstafelschild St. Leonhard auf der rechten Straßenseite*

🚲 *mit dem Zug nach Imst und weiter mit dem Bus nach St. Leonhard*

Check	●	✓ gründlich vorbereitet ?
vor	✓ gesundheitliche Verfassung ausreichend ?
Tourantritt	✓ rechtliche Erlaubnis eingeholt ?

ST. LEONHARD 1366 M
START ● BEIM P

der Straße taleinwärts entlang, nach 70 m, vor der Kirche rechts abbiegen über die Pitze, der dortigen Beschilderung zur Information folgen

➡ *0,2 km Asphalt*

➡ *4,8 km Forstweg*

➡ *0,8 km Karrenweg*

TIEFENTALER ALM 1880 M
IM SOMMER BEWIRTSCHAFTETE ALMHÜTTE 🏠

NEUBERGALM

ST. LEONHARD

TIEFENTALER ALM

1880 M

1366 M

514 m

5,8 km **GESAMT** ③ 1 h 20 min

NEUBERGALM

1889 M

1366 M

523 m

4,2 km **GESAMT** ③ 1 h

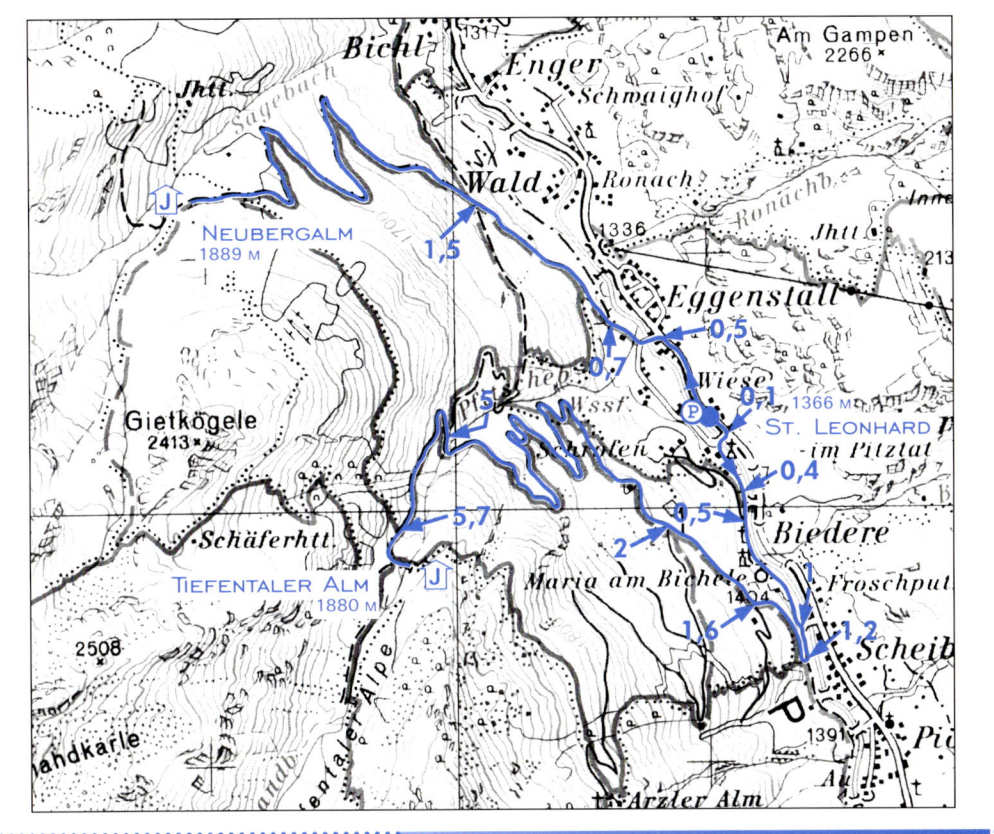

St. Leonhard 1366 m
Start ● **beim P**

der Bundesstraße talauswärts bis zum Gästehaus Schranz folgen, dort links von der Bundesstraße abbiegen über die Pitze

➥ *0,5 km Asphalt*
➥ *1,8 km Forstweg*
➥ *1,9 km Karrenweg*

Neubergalm 1889 m
Im Sommer bewirtschaftete Almhütte

0,1 ⇨ abbiegen über die Brücke, anschließend bei der Kirche rechts vorbei
0,4 ⇧ am rechten Bachufer entlang
1   ⇧ Richtung *Tiefentaler Alm*
1,2 ⇨ abbiegen, der Beschilderung *Tiefentaler Alm* folgen
1,6 ⇧ weiter; (⇐ = Sackgasse)
2   ⇧ weiter; (⇐ zur *Arzler Alm*)
5   ⇧ auf dem Karrenweg bergauf weiter; (⇨ nach *Eggerstall*)

0,5 nach dem *Gästehaus Schranz* ⇐ abbiegen, über die Brücke und nach dieser ⇨ abbiegen Richtung *Neubergalm*
0,7 ⇧ bergauf weiter, der Beschilderung zur *Neubergalm* folgen
1,5 ⇧ auf dem Forstweg weiter; (⇐ = Fußweg zur *Tiefentaler Alm*)

Tour 25 — PITZTAL

1 : 30.000
Österreichische Karte 145 · 146

AUSSERFERN

TOUR	DISTANZ	FAHRZEIT	HÖHENMETER	SCHWIERIGKEIT
EHRWALD 26	22,1 km	2h 20'	782 m	3
EHRWALD 27	13,7 km	1h 25'	371 m	1
ROSSSCHLÄG 28	18,8 km	1h 40'	735 m	3

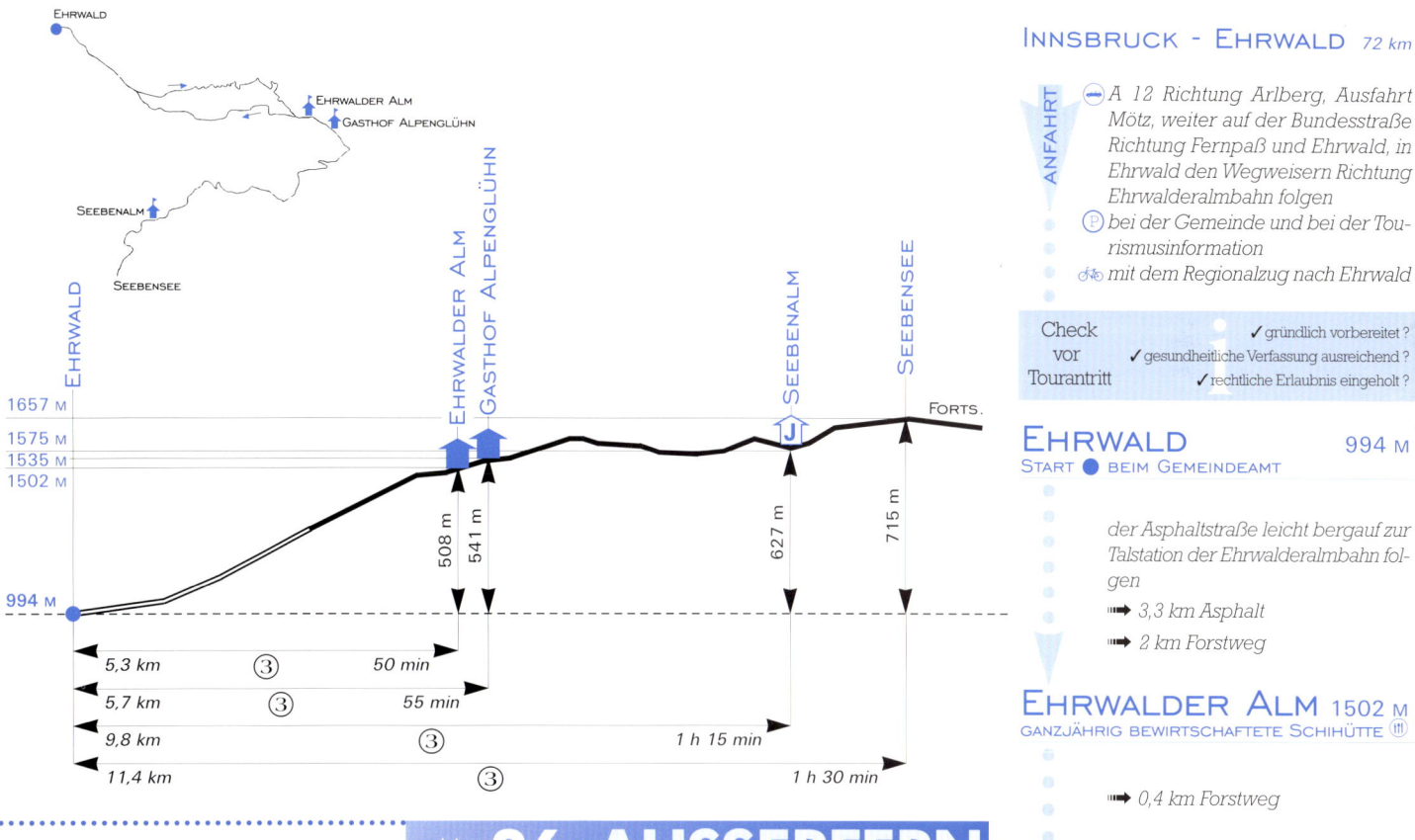

Innsbruck - Ehrwald 72 km

ANFAHRT
- A 12 Richtung Arlberg, Ausfahrt Mötz, weiter auf der Bundesstraße Richtung Fernpaß und Ehrwald, in Ehrwald den Wegweisern Richtung Ehrwalderalmbahn folgen
- P bei der Gemeinde und bei der Tourismusinformation
- mit dem Regionalzug nach Ehrwald

Check vor Tourantritt
- ✓ gründlich vorbereitet ?
- ✓ gesundheitliche Verfassung ausreichend ?
- ✓ rechtliche Erlaubnis eingeholt ?

Ehrwald 994 m
Start ● beim Gemeindeamt

der Asphaltstraße leicht bergauf zur Talstation der Ehrwalderalmbahn folgen

➡ 3,3 km Asphalt

➡ 2 km Forstweg

Ehrwalder Alm 1502 m
ganzjährig bewirtschaftete Schihütte

➡ 0,4 km Forstweg

Ehrwald • Ehrwalder Alm • Gasthof Alpenglühn • Seebenalm • Seebensee

Höhen	Distanzen
1657 m	
1575 m	
1535 m	
1502 m	
994 m	

508 m · 541 m · 627 m · 715 m

- 5,3 km — ③ — 50 min
- 5,7 km — ③ — 55 min
- 9,8 km — ③ — 1 h 15 min
- 11,4 km — ③ — 1 h 30 min

★★ Tour 26 AUSSERFERN

99

TOUR 26 AUSSERFERN ★★

GHF. ALPENGLÜHN 1535 M
GANZJÄHRIG BEWIRTSCHAFTETER GASTHOF

➡ *4,1 km Forstweg*

SEEBENALM 1575 M
IM SOMMER BEWIRTSCHAFTETE ALMHÜTTE

➡ *1,6 km Forstweg*

SEEBENSEE 1657 M

➡ *6,9 km Forstweg*
➡ *1,9 km Karrenweg*
➡ *1,9 km Asphalt*

EHRWALD 994 M

FORTS.
1575 M

SEEBENALM

1535 M

GASTHOF ALPENGLÜHN

715 m

782 m

994 M

EHRWALD

22,1 km — **GESAMT** ③ — 2 h 20 min

TOUR 26 AUSSERFERN

1,9 ⇧ bergauf weiter, der Beschilderung *Fahrweg zur Ehrwalder Alm* folgen; (⇦ = Rückweg)

4,7 ⇧ bergauf weiter, Kreuzung in der Karte nicht eingezeichnet

5,1 ⇧ bergauf weiter zur *Ehrwalder Alm*; (⇦ bergab = Rückweg)

5,5 ⇧ weiter, der Beschilderung zum *Seebnsee* folgen; (⇦ zur *Hochfeldernalm* und *Gaistalalm*, Tour 19 und 20, siehe *bike-tour-manual grün*)

7,2 ⇧ weiter Richtung *Seebensee*; (⇦ zur *Hochfeldernalm* und *Gaistalalm*, Tour 19 und 20, siehe *bike-tour-manual grün*)

17,6 selbe Kreuzung wie bei km 5,1, jetzt ⇧ bergab weiter, der Beschilderung *Fußweg zur Ehrwalder Alm* folgen; (⇦ = Hinweg)

101 1 : 34.000
Österreichische Karte 116

TOUR 27 AUSSERFERN

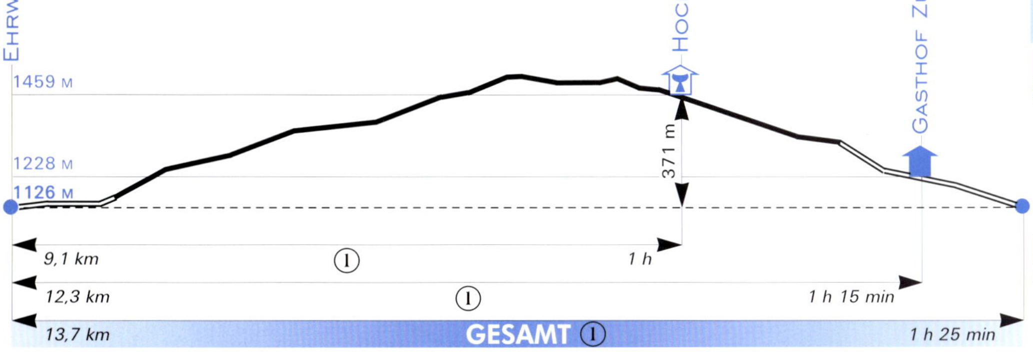

INNSBRUCK - EHRWALD 72 km

ANFAHRT

⊖ *A 12 Richtung Arlberg, Ausfahrt Mötz, weiter auf der Bundesstraße Richtung Fernpaß und Ehrwald, in Ehrwald der Beschilderung zur Tiroler Zugspitzbahn folgen, nach dem Gasthof Törle, links in einen Feldweg einbiegen*

Ⓟ *nach dem Gasthof Törle auf der linken Seite der Straße*

🚲 *mit dem Regionalzug nach Ehrwald*

Check
vor
Tourantritt

✓ gründlich vorbereitet ?
✓ gesundheitliche Verfassung ausreichend ?
✓ rechtliche Erlaubnis eingeholt ?

EHRWALD   1126 M
START ● BEIM P

beim Parkplatz, der Beschilderung um die Törlen folgen

➡ *1,4 km Asphalt*

➡ *7,7 km Forstweg*

HOCHTHÖRLEHÜTTE 1459 M
IM SOMMER BEWIRTSCHAFTETE ALMHÜTTE 🍽

➡ *2,1 km Forstweg*

➡ *1,1 km Asphalt*

GHF. ZUGSPITZBAHN 1228 M
GANZJÄHRIG BEWIRTSCHAFTETER GASTHOF 🍽

➡ *1,4 km Asphalt*

EHRWALD   1126 M

Hochthörlhütte

A I

Gasthof Zugspitzbahn

Ehrwald

EHRWALD

1459 M
1228 M
1126 M

HOCHTHÖRLEHÜTTE

371 m

GASTHOF ZUGSPITZBAHN

9,1 km   ①   1 h
12,3 km   ①   1 h 15 min
13,7 km   **GESAMT** ①   1 h 25 min

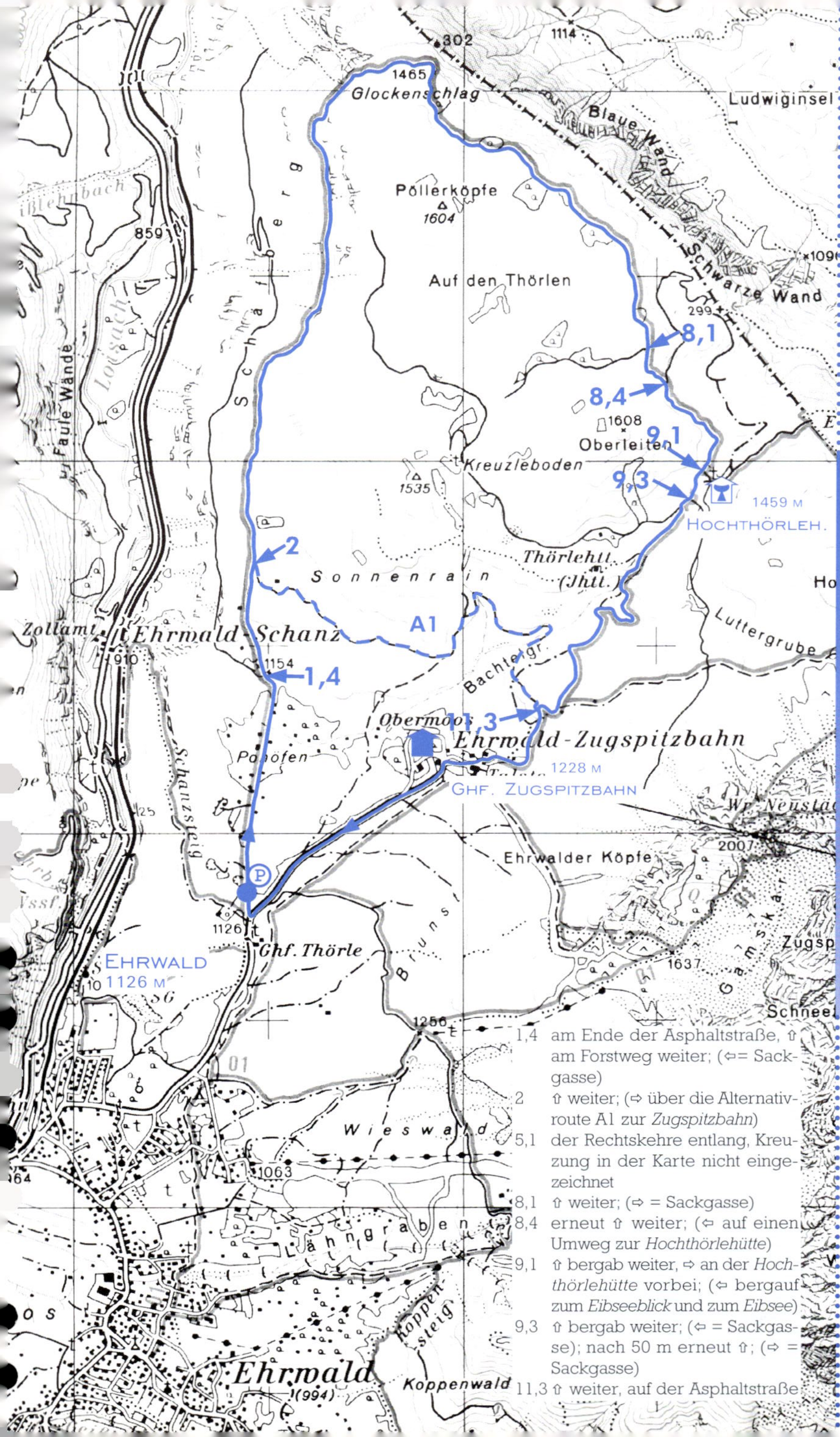

103

TOUR 27 AUSSERFERN

1,4 am Ende der Asphaltstraße, ↑ am Forstweg weiter (⇐ = Sackgasse)
2 ↑ weiter; (⇐ über die Alternativroute A1 zur Zugspitzbahn)
5,1 der Rechtskehre entlang, Kreuzung in der Karte nicht eingezeichnet
7 ↑ weiter; (⇐ = Sackgasse)
8,1 ↑ weiter; ⇐ auf einen erneut ↑ weiter; ⇐ an der *Hochthörlehütte*
9,1 ↑ bergab weiter; ⇐ zum *Hochthörle* vorbei; (⇐ an der *Hochthörlehütte*)
9,3 ↑ bergab weiter; (⇐ = Sackgasse); nach 50 m erneut ↑; (⇐ = Sackgasse), auf der Asphaltstraße
11,3 ↑ weiter; auf der Asphaltstraße

1 : 30.000
Österreichische Karte 116

104

★★ TOUR 28 AUSSERFERN

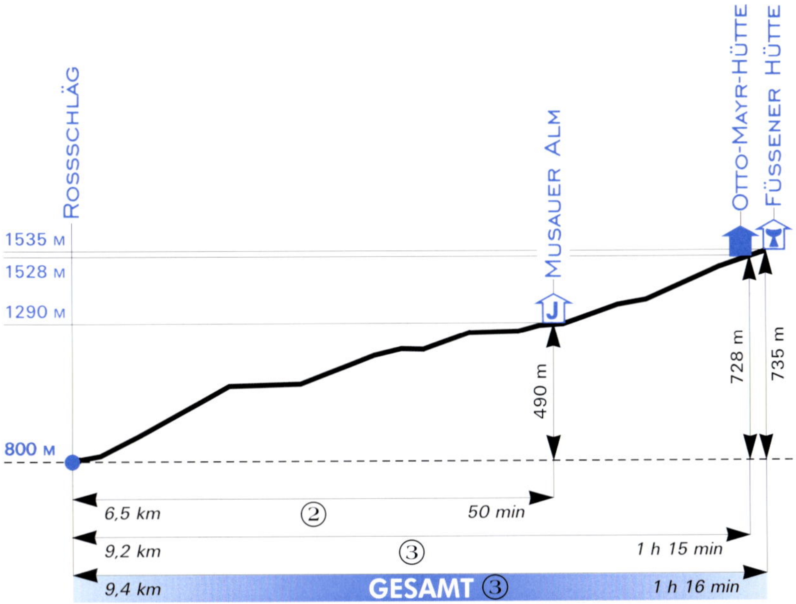

INNSBRUCK - ROSSSCHLÄG *100 km*

ANFAHRT

- A 12 Richtung Arlberg, Ausfahrt Mötz, weiter auf der Bundesstraße Richtung Fernpaß und Reutte, in Reutte den Wegweisern nach Füssen folgen, kurz vor Roßschläg, links abbiegen zum Gasthof Roßschläg
- ⓟ beim Gasthof Roßschläg
- 🚲 mit dem Zug nach Reutte, Reutte - Roßschläg 6 km

Check
vor
Tourantritt

○ ✓ gründlich vorbereitet ?
✓ gesundheitliche Verfassung ausreichend ?
✓ rechtliche Erlaubnis eingeholt ?

ROSSSCHLÄG *800 M*
START ● BEIM GASTHOF ROSSSCHLÄG

am Gasthof Roßschläg vorbei, der Beschilderung zur Otto-Mayr-Hütte folgen

➠ *0,1 km Asphalt*
➠ *6,4 km Forstweg*

MUSAUER ALM *1290 M*
IM SOMMER BEWIRTSCHAFTETE ALMHÜTTE 🍴

➠ *2,7 km Forstweg*

OTTO-MAYR-HÜTTE *1528 M*
GANZJÄHRIG BEWIRTSCHAFTETE HÜTTE 🍴

☎ Hütte: (++43) (0) 56 77 / 84 57
Tal: (++43) (0) 56 77 / 88 07

➠ *0,2 km Forstweg*

FÜSSENER HÜTTE
OTTO-MAYR-H.
MUSAUER ALM
ROSSSCHLÄG

ROSSSCHLÄG
MUSAUER ALM
J
OTTO-MAYR-HÜTTE
FÜSSENER HÜTTE

1535 M
1528 M
1290 M

800 M

490 m
728 m
735 m

6,5 km	②	50 min
9,2 km	③	1 h 15 min
9,4 km	**GESAMT** ③	1 h 16 min

- **0,2** ⇧ weiter, Kreuzung in der Karte nicht eingezeichnet
- **1,8** der Rechtskehre entlang, der Beschilderung *Otto-Mayr-Hütte* und *Füssener Hütte* folgen; (⇧ = Sackgasse)
- **3** ⇨ abbiegen über die Brücke, der Beschilderung *Fahrstraße zu den Hütten* folgen; (⇧ auf der Alternativroute A1 auch möglich – *Achtung! Dieser Weg ist sehr steil und in schlechtem Zustand*)
- **5,9** ⇧ weiter, der Beschilderung zur *Otto-Mayr-Hütte* folgen; (⇦ über die Alternativroute A1 = Rückweg)

FÜSSENER HÜTTE 1535 M
IM SOMMER BEW. VON JUNI BIS OKTOBER

Hütte: (++43) (0) 663 / 54 2 60
Tal: (++43) (0) 56 77 / 60 41

105   1 : 34.000
Österreichische Karte 85 · 115

★★ TOUR **28 AUSSERFERN**

TANNHEIMERTAL

TOUR	DISTANZ	FAHRZEIT	HÖHENMETER	SCHWIERIGKEIT
SCHATTWALD 29	20,8 km	2h 20'	804 m	2
HALDENSEE 30	18,4 km	1h 45'	750 m	3
SCHATTWALD 31	16,1 km	1h 30'	456 m	1

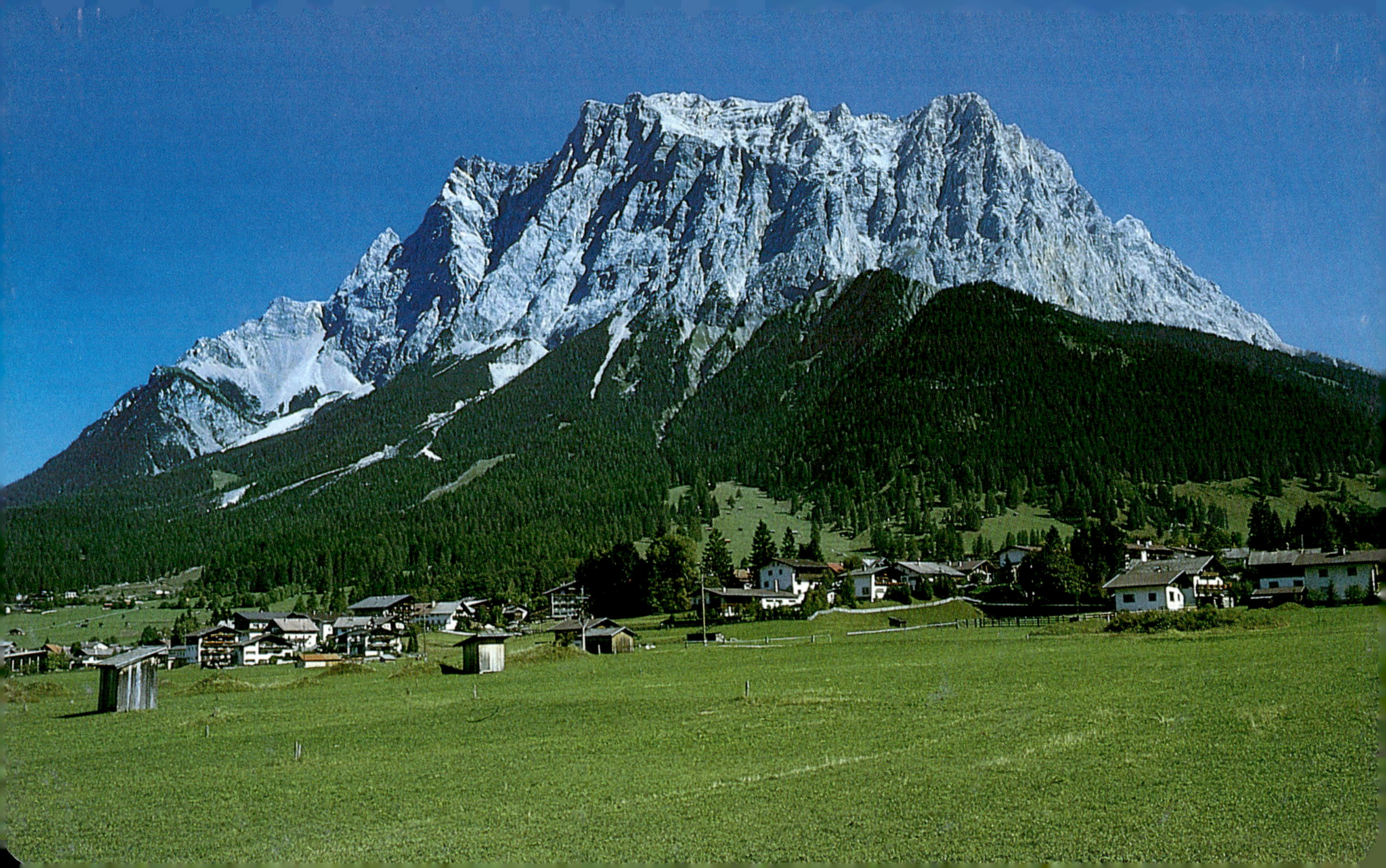

Franz Spielmann & Falb OEG
A-6675 Tannheim-Kienzen
Info 0664-3382141, Fax 05675-6405

Tandemkurse • Para-Shop
Rettungsschirmpacken
Tandemflüge nach Vereinbarung

Schnuppertage
Paragleiter-Ausbildung
Fortbildung in allen Variationen

Den Profis lernen

Flugschule Tannheimer Tal

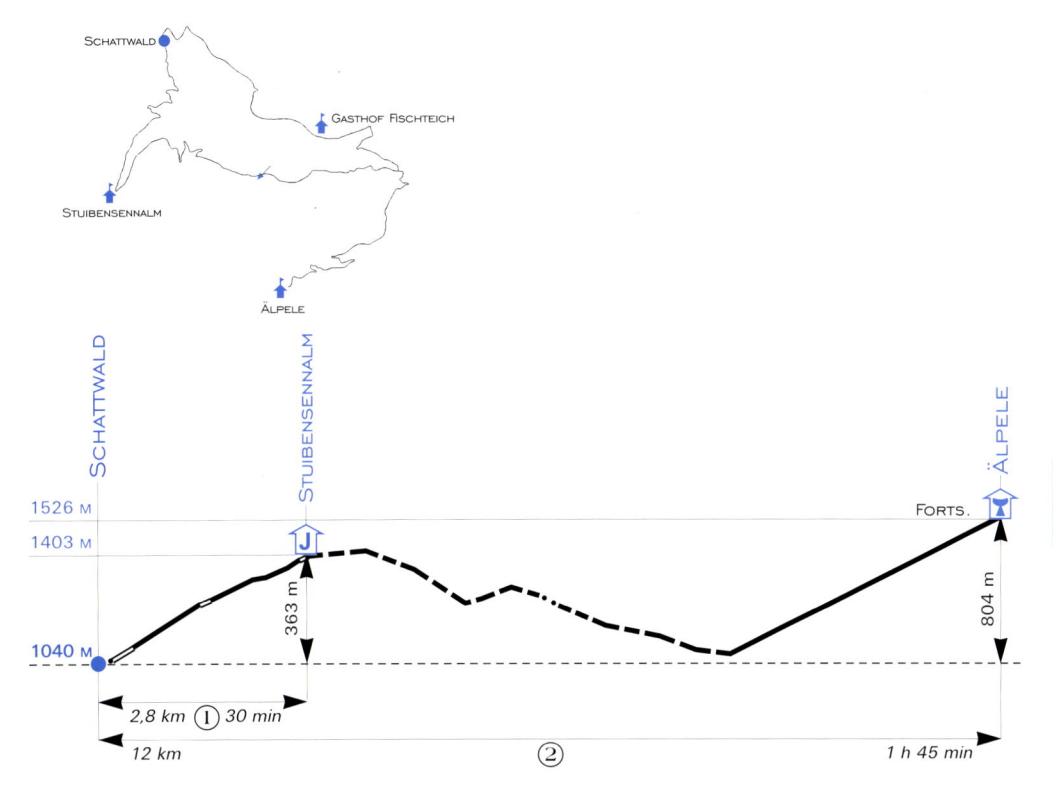

INNSBRUCK – SCHATTWALD 125 km

ANFAHRT

- A 12 Richtung Arlberg, Ausfahrt Mötz, weiter auf der Bundesstraße Richtung Fernpaß und Reutte, in Reutte links abbiegen ins Lechtal nach Weißenbach, dort rechts abbiegen ins Tannheimertal nach Schattwald, in Schattwald der Beschilderung zur Dreisesselbahn Wannenjoch folgen
- bei der Talstation der Dreisesselbahn Wannenjoch
- mit dem Zug nach Reutte, weiter mit dem Bus nach Weißenbach und Schattwald

Check vor Tourantritt
- ✓ gründlich vorbereitet?
- ✓ gesundheitliche Verfassung ausreichend?
- ✓ rechtliche Erlaubnis eingeholt?

SCHATTWALD 1040 m
Start ● bei der Talstation Dreisesselbahn Wannenjoch

dort wo der Parkplatz endet, beginnt ein Single Track, diesen Single Track entlang über einen kleinen Bach zur Forststraße

➟ 0,2 km Single Track

TOUR 29 TANNHEIMERTAL

TOUR 29 TANNHEIMERTAL

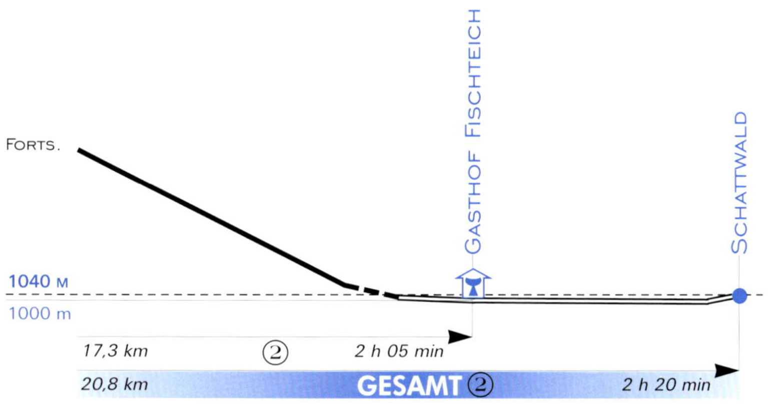

➡ *0,3 km Asphalt*
➡ *0,9 km Forstweg*
➡ *0,1 km Asphalt*
➡ *1,2 km Forstweg*
➡ *0,1 km Asphalt*

STUIBENSENNALM 1403 M
IM SOMMER BEWIRTSCHAFTETE ALMHÜTTE

➡ *3,2 km Karrenweg*
➡ *0,1 km Single Track*
➡ *2,4 km Karrenweg*
➡ *3,5 km Forstweg*

ÄLPELE 1526 M
IM SOMMER BEWIRTSCHAFTETE ALMHÜTTE

➡ *3,6 km Forstweg*
➡ *0,7 km Karrenweg*
➡ *1 km Asphalt*

GHF. FISCHTEICH 1000 M
IM SOMMER BEW. FISCHRESTAURANT

➡ *3,5 km Asphalt*

SCHATTWALD 1040 M

FORTS.

GASTHOF FISCHTEICH

SCHATTWALD

1040 M
1000 m

17,3 km ② *2 h 05 min*

20,8 km GESAMT ② *2 h 20 min*

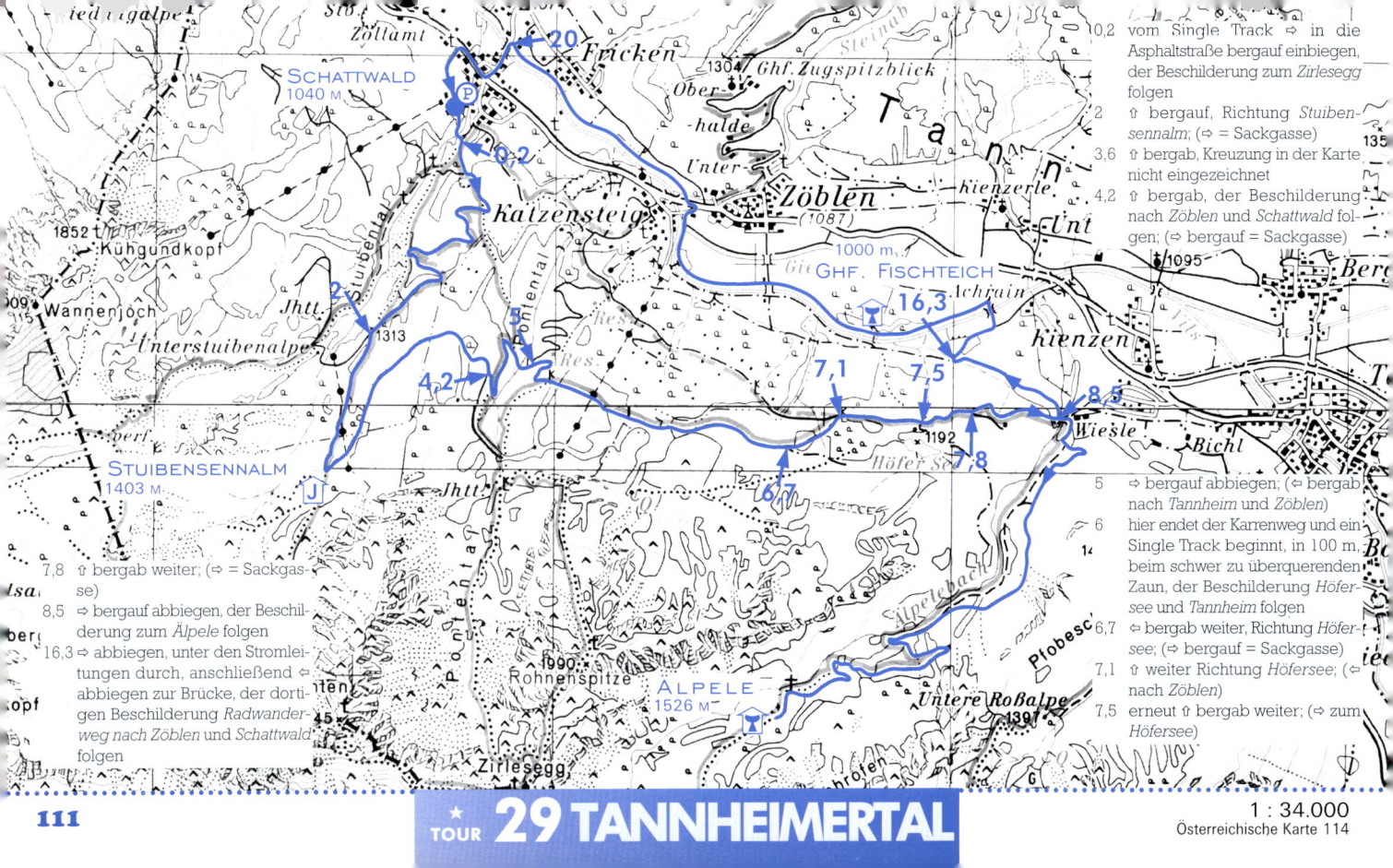

vom Single Track ⇨ in die Asphaltstraße bergauf einbiegen, der Beschilderung zum *Zirlesegg* folgen

2 ⇧ bergauf, Richtung *Stuibensennalm*; (⇨ = Sackgasse)

3,6 ⇧ bergab, Kreuzung in der Karte nicht eingezeichnet

4,2 ⇧ bergab, der Beschilderung nach *Zöblen* und *Schattwald* folgen; (⇨ bergauf = Sackgasse)

5 ⇨ bergauf abbiegen; (⇨ bergab nach *Tannheim* und *Zöblen*)

6 hier endet der Karrenweg und ein Single Track beginnt, in 100 m, beim schwer zu überquerenden Zaun, der Beschilderung *Höfersee* und *Tannheim* folgen

6,7 ⇨ bergab weiter, Richtung *Höfersee*; (⇨ bergauf = Sackgasse)

7,1 ⇧ weiter Richtung *Höfersee*; (⇨ nach *Zöblen*)

7,5 erneut ⇧ bergab weiter; (⇨ zum *Höfersee*)

7,8 ⇧ bergab weiter; (⇨ = Sackgasse)

8,5 ⇨ bergauf abbiegen, der Beschilderung zum *Älpele* folgen

16,3 ⇨ abbiegen, unter den Stromleitungen durch, anschließend ⇨ abbiegen zur Brücke, der dortigen Beschilderung *Radwanderweg* nach *Zöblen* und *Schattwald* folgen

TOUR 29 TANNHEIMERTAL

1 : 34.000
Österreichische Karte 114

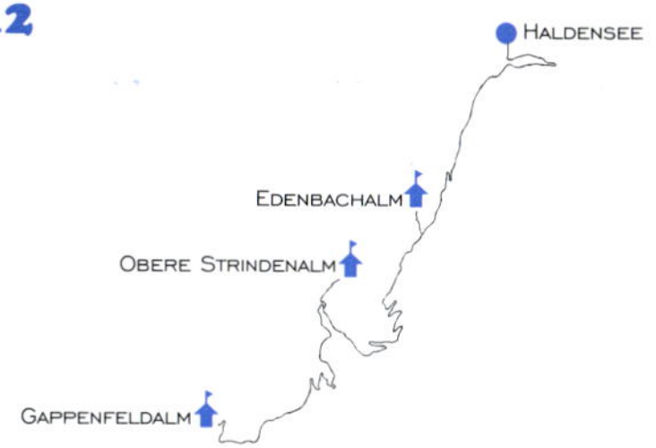

★★★ TOUR 30 TANNHEIMERTAL

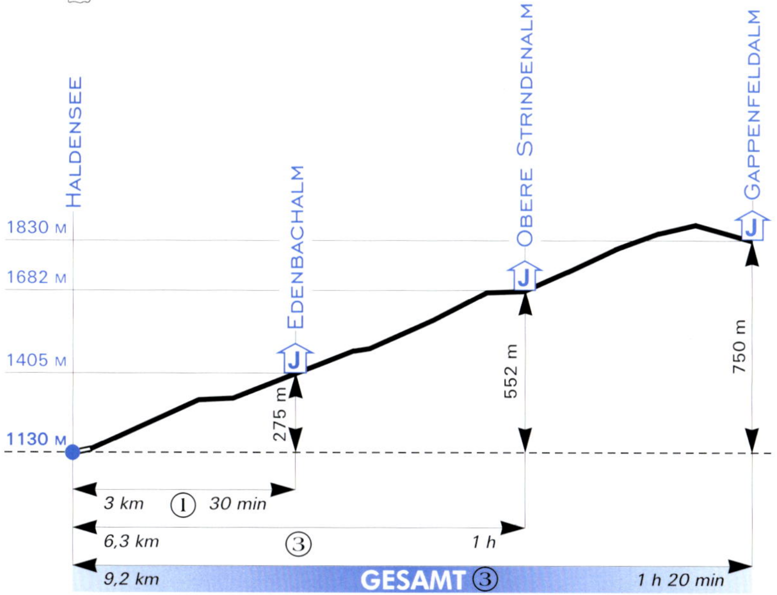

INNSBRUCK – HALDENSEE 115 km

ANFAHRT

⊖ A 12 Richtung Arlberg, Ausfahrt Mötz, weiter auf der Bundesstraße Richtung Fernpaß und Reutte, in Reutte links abbiegen ins Lechtal nach Weißenbach, dort rechts abbiegen ins Tannheimertal zum Haldensee, kurz vor dem Ortstafelschild Haldensee links in den großen Parkplatz einbiegen

Ⓟ beim Parkplatz wo die Asphaltstraße endet, 100 m vor der Brücke über den Strindenbach

🚲 mit dem Zug nach Reutte, weiter mit dem Bus nach Weißenbach und Haldensee

Check vor Tourantritt	✓ gründlich vorbereitet ?
	✓ gesundheitliche Verfassung ausreichend ?
	✓ rechtliche Erlaubnis eingeholt ?

HALDENSEE   1130 M
START ● BEIM PARKPLATZ HALDENSEE

zur Brücke über den Strindenbach, der dortigen Beschilderung zur Strindenalm folgen

➡ 0,1 km Asphalt

➡ 2,9 km Forstweg

EDENBACHALM   1405 M
IM SOMMER BEWIRTSCHAFTETE ALMHÜTTE 🍴

➡ 3,3 km Forstweg

112

● HALDENSEE

▲ EDENBACHALM

▲ OBERE STRINDENALM

▲ GAPPENFELDALM

HALDENSEE

EDENBACHALM Ⓙ

OBERE STRINDENALM Ⓙ

GAPPENFELDALM Ⓙ

1830 M

1682 M

1405 M

1130 M

275 m

552 m

750 m

3 km	① 30 min
6,3 km	③ 1 h
9,2 km	**GESAMT ③** 1 h 20 min

Ob. Strindenalm 1682 M
Im Sommer bewirtschaftete Almhütte

➡ *3,1 km Forstweg*

Gappenfeldalm 1830 M
Im Sommer bewirtschaftete Almhütte

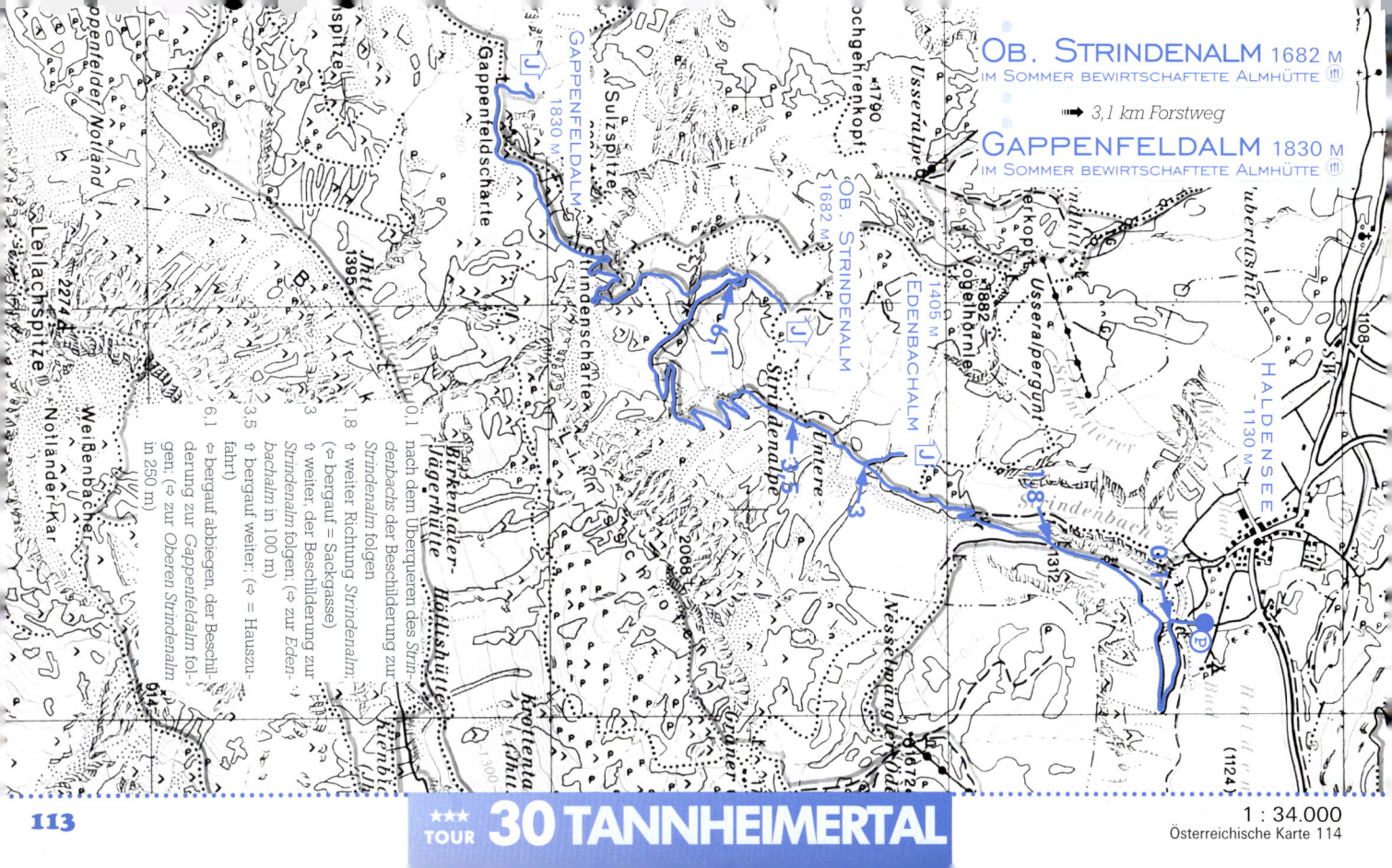

0,1 nach dem Überqueren des Strindenbachs der Beschilderung zur Strindenalm folgen

1,8 ⇩ weiter Richtung Strindenalm, (↪ bergauf = Sackgasse)
⇩ weiter, der Beschilderung zur Strindenalm folgen (↪ zur Edenbachalm in 100 m)

3,5 ⇩ bergauf weiter. (↪ = Hauszufahrt)

6,1 ↪ bergauf abbiegen, der Beschilderung zur Gappenfeldalm folgen. (↪ = zur Oberen Strindenalm in 250 m)

TOUR 30 TANNHEIMERTAL

113

1 : 34.000
Österreichische Karte 114

TOUR ★ 31 TANNHEIMERTAL

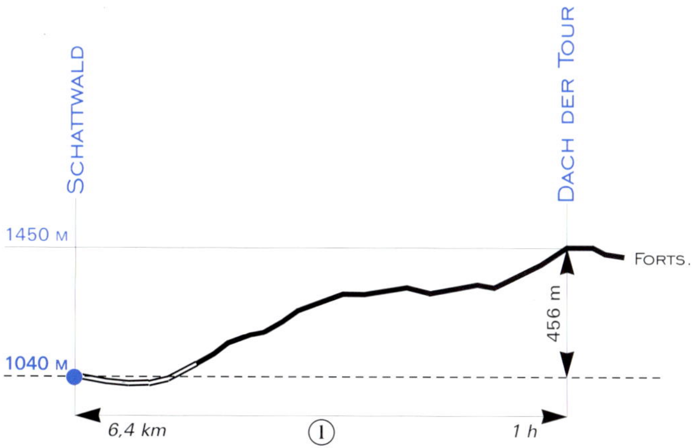

INNSBRUCK - SCHATTWALD *125 km*

ANFAHRT

⊖ *A 12 Richtung Arlberg, Ausfahrt Mötz, weiter auf der Bundesstraße Richtung Fernpaß und Reutte, in Reutte links abbiegen ins Lechtal nach Weißenbach, in Weißenbach rechts abbiegen ins Tannheimertal nach Schattwald, dort der Beschilderung zur Dreiersesselbahn Wannenjoch folgen*

ⓟ *bei der Talstation der Dreiersesselbahn Wannenjoch*

🚲 *mit dem Zug nach Reutte, weiter mit dem Bus nach Weißenbach und Schattwald*

Check
vor
Tourantritt
✔ gründlich vorbereitet ?
✔ gesundheitliche Verfassung ausreichend ?
✔ rechtliche Erlaubnis eingeholt ?

SCHATTWALD   1040 M
START ● BEI DER TALSTATION DREIERSESSELBAHN WANNENJOCH

vom Parkplatz zurück zur Bundesstraße, in diese links einbiegen Richtung Deutschland, 50 m vor dem Grenzübergang, beim Cafe Guthof, rechts abbiegen Richtung Schattwald und Kappl

⇢ *1,5 km Asphalt*

GHF. ZUGSPITZBLICK
A 1
SCHATTWALD

SCHATTWALD

DACH DER TOUR

1450 M

1040 M

456 m

FORTS.

6,4 km   ①   1 h

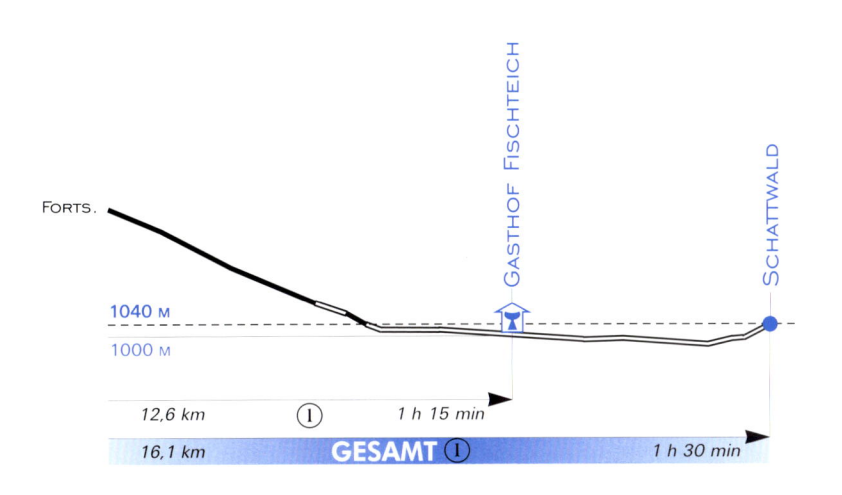

Elevation profile

- Forts.
- 1040 m
- 1000 m
- Gasthof Fischteich
- Schattwald

12,6 km — ① — 1 h 15 min
16,1 km — GESAMT ① — 1 h 30 min

↦ 4,9 km Forstweg

Dach der Tour 1450 m

↦ 3,6 km Forstweg
↦ 0,3 km Asphalt
↦ 0,3 km Forstweg
↦ 2 km Asphalt

Ghf. Fischteich 1000 m
im Sommer bew. Fischrestaurant

↦ 3,5 km Asphalt

Schattwald   1040 m

★ TOUR **31 TANNHEIMERTAL**

TOUR 31 TANNHEIMERTAL

1 : 34.000
Österreichische Karte 84 · 114

2,6 der Rechtskehre entlang Richtung *Tannheim Berg* folgen; (⇧ = Sackgasse)

5,4 ⇧ weiter Richtung *Tannheim Berg*; (⇦ = Sackgasse); vorbei am Weidezaun und nach 100 m abbiegen, der Beschilderung nach *Einstein* folgen; (⇧ auf der Alternativroute A1 zum *Gasthof Zugspitzblick* und zurück zum Startpunkt)

7 ⇨ abbiegen Richtung *Tannheim*; (⇦ = Sackgasse)

10,3 von der Asphaltstraße ⇨ in den Forstweg einbiegen zur Kapelle im Feld

10,6 bei der Kapelle ⇦ abbiegen, dort der Beschilderung *Radwanderweg nach Zöblen* und *Schattwald* folgen

0,4 ⇦ in die Bundesstraße einbiegen Richtung *Deutschland*, 50 m vor dem Grenzübergang beim *Cafe Guthof* ⇨ abbiegen, der Beschilderung nach *Kappl* folgen

0,9 nach dem Überqueren der Brücke ⇧ leicht bergauf weiter, der Beschilderung nach *Tannheim Berg* folgen

Agip

SERVICESTATION
Waschanlage, Shop
Walter Sigl
A-6600 Reutte, Allgäuerstraße 66
Tel. 056 72 / 628 46 Fax. .../722 77

mit **CIAO Italia-Shop**

AGIP REUTTE · A-6600 Reutte · Allgäuerstraße 66 · Tel: (++43) (0) 5672/62846 · Fax: .../72277

SPAR COVI

Wünscht Ihnen
einen schönen Urlaub

In unserem SPARMARKT wird *FREUNDLICHKEIT*
Groß geschrieben.

SPAR COVI · A-6632 Ehrwald · Kirchplatz 27 · Tel: (++43) (0) 5673/3216

LECHTAL

TOUR	DISTANZ	FAHRZEIT	HÖHENMETER	SCHWIERIGKEIT
32 STANZACH	32,2 km	2h 25'	445 m	3
33 STANZACH	51,2 km	4h 20'	1312 m	5
34 ELMEN	34 km	3h 10'	995 m	5
35 BACH	16,4 km	1h 50'	595 m	2
36 HOLZGAU	13,4 km	1h 40'	464 m	3
37 HOLZGAU	19 km	1h 55'	697 m	4
38 STEEG	29,2 km	2h 15'	849 m	3
39 STEEG	17 km	1h 50'	565 m	2
40 LECH	26,8 km	2h 30'	617 m	4
41 LECH	17,4 km	1h 45'	650 m	5
42 WARTH	24,2 km	2h 30'	653 m	3
43 WARTH	51,8 km	5h 10'	1403 m	5

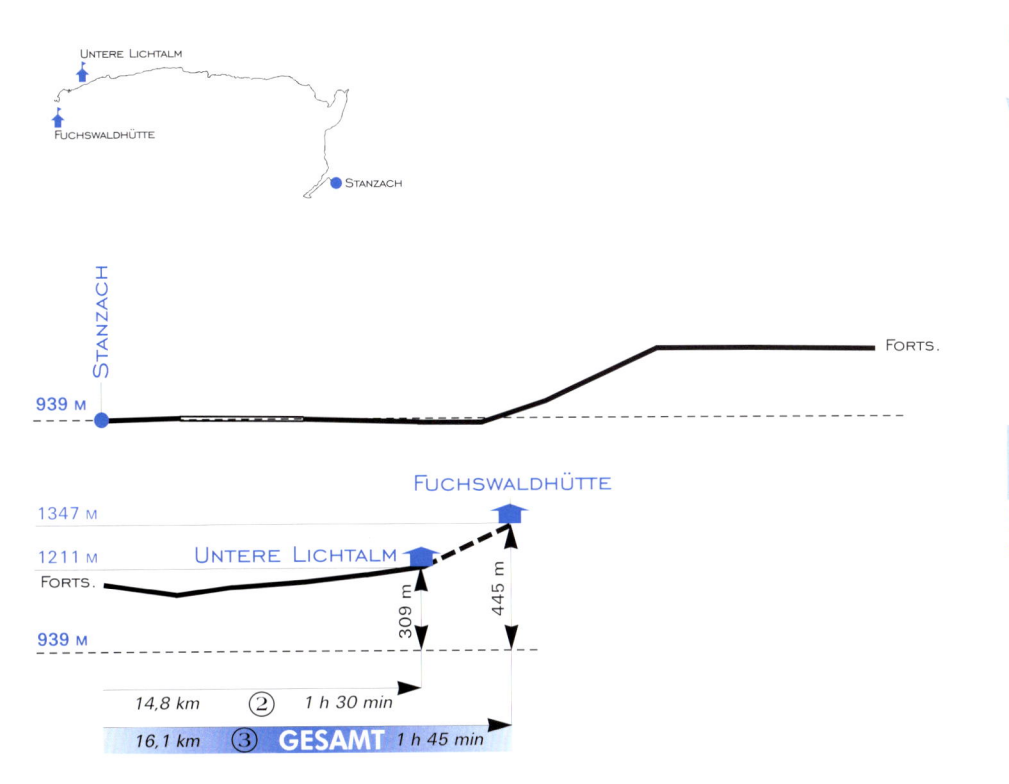

INNSBRUCK - STANZACH 114 km

ANFAHRT

- A 12 Richtung Arlberg, Ausfahrt Mötz, weiter auf der Bundesstraße Richtung Fernpaß und Reutte, in Reutte links abbiegen ins Lechtal nach Stanzach; oder auf der A12 bis Imst, über das Hahntennjoch ins Lechtal - Vorsicht! Wintersperre beachten!
- (P) in Stanzach nach der Brücke über den Namloser Bach, in der Nähe der Raiffeisenkasse
- 🚲 mit dem Zug nach Reutte und weiter mit dem Bus nach Stanzach, Reutte - Stanzach 20 km

Check vor Tourantritt
- ✓ gründlich vorbereitet ?
- ✓ gesundheitliche Verfassung ausreichend ?
- ✓ rechtliche Erlaubnis eingeholt ?

STANZACH 939 M
START ● beim Sportgeschäft Fredi

der Lechtal-Bundesstraße Richtung Reutte folgen, vor der Brücke über den Namloser Bach links in den Forstweg einbiegen, der dortigen Beschilderung Rundwanderweg Stanzach folgen

➡ 1,1 km Forstweg
➡ 1,7 km Asphalt
➡ 12 km Forstweg

UNTERE LICHTALM 1211 M
unbewirtschaftete Almhütte

TOUR 32 LECHTAL

LECHTAL

TOUR 32

FUCHSWALDHÜTTE 1347 M
JÄGERHÜTTE

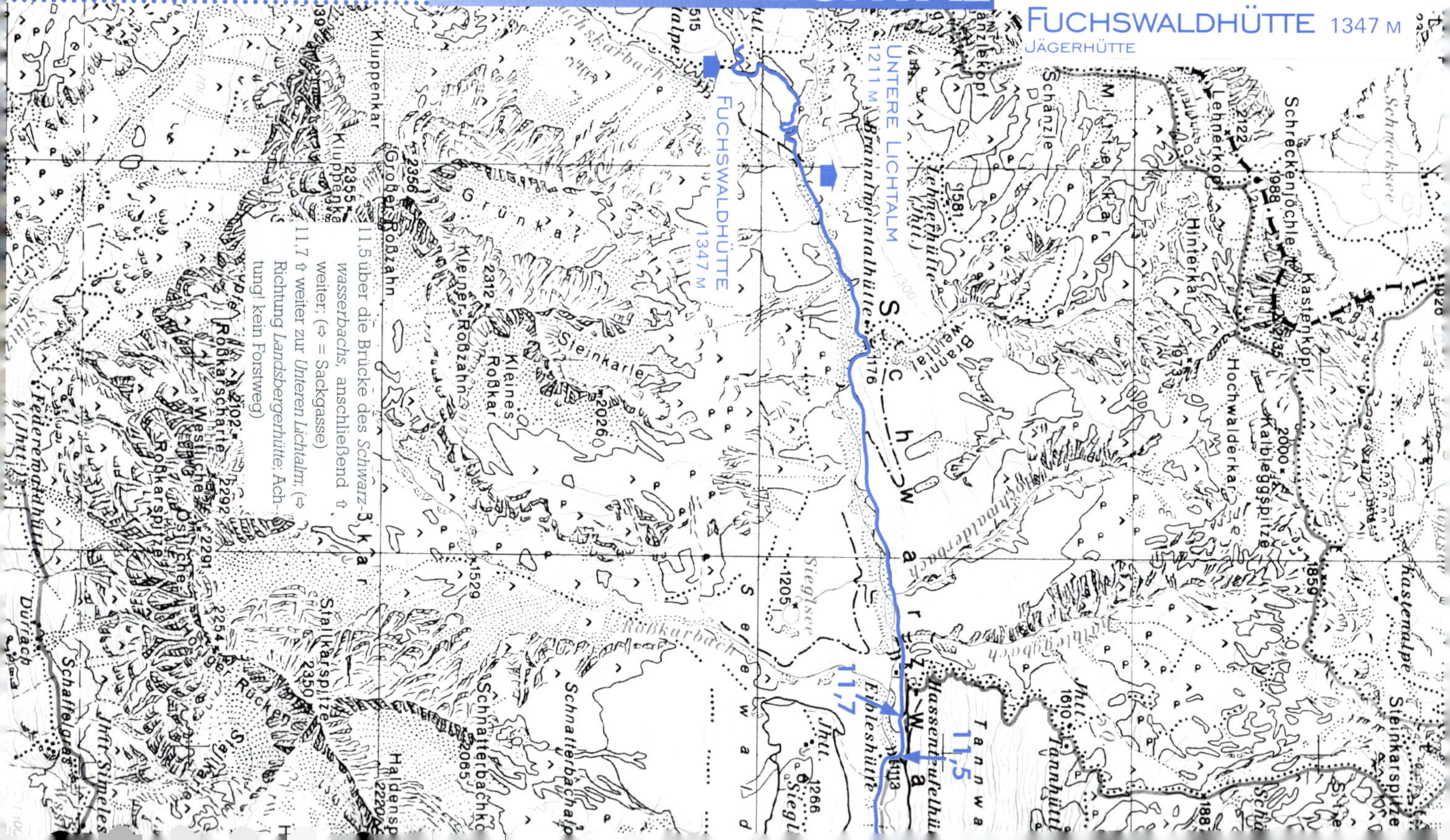

← 1,3 km Karrenweg

11,5 über die Brücke des Schwarzwasserbachs, anschließend ↑ weiter; (→ = Sackgasse)
11,7 ↑ weiter zur Unteren Lichtalm; (→ Richtung Landsbergerhütte; Achtung! kein Forstweg)

1 : 37.500
Österreichische Karte 114 · 115

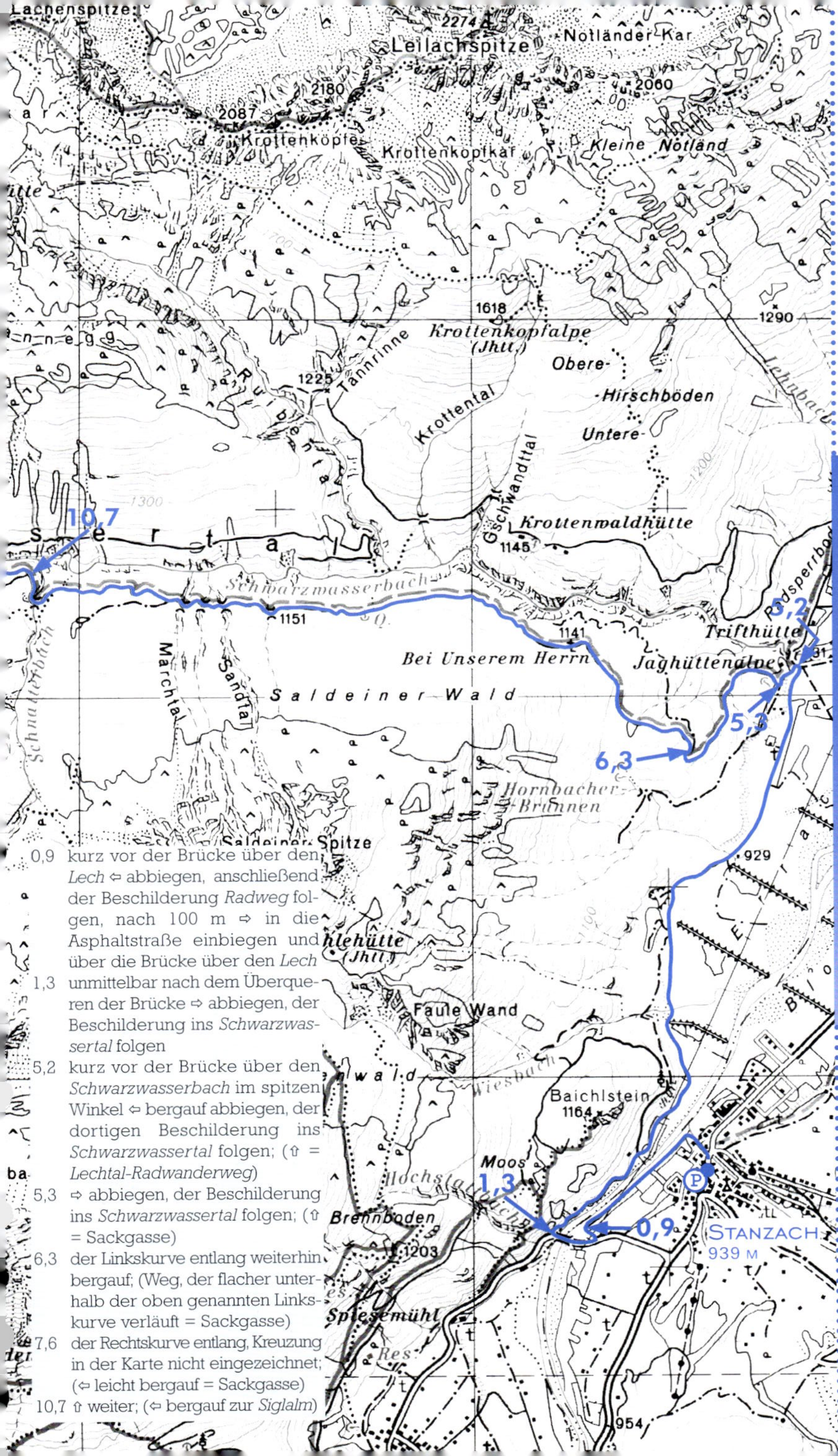

0.9 kurz vor der Brücke über den *Lech* ⇨ abbiegen, anschließend der Beschilderung *Radweg* folgen, nach 100 m ⇨ in die Asphaltstraße einbiegen und unmittelbar nach dem Überqueren der Brücke ⇨ abbiegen, der Beschilderung ins *Schwarzwassertal* folgen

1.3 kurz vor der Brücke über den Schwarzwasserbach im spitzen Winkel ⇨ bergauf abbiegen, der dortigen Beschilderung ins Schwarzwassertal folgen († = *Lechtal-Radwanderweg*)

5.2 ⇨ abbiegen, der Beschilderung ins *Schwarzwassertal* folgen, († = Sackgasse)

5.3 der Linkskurve entlang weiterhin bergauf (Weg, der flacher unterhalb der oben genannten Linkskurve verläuft = Sackgasse)

6.3 in der Rechtskurve entlang Kreuzung in der Karte nicht eingezeichnet, (⇨ leicht bergauf = Sackgasse)

7.6 ⇨ weiter, (⇨ bergauf = Sackgasse) (⇨ bergauf zur Sigialm)

10.7 †

LECHTAL

TOUR 32 ★★

121

1 : 37.500
Österreichische Karte 114 · 115

TOUR ★★ 33 LECHTAL

INNSBRUCK - STANZACH 114 km

ANFAHRT

⊖ A 12 Richtung Arlberg, Ausfahrt Mötz, weiter auf der Bundesstraße Richtung Fernpaß und Reutte, in Reutte links abbiegen ins Lechtal nach Stanzach;
oder auf der A12 bis Imst, über das Hahntennjoch ins Lechtal; Vorsicht! Wintersperre beachten

Ⓟ in Stanzach nach der Brücke über den Namloser Bach, in der Nähe der Raiffeisenkasse

🚲 mit dem Zug nach Reutte und weiter mit dem Bus nach Stanzach, Reutte - Stanzach 20 km

Check vor Tourantritt	✓ gründlich vorbereitet ? ✓ gesundheitliche Verfassung ausreichend ? ✓ rechtliche Erlaubnis eingeholt ?

STANZACH 939 M
START ● BEIM SPORTGESCHÄFT FREDI

der Lechtal-Bundesstraße entlang, Richtung Reutte, bei der Brücke über den Namloser Bach, gegenüber vom Sportgeschäft Fredi, in den Forstweg Richtung Schneckenwald einbiegen

➡ 2,2 km Forstweg

➡ 0,2 km Single Track

➡ 1,7 km Karrenweg

RIEDEN

STIEGALM

RAAZALM

EHENBICHLER ALM

RINNEN

STANZACH

GASTHOF WETTERSPITZ

GASTHOF ALPENKREUZ

KELMEN

ELMEN

STANZACH

RIEDEN

FORTS.

939 M

RAAZALM

Ⓙ

1736 M

FORTS.

STIEGALM

STAUSEE

964 m

1050 M

939 M

FORTS.

278 m

16,5 km ② 1 h 40 min

22,1 km ④

2 h 35 min

Ehenbichler Alm

Forts.
1697 m
964 m
939 m
Forts.
23,5 km ④ 2 h 40 min

Rinnen — Gasthof Wetterspitz

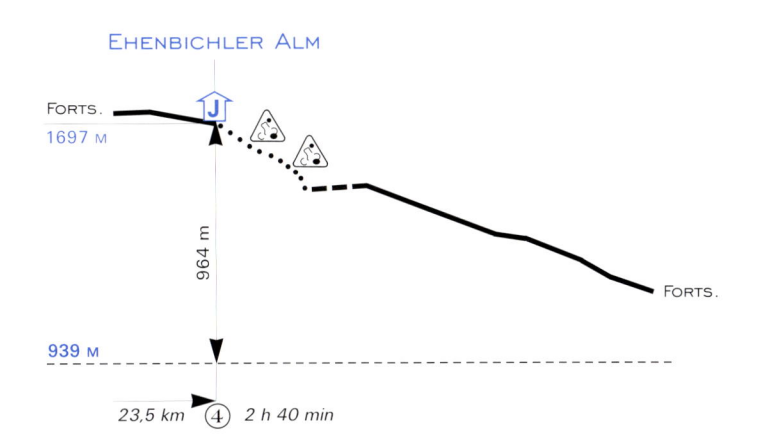

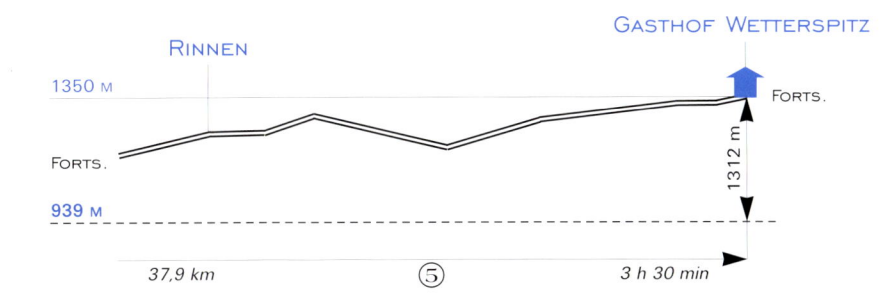

1350 m
Forts.
Forts.
1312 m
939 m
37,9 km ⑤ 3 h 30 min

➠ 4,5 km Forstweg
➠ 0,2 km Asphalt
➠ 7,7 km Forstweg

Stiegalm 1050 m
unbewirtschaftete Almhütte

➠ 4,6 km Forstweg
➠ 1 km Karrenweg

Raazalm 1736 m
im Sommer bewirtschaftete Almhütte (!!!)

➠ 1,4 km Forstweg

Ehenbichler Alm 1697 m
im Sommer bewirtschaftete Almhütte (!!!)

➠ 1,3 km Single Track

Dieser Single Track ist für geübte Biker leicht zu bewältigen. Achtung! an Wochenenden und Feiertagen sind viele Wanderer unterwegs.

➠ 0,7 km Karrenweg
➠ 3,9 km Forstweg
➠ 8,5 km Asphalt

TOUR 33 LECHTAL

TOUR ** 33 LECHTAL

GHF. WETTERSPITZ 1350 M
GANZJÄHRIG BEWIRTSCHAFTETES GASTHAUS

➡ *3 km Asphalt*

GHF. ALPENKREUZ 1263 M
GANZJÄHRIG BEWIRTSCHAFTETES GASTHAUS

➡ *10,3 km Asphalt*

STANZACH 939 M

INTERSPORT ZOTZ

A-6600 Reutte, Obermarkt 35
Tel: (++43) (0) 5672 / 62352 Fax: ..65759
A-6600 Reutte, Kög 25-27
Tel: (++43) (0) 5672 / 62855

Shops for Winners

FORTS.

GASTHOF ALPENKREUZ

1263 M

1312 m

939 M

STANZACH

40,9 km ⑤ 3 h 50 min

51,2 km   ⑤ **GESAMT**   4 h 20 min

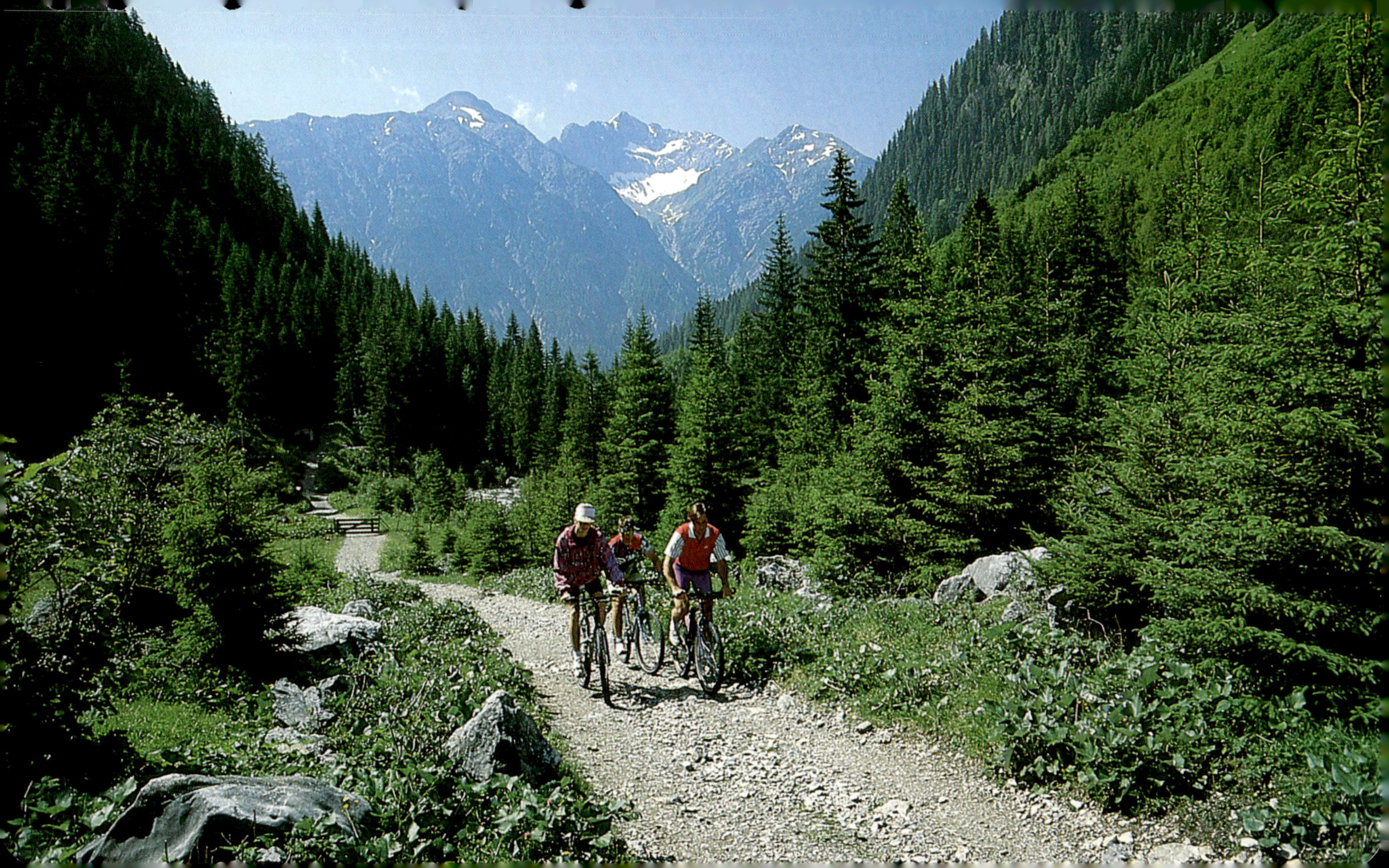

EINKAUFSERLEBNIS

LECHPARK

Elbigenalp *Tirol*

Ideal zum Einkauf von Jausen und Getränken für den Reiseproviant. Große Auswahl
an Sportbekleidung und Souvenirs.

A-6652 Elbigenalp · Tel. (++43) (0) 56 34 / 66 51, 66 52, 66 53 · Fax. ../ 66 52 87 · http://www.tiscover.com/alpenrose-lechtal

Alpenrose *Lech Tal*

Entspannen Sie nach Ihrer Fahrradtour in
unserem Gastgarten und genießen Sie unsere exzellente Küche (ganztägig warme
Küche). Unser Haus ist bekannt für die große
Auswahl an selbstgemachtem Eis, Kuchen
und Torten.

- ÖVE gerechte Elektroanlagen
- **INDUSTRIELEUCHTEN**
- **ZIERBELEUCHTUNG**
- Geräte für HAUSHALT u. GEWERBE
- **EINBAUKÜCHEN**
- **KUNDENDIENST**

Ihr *kompetenter* Partner

ewr
E-WERKE REUTTE

STROM AUS WASSERKRAFT · NATÜRLICH

Hey Du, weißt Du wo's die besten BIKES gibt?

Bei

Sport Strobl

... dem Sportprofi

- **BESTE QUALITÄT**
- **BESTE BERATUNG**
- **BESTES SERVICE**

A-6654 Holzgau/Lechtal · Tel: (++43) (0) 5633/5246 · Fax. DW. 15

Öffnungszeiten: Montag bis Freitag 8.00 - 12.00 und 14.30 - 18.00
Samstag 8.00 - 12.00

LECHTAL
TOUR 33 **

0,3 ↑ am Forstweg weiter; (↪ = Feldweg)

0,7 bei den Futterkrippen ↪ weiter, der Beschilderung nach *Forchach* folgen, Kreuzung in der Karte nicht eingezeichnet

1,6 ↪ abbiegen, der Beschilderung nach *Forchach* folgen, Kreuzung in der Karte nicht eingezeichnet Ängerle

3,3 ↑ bei der Waldhütte ↑ weiter; (↪ = bergab zur Lechtal-Bundesstraße)

3,9 ↑ weiter Richtung *Forchach*; (↪ = zur Lechtal-Bundesstraße, ↑ = bergauf = Sackgasse)

4,8 ↑ weiter, beim Weidegatter vorbei; (↪ über einen Single Track nach *Forchach*, ↑ bergauf = Sackgasse)

5,3 ↑ bei der Waldhütte ↑ vorbei; bergauf = Sackgasse)

5,5 ↪ abbiegen, der Beschilderung *Bannwaldweg* folgen; (↪ bergab nach *Forchach*

6,8 ↑ weiter, Kreuzung in der Karte nicht eingezeichnet

8,6 ↪ abbiegen, der Beschilderung *Weißenbach* und *Rieden* folgen; (↪ nach *Forchach*)

8,8 ↑ am Forstweg weiter; (↪ = bergab = Sackgasse)

9,6 ↑ weiter; (↪ = zur *Scharte*)

1 : 62.500
Österreichische Karte 114 · 115

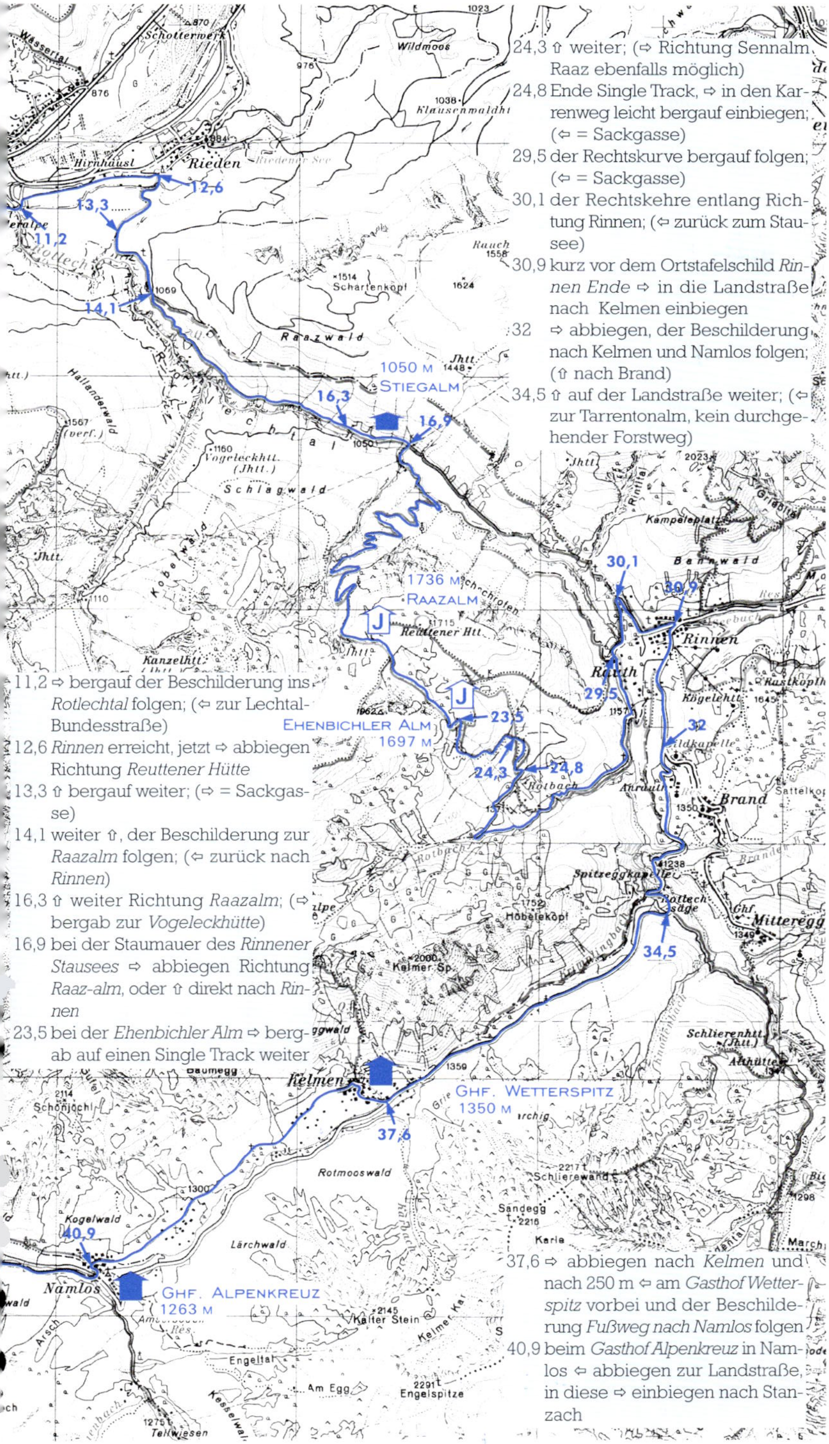

11.2 ↑ bergauf der Beschilderung ins Rotlechtal folgen; (↺ zur Lechtal-Bundesstraße)

12.6 Rinnen erreicht, jetzt ↺ abbiegen Richtung Reuttener Hütte

13.3 ↑ bergauf weiter; (↺ = Sackgasse)

14.1 weiter ↑, der Beschilderung zur Raazalm folgen; (↻ zurück nach Rinnen)

16.3 ↑ weiter Richtung Raazalm; (↺ bergab zur Vogelleckhütte)

16.9 bei der Staumauer des Rinnener Stausees ↺ abbiegen Richtung Raaz-alm oder ↑ direkt nach Rinnen

23.5 bei der *Ehenbichler Alm* ↺ bergab auf auf einen Single Track weiter

24,3 ↑ weiter; (↺ Richtung Sennalm, Raaz ebenfalls möglich)

24,8 Ende Single Track, ↺ in den Karrenweg leicht bergauf einbiegen, (↺ = Sackgasse)

29,5 der Rechtskurve bergauf folgen; (↺ = Sackgasse)

30,1 der Rechtskehre entlang Richtung Rinnen; (↺ zurück zum Stausee)

30,9 kurz vor dem Ortstafelschild Rinnen Ende ↺ in die Landstraße nach Kelmen einbiegen

32 ↺ abbiegen, der Beschilderung nach Kelmen und Namlos folgen; (↑ nach Brand)

34,5 ↑ auf der Landstraße weiter; (↺ zur Tarrentonalm, kein durchgehender Forstweg)

37,6 ↺ abbiegen nach Kelmen und nach 250 m am *Gasthof Wetterspitz* vorbei und der Beschilderung *Fußweg nach Namlos* folgen

40,9 beim *Gasthof Alpenkreuz* in Namlos ↺ abbiegen zur Landstraße, in diese ↺ einbiegen nach Stanzach

---

129 · **TOUR 33** · **LECHTAL** · 1 : 62.500 Österreichische Karte 114 · 115

★★ TOUR 34 LECHTAL

INNSBRUCK - ELMEN   120 km

ANFAHRT

⊖ *A 12 Richtung Arlberg, Ausfahrt Mötz, weiter auf der Bundesstraße Richtung Fernpaß und Reutte, in Reutte links abbiegen ins Lechtal nach Elmen*
oder auf der A12 bis Imst, über das Hahntennjoch ins Lechtal; Vorsicht! Wintersperre beachten

Ⓟ *in Elmen am Beginn der Hahntenn-joch-Hochalpenstraße, in der Nähe vom Ortstafelschild Elmen Ende*

🚲 *mit dem Zug nach Reutte und wei-ter mit dem Bus nach Elmen, Reutte - Elmen 26 km*

Check vor Tourantritt
✓ gründlich vorbereitet ?
✓ gesundheitliche Verfassung ausreichend ?
✓ rechtliche Erlaubnis eingeholt ?

ELMEN   976 M

START ● BEI DER KREUZUNG LECHTAL-BUN-DESSTRASSE UND HAHNTENNJOCH-HOCHAL-PENSTRASSE

auf der Lechtal-Bundesstraße B 198 weiter Richtung Warth und Häsel-gehr, bei der großen Begrüßungs-tafel Wilkommen in Häselgehr links in den Forstweg einbiegen

➠ *1,7 km Asphalt*
➠ *3,8 km Forstweg*

ELMEN

976 M

FORTS.

GASTHOF PFAFFLAR

HAHNTENNJOCH

1894 M

1619 M

FORTS.

720 m

995 m

976 M

15,6 km   ⑤   2 h
18,6 km   ⑤   2 h 30 min

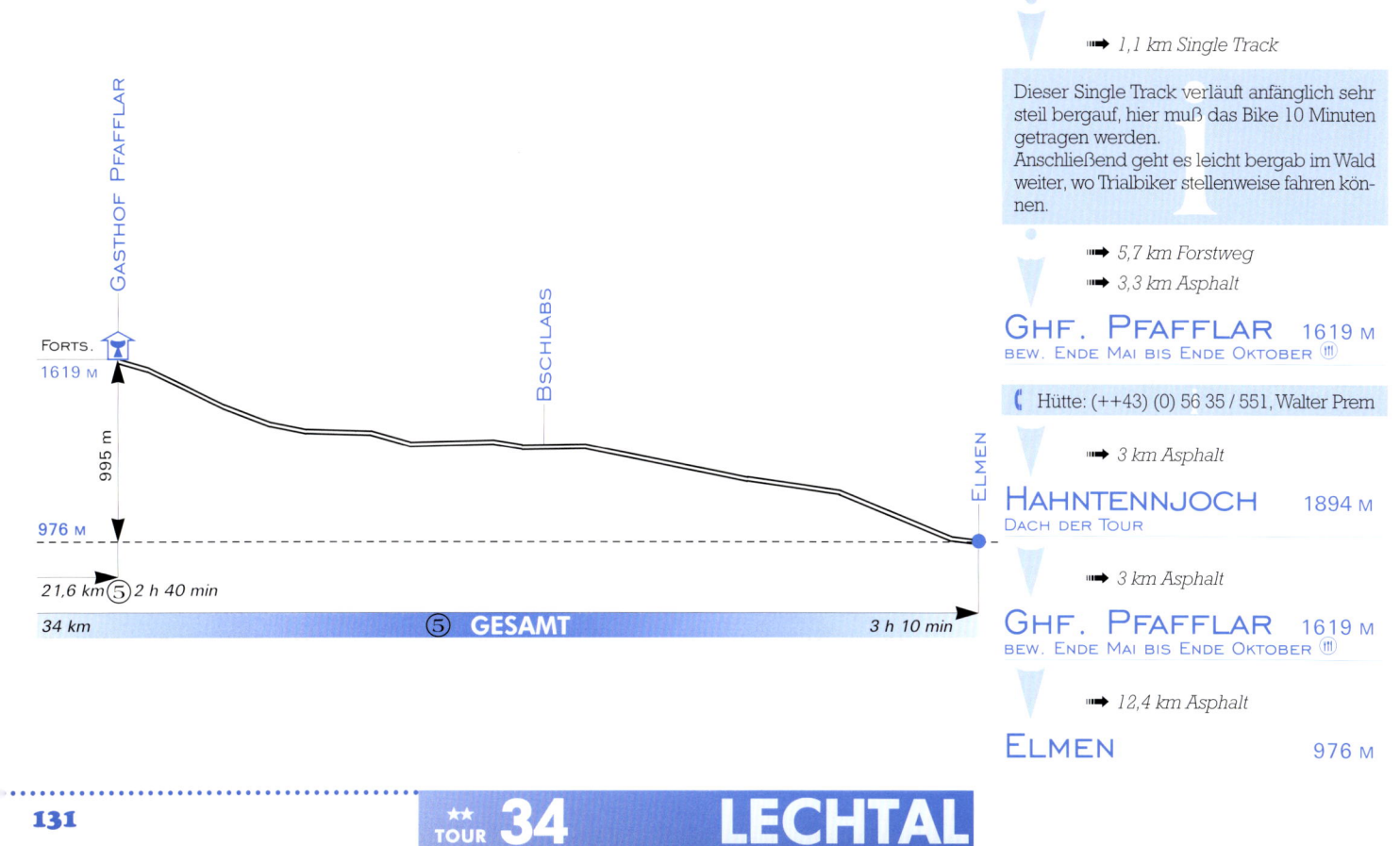

Gasthof Pfafflar

Forts.
1619 m
995 m
976 m

Bschlabs

Elmen

21,6 km ⑤ 2 h 40 min
34 km ⑤ **GESAMT** 3 h 10 min

➥ 1,1 km Single Track

Dieser Single Track verläuft anfänglich sehr steil bergauf, hier muß das Bike 10 Minuten getragen werden.
Anschließend geht es leicht bergab im Wald weiter, wo Trialbiker stellenweise fahren können.

➥ 5,7 km Forstweg
➥ 3,3 km Asphalt

Ghf. Pfafflar 1619 m
bew. Ende Mai bis Ende Oktober

☎ Hütte: (++43) (0) 56 35 / 551, Walter Prem

➥ 3 km Asphalt

Hahntennjoch 1894 m
Dach der Tour

➥ 3 km Asphalt

Ghf. Pfafflar 1619 m
bew. Ende Mai bis Ende Oktober

➥ 12,4 km Asphalt

Elmen 976 m

TOUR 34 LECHTAL

★★ TOUR 34 LECHTAL

1 : 37.500
Österreichische Karte 114 · 115

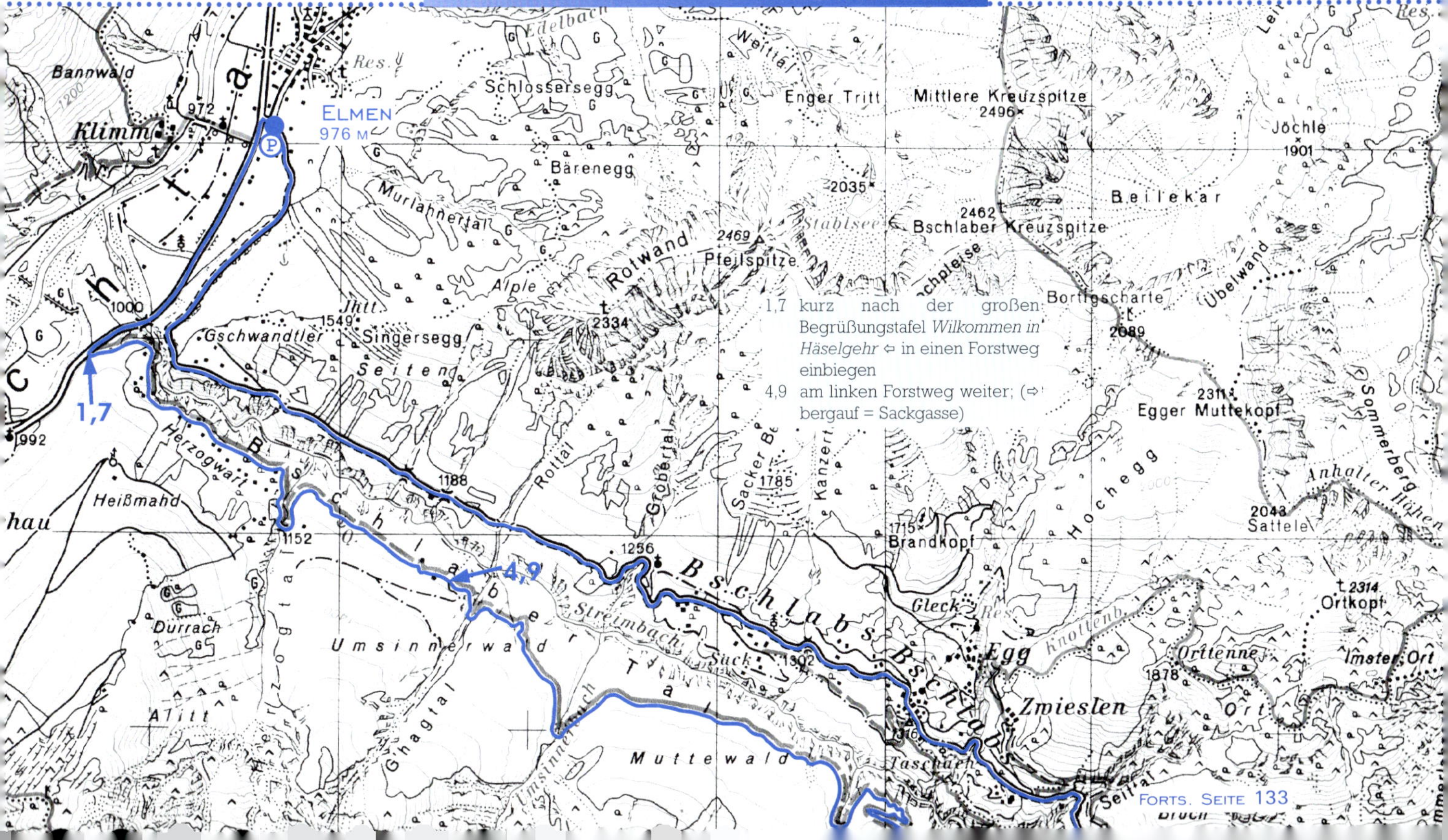

1,7 kurz nach der großen Begrüßungstafel *Wilkommen in Häselgehr* ⇦ in einen Forstweg einbiegen

4,9 am linken Forstweg weiter; (⇨ bergauf = Sackgasse)

Forts. Seite 133

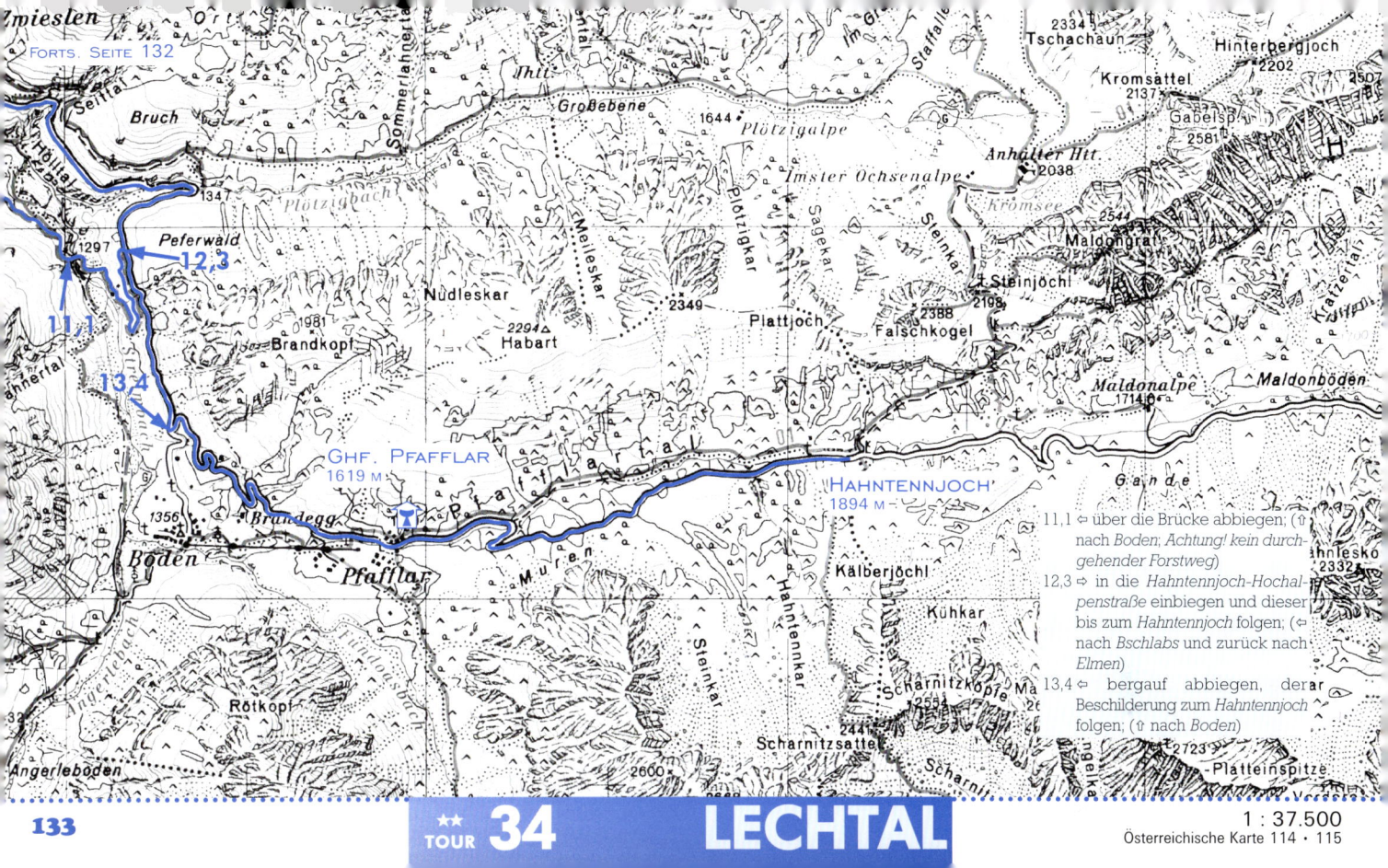

11,1 ⇐ über die Brücke abbiegen; (↑ nach *Boden*; *Achtung! kein durchgehender Forstweg*)

12,3 ⇒ in die *Hahntennjoch-Hochalpenstraße* einbiegen und dieser bis zum *Hahntennjoch* folgen; (⇐ nach *Bschlabs* und zurück nach *Elmen*)

13,4 ⇐ bergauf abbiegen, der Beschilderung zum *Hahntennjoch* folgen; (↑ nach *Boden*)

TOUR 34 — LECHTAL

1 : 37.500
Österreichische Karte 114 · 115

TOUR **35** LECHTAL

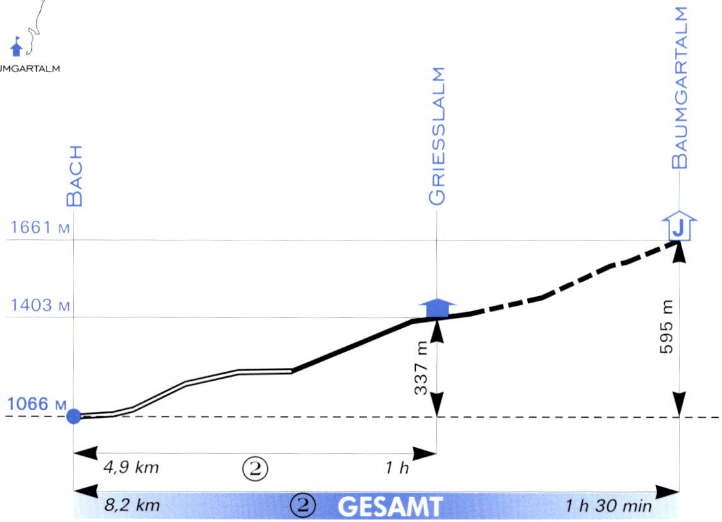

★★

INNSBRUCK - BACH   *133 km*

ANFAHRT

⊖ *A 12 Richtung Arlberg, Ausfahrt Mötz, weiter auf der Bundesstraße Richtung Fernpaß und Reutte, in Reutte links abbiegen ins Lechtal nach Bach, in der Dorfmitte von Bach bei der Volksschule links abbiegen*
oder auf der A12 bis Imst, über das Hahntennjoch ins Lechtal; Vorsicht! Wintersperre beachten

Ⓟ *hinter Kaufhaus Heel*

🚲 *mit dem Zug nach Reutte und weiter mit dem Bus nach Bach, Reutte - Bach 39 km*

Check vor Tourantritt		✓ gründlich vorbereitet ?
		✓ gesundheitliche Verfassung ausreichend ?
		✓ rechtliche Erlaubnis eingeholt ?

BACH   1066 M
START ● HINTER KAUFHAUS HEEL

am rechten Ufer des Alperschonbaches entlang, ins Madautal

➡ *2,8 km Asphalt*
➡ *2,1 km Forstweg*

GRIESSLAM   1403 M
UNBEWIRTSCHAFTETE ALMHÜTTE

➡ *0,5 km Forstweg*
➡ *2,8 km Karrenweg*

BAUMGARTALM   1661 M
BEW. MITTE JUNI BIS MITTE OKTOBER

BACH	GRIESSLALM	BAUMGARTALM
1661 m		
1403 m		
1066 m	337 m	595 m

4,9 km	②	1 h
8,2 km	② GESAMT	1 h 30 min

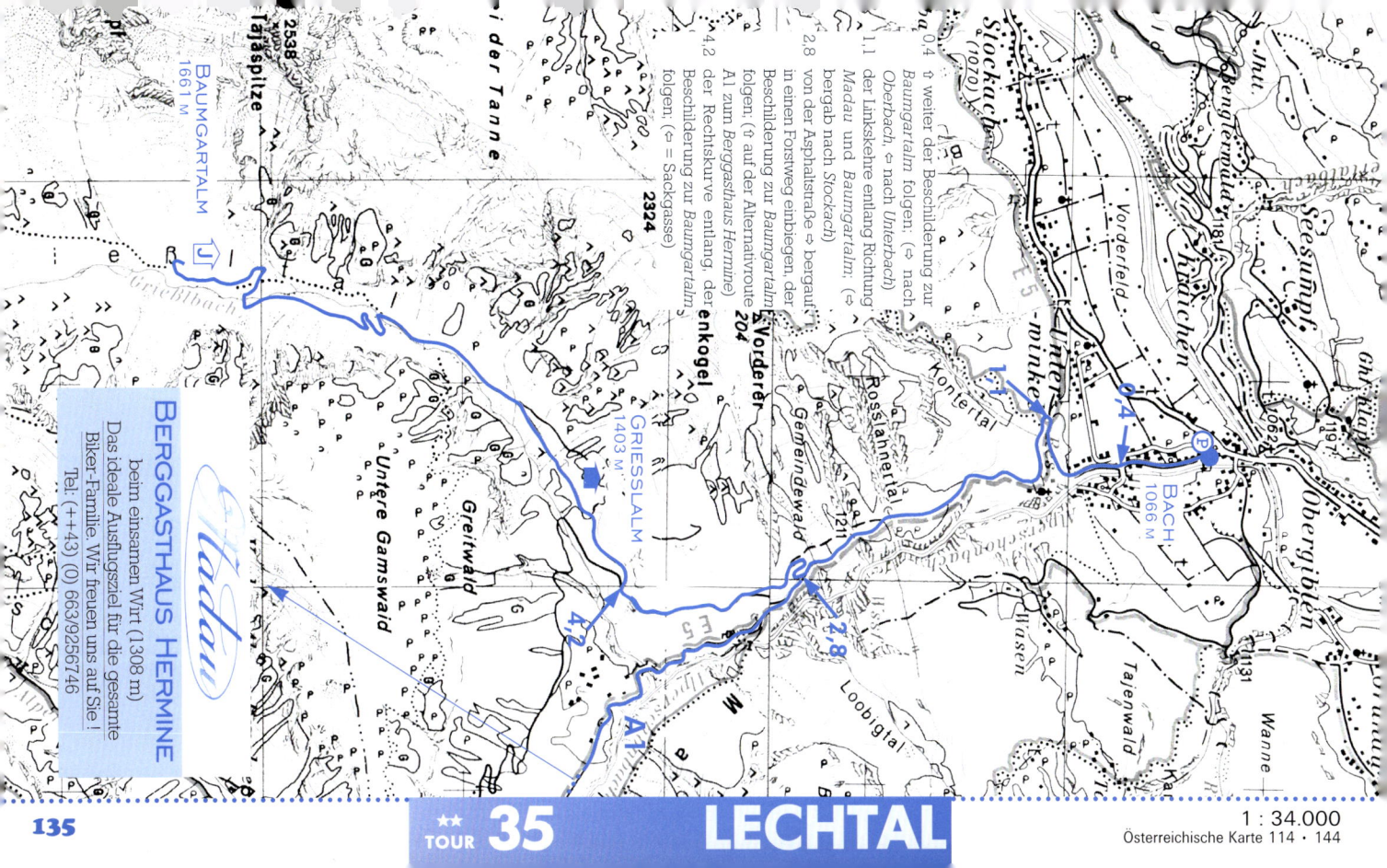

0,4 ↷ weiter der Beschilderung zur Baumgartalm folgen, (↷ nach Oberbach, ↷ nach Unterbach)

1,1 der Linkskehre entlang Richtung Madau und Baumgartalm, (↷ bergab nach Stockach)

2,8 von der Asphaltstraße ↷ bergauf in einen Forstweg einbiegen, der Beschilderung zur Baumgartalm folgen, (↷ auf der Alternativroute A1 zum Berggasthaus Hermine)

4,2 der Rechtskurve entlang, der enkogel folgen, (↷ = Sackgasse)

BERGGASTHAUS HERMINE

Madau

beim einsamen Wirt (1308 m)
Das ideale Ausflugsziel für die gesamte Biker-Familie. Wir freuen uns auf Sie!
Tel: (++43) (0) 663/9256746

TOUR 35 ★★ LECHTAL

135

1 : 34.000
Österreichische Karte 114 · 144

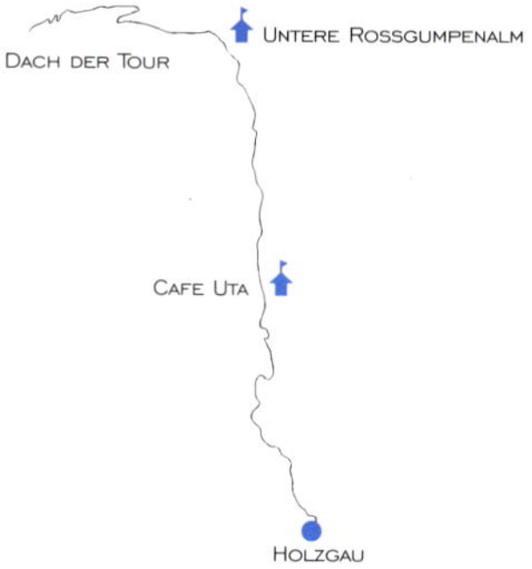

136

DACH DER TOUR

UNTERE ROSSGUMPENALM

CAFE UTA

HOLZGAU

** TOUR 36 LECHTAL

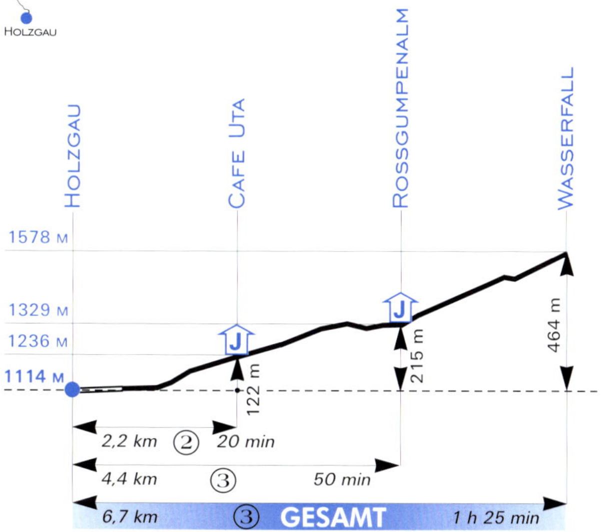

INNSBRUCK - HOLZGAU *138 km*

ANFAHRT

⊖ *A 12 Richtung Arlberg, Ausfahrt Mötz, weiter auf der Bundesstraße Richtung Fernpaß und Reutte, in Reutte links abbiegen ins Lechtal nach Holzgau; oder auf der A12 bis Imst, über das Hahntennjoch ins Lechtal; Vorsicht! Wintersperre beachten*

Ⓟ *beim Gasthof Hotel Post*

🚲 *mit dem Zug nach Reutte und weiter mit dem Bus nach Holzgau, Reutte - Holzgau 44 km*

Check
vor
Tourantritt

✓ gründlich vorbereitet ?
✓ gesundheitliche Verfassung ausreichend ?
✓ rechtliche Erlaubnis eingeholt ?

HOLZGAU   1114 M
START ● BEIM GASTHAUS HOTEL POST

der Lechtal-Bundesstraße entlang Richtung Reutte, 100 m vor der Brücke über den Höhenbach links abbiegen, der Beschilderung zum Cafe Uta folgen

➠ *0,7 km Asphalt*

➠ *1,5 km Forstweg*

CAFE UTA   1236 M
IM SOMMER BEWIRTSCHAFTETE ALMHÜTTE

📞 Hütte: (++43) (0) 56 33 / 53 17, W. Prem

➠ *2,2 km Forstweg*

HOLZGAU | CAFE UTA | ROSSGUMPENALM | WASSERFALL

1578 M
1329 M
1236 M
1114 M

J 122 m
J 215 m
464 m

2,2 km ② 20 min
4,4 km ③ 50 min
6,7 km ③ **GESAMT** 1 h 25 min

ROSSGUMPENALM 1329 M
bew. Mitte Mai bis Mitte Oktober

Hütte: (++43) (0) 663 / 54 2 93
Tal: (++43) (0) 56 33 / 54 68
Familie Moll

Übernachtungen im Matratzenlager nach telefonischer Absprache möglich.

➡ 2,3 km Forstweg

WASSERFALL 1578 M

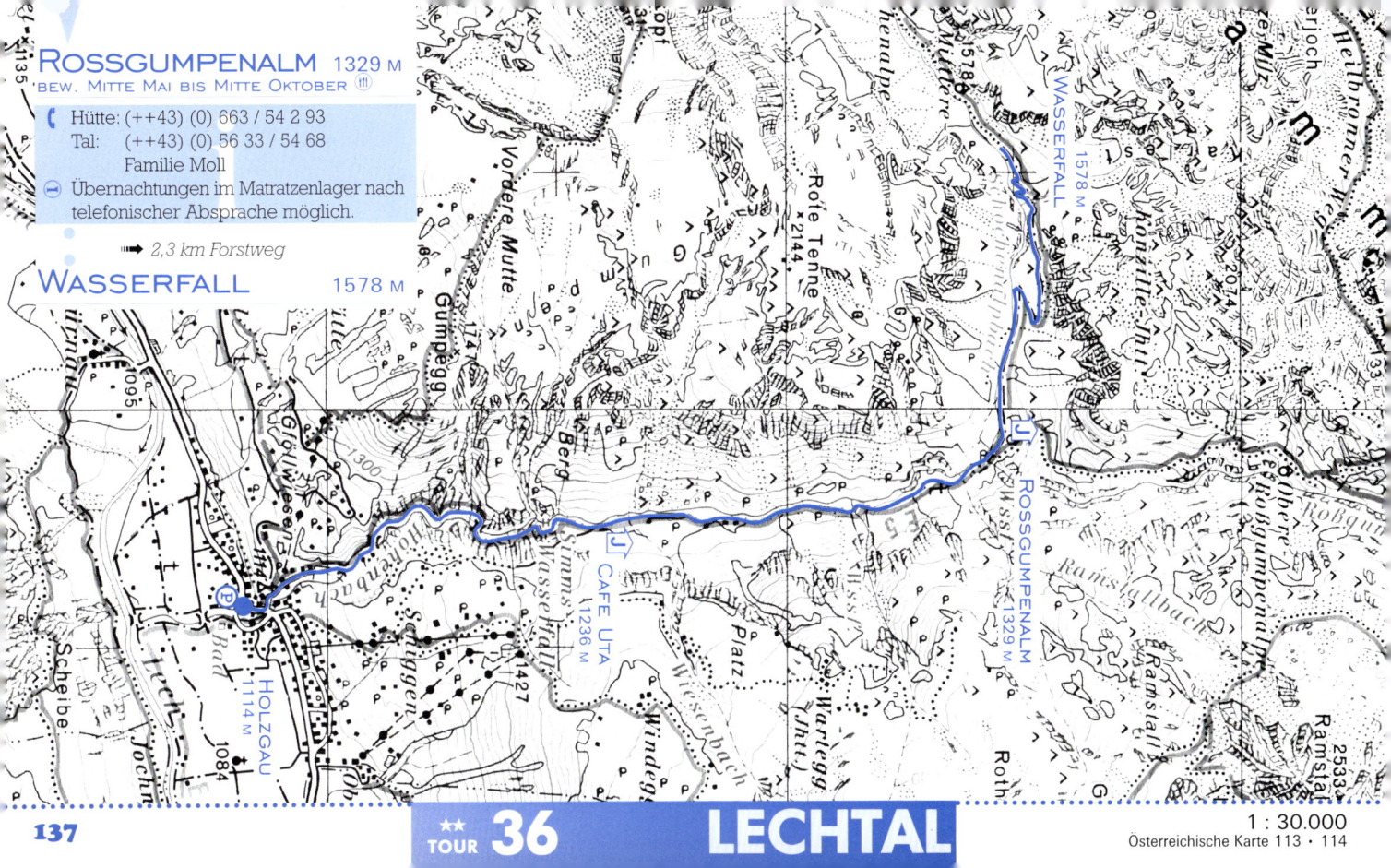

TOUR 36 — LECHTAL

1 : 30.000
Österreichische Karte 113 · 114

★★★ TOUR 37 — LECHTAL

INNSBRUCK - HOLZGAU 138 km

ANFAHRT

⊖ *A 12 Richtung Arlberg, Ausfahrt Mötz, weiter auf der Bundesstraße Richtung Fernpaß und Reutte, in Reutte links abbiegen ins Lechtal nach Holzgau; oder auf der A12 bis Imst, über das Hahntennjoch ins Lechtal; Vorsicht! Wintersperre beachten*

Ⓟing *beim Gasthof Hotel Post*

🚲 *mit dem Zug nach Reutte und weiter mit dem Bus nach Holzgau, Reutte - Holzgau 44 km*

Check
vor
Tourantritt

✓ gründlich vorbereitet ?
✓ gesundheitliche Verfassung ausreichend ?
✓ rechtliche Erlaubnis eingeholt ?

HOLZGAU 1114 M
START ● BEIM GASTHAUS HOTEL POST

hinter dem Hotel Post, am linken Ufer des Höhenbachs entlang Richtung Lech

➠ *1,5 km Asphalt*

➠ *0,9 km Forstweg*

➠ *0,4 km Single Track*

➠ *3,6 km Forstweg*

SULZLALM 1455 M
bew. ANFANG MAI bis ANFANG NOVEMBER 🏠

☏ Hütte: (++43) (0) 664 / 54 021

➠ *3,1 km Forstweg*

DACH DER TOUR 1811 M
MATERIALSEILBAHN ZUR SIMMSHÜTTE

HOLZGAU — SULZLALM — DACH DER TOUR

1811 M
1455 M
1114 M

341 m
697 m

6,4 km ② 50 min
9,5 km ④ GESAMT 1 h 30 min

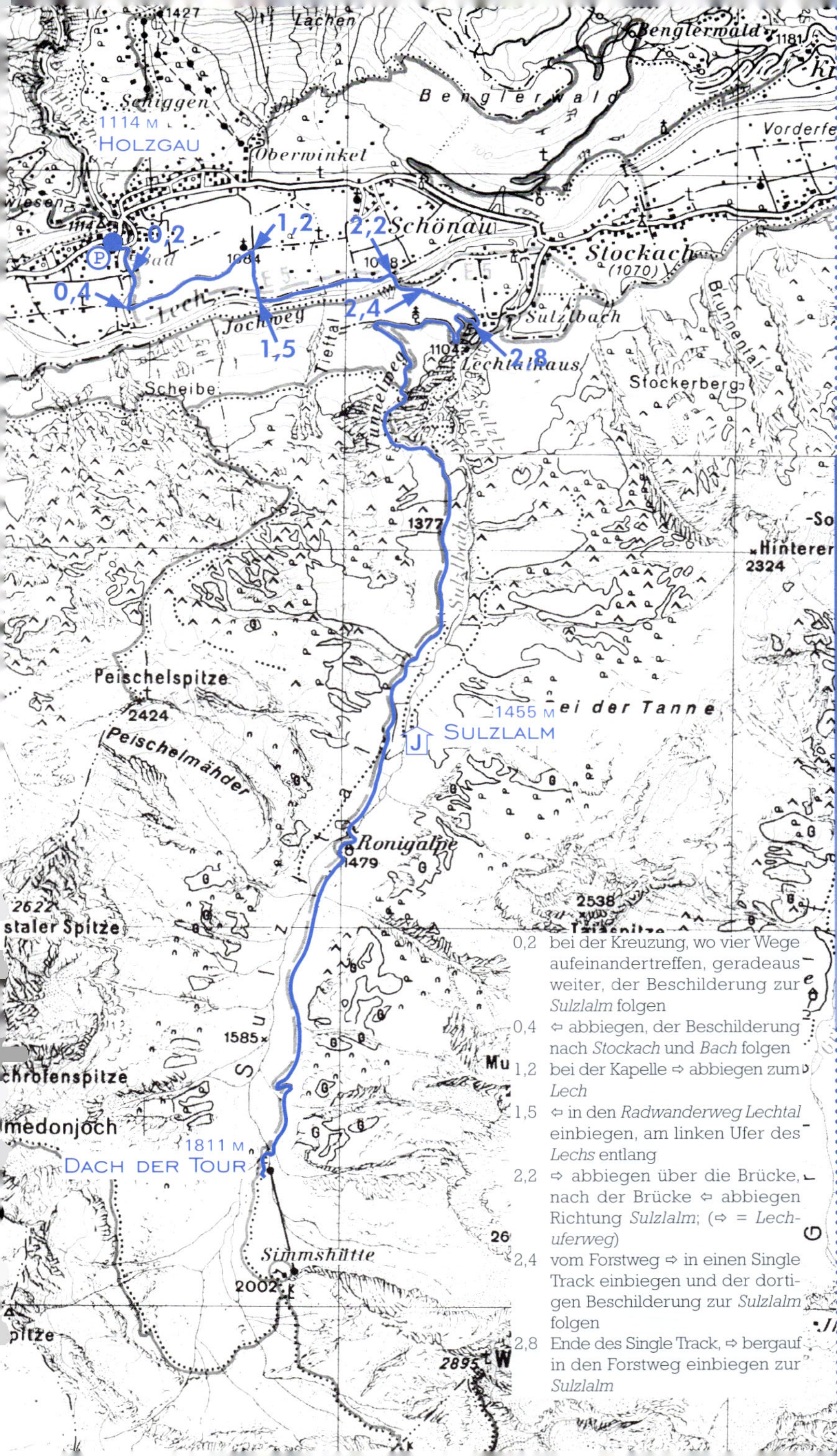

LECHTAL — TOUR 37

DACH DER TOUR 1811 M
SULZALM 1455 M bei der Tanne

0,2 bei der Kreuzung wo vier Wege aufeinandertreffen, geradeaus weiter, der Beschilderung zur *Sulzalm* folgen
0,4 ⇨ abbiegen, der Beschilderung nach *Stockach* und *Bach* folgen bei der Kapelle ⇨ abbiegen zum *Lech*
1,5 ⇨ in den Radwanderweg Lechtal einbiegen, am linken Ufer des *Lechs* entlang
2,2 ⇨ abbiegen über die Brücke, nach der Brücke, r Richtung *Sulzlalm* (⇨ = *Lechuferweg*)
2,4 vom Forstweg ⇨ in einen Single Track einbiegen und der dortigen Beschilderung zur *Sulzalm* folgen
2,8 Ende des Single Track, ⇨ bergauf in den Forstweg einbiegen zur *Sulzalm*

1 : 37.500
Österreichische Karte 114 · 144

139

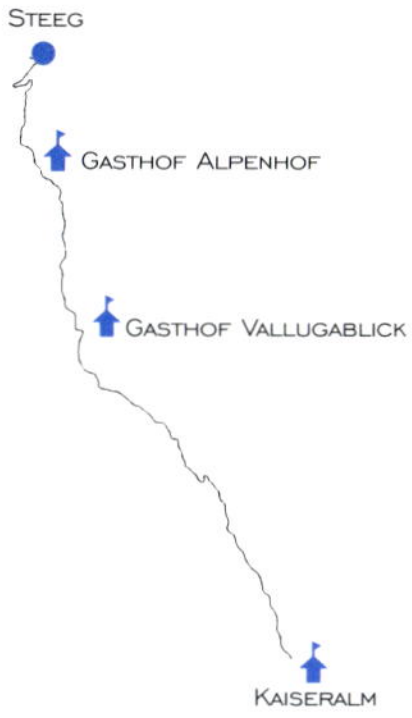

TOUR 38 ★★ LECHTAL

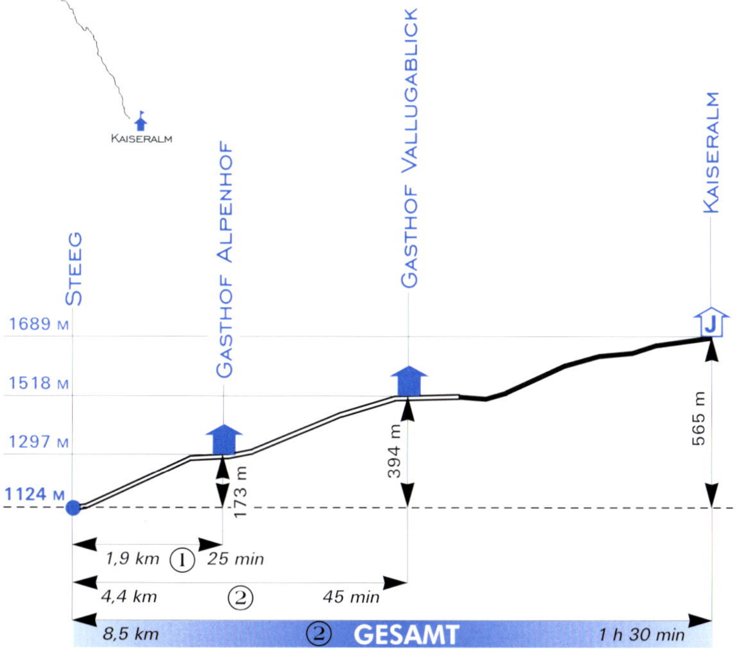

INNSBRUCK – STEEG   *144 km*

ANFAHRT

- A 12 Richtung Arlberg, Ausfahrt Mötz, weiter auf der Bundesstraße Richtung Fernpaß und Reutte, in Reutte links abbiegen ins Lechtal nach Steeg; oder auf der A12 bis Imst, über das Hahntennjoch ins Lechtal; Vorsicht! Wintersperre beachten
- (P) unmittelbar nach dem Ortstafelschild Steeg, auf der rechten Straßenseite
- mit dem Zug nach Reutte und weiter mit dem Bus nach Steeg, Reutte - Steeg 50 km

Check vor Tourantritt
- ✓ gründlich vorbereitet ?
- ✓ gesundheitliche Verfassung ausreichend ?
- ✓ rechtliche Erlaubnis eingeholt ?

STEEG   1124 M
START ● AUF DER BRÜCKE ÜBER DEN LECH ZUM LEBENSMITTELGESCHÄFT SPAR

der Straße taleinwärts folgen, bis zum Wegweiser nach Kaisers, dort links abbiegen über den Lech, der Beschilderung nach Kaisers folgen

➡ *1,9 km Asphalt*

GHF. ALPENHOF 1297 M
GANZJÄHRIG BEWIRTSCHAFTETES GASTHAUS

➡ *2,5 km Asphalt*

GHF. VALLUGABLICK 1518 M
GANZJÄHRIG BEWIRTSCHAFTETES GASTHAUS

Steeg

Gasthof Alpenhof

Gasthof Vallugablick

Kaiseralm

STEEG — **GASTHOF ALPENHOF** — **GASTHOF VALLUGABLICK** — **KAISERALM**

1689 M
1518 M
1297 M
1124 M

173 m
394 m
565 m

1,9 km ① 25 min
4,4 km ② 45 min
8,5 km ② **GESAMT** 1 h 30 min

➡ 0,7 km Asphalt
➡ 3,4 km Forstweg

KAISERALM 1689 M
IM SOMMER BEWIRTSCHAFTETE ALMHÜTTE

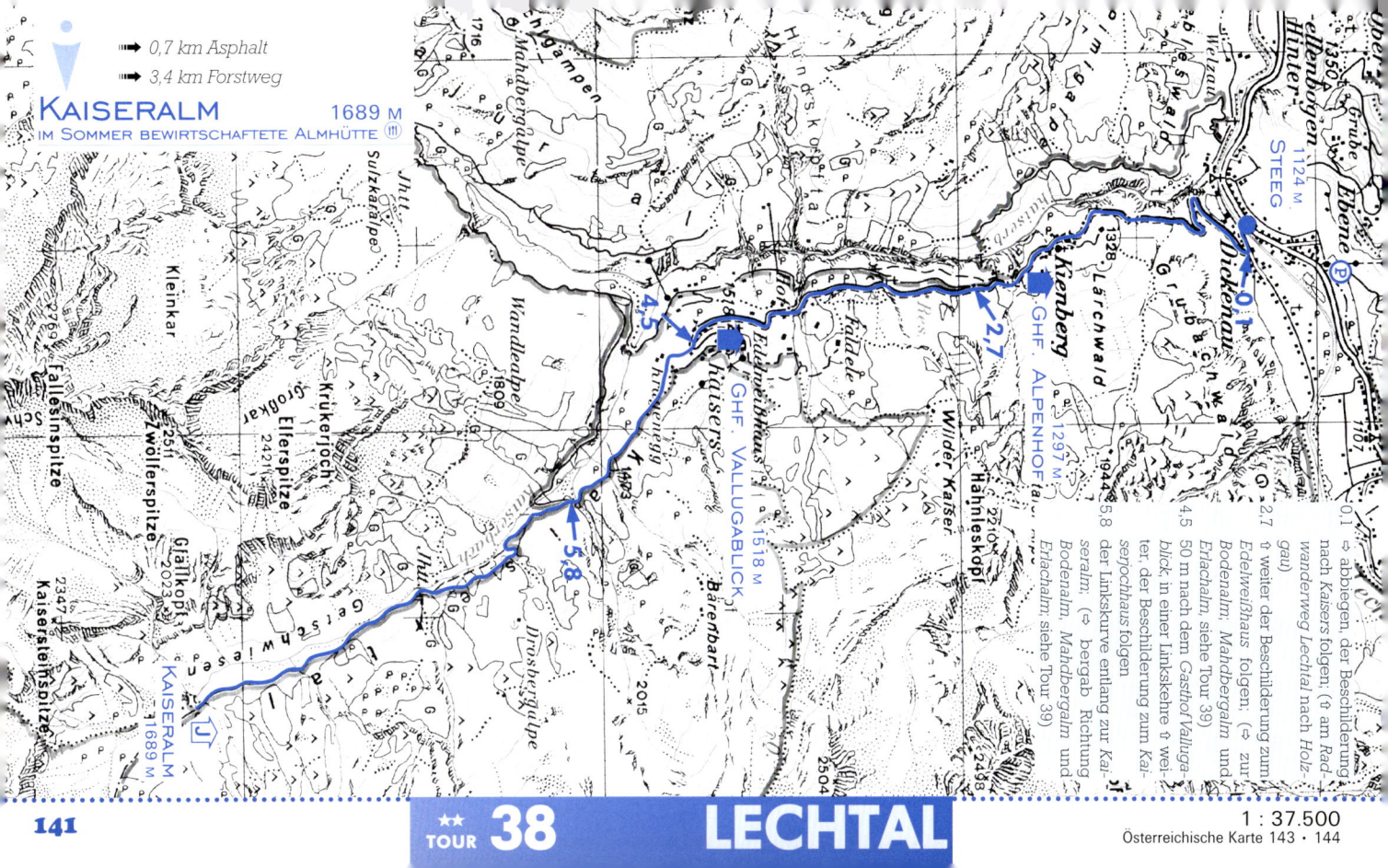

TOUR 38 — LECHTAL

141   1 : 37.500
Österreichische Karte 143 · 144

0,1 ↶ abbiegen, der Beschilderung nach Kaisers folgen; (↑ am Radwanderweg Lechtal nach Holzgau)

2,7 ↑ weiter der Beschilderung zum Edelweißhaus folgen; (→ zur Bodenalm, Mahdbergalm und Erlachalm, siehe Tour 39)

4,5 50 m nach dem Gasthof Vallugablick, in einer Linkskehre ↑ weiter, der Beschilderung zum Kaiserjochhaus folgen

5,8 der Linkskurve entlang zur Kaiseralm (→ bergab Richtung Bodenalm, Mahdbergalm und Erlachalm: siehe Tour 39)

TOUR ★★ 39 — LECHTAL

INNSBRUCK - STEEG — 144 km

ANFAHRT

⊖ A 12 Richtung Arlberg, Ausfahrt Mötz, weiter auf der Bundesstraße Richtung Fernpaß und Reutte, in Reutte links abbiegen ins Lechtal nach Steeg

oder auf der A12 bis Imst, über das Hahntennjoch ins Lechtal; Vorsicht! Wintersperre beachten

Ⓟ unmittelbar nach dem Ortstafelschild Steeg, rechts neben der Lechtal-Bundesstraße, gegenüber vom Sportplatz

🚲 mit dem Zug nach Reutte und weiter mit dem Bus nach Steeg, Reutte - Steeg 50 km

Check vor Tourantritt

✓ gründlich vorbereitet ?
✓ gesundheitliche Verfassung ausreichend ?
✓ rechtliche Erlaubnis eingeholt ?

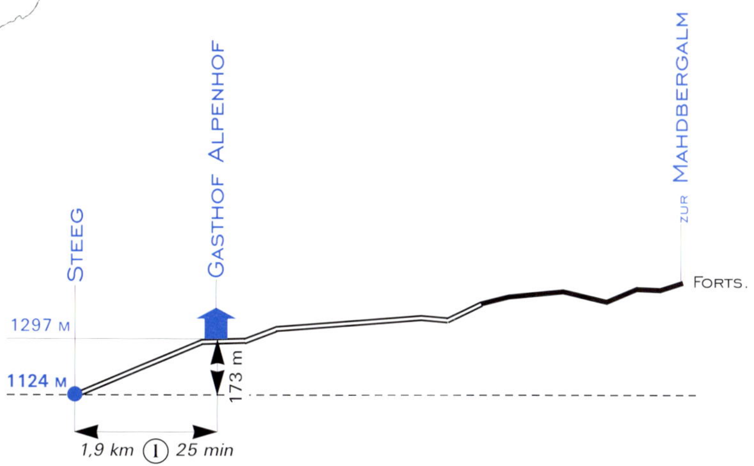

STEEG — 1124 M

START ● AUF DER BRÜCKE ÜBER DEN LECH ZUM LEBENSMITTELGESCHÄFT SPAR

der Lechtal-Bundesstraße taleinwärts folgen, bis zum Wegweiser nach Kaisers, dort links abbiegen über den Lech, weiter der Beschilderung nach Kaisers folgen

STEEG

GASTHOF ALPENHOF

BODENALM

ERLACHALM

ZUR MAHDBERGALM

STEEG

GASTHOF ALPENHOF

FORTS.

1297 M

1124 M

173 m

1,9 km ① 25 min

GASTHOF ADLER

HINTERHORNBACH

Familie Franz Josef Eisnecker • A-6600 Hinterhornbach 17 • Tel. (++43) (0) 56 32 / 318

Unser **Gasthof Adler**, ein typisches altes, traditionsreiches Tiroler Wirtshaus, hat sich in den letzten Jahren zu einem ausgezeichneten Restaurant mit besonderen Spezialitäten der Tiroler Hausmannskost entwickelt, wobei auch Köstlichkeiten der Internationalen Küche und edle Tropfen aus einem reichhaltigen Weinkeller serviert werden. Im ganzen Bezirk und auch weit über die Grenzen hinaus gilt unser Gasthof als beliebtes Ausflugsziel, wo der Gast bei einer Wanderung die noch unberührte Landschaft, das herrliche Bergpanorama, ruhig gelegene Wanderwege und zum Abschluß die von der Wirtin selbst gebackenen Kuchen und Torten oder eine deftig rustikale Brotzeit genießen kann. Besonders interessant ist für Radler und Mountainbiker eine Fahrt von Reutte durch das untere Lechtal - Abzweigung Vorderhornbach - Hinterhornbach bis zur Petersberghütte (bewirtschaftete Almhütte) und im Retourweg eine Einkehr im **Landgasthof Adler**, wo wunderbare, selbstgebackene Kuchen und Torten, eine reichhaltige Eiskarte mit schönen Eisbechern sowie eine umfangreiche Brotzeitkarte mit deftigen Gerichten zu finden sind. Bei Abgabe eines Gutscheines gibt's einen halben Liter Schiwasser im Wert von 30,- öS gratis!

KÄSEREI

MILCHTRINKSTÜBERL

A-6655 STEEG • TEL. (++43) (0) 56 33 / 56 36

FAMILIE SOJER

Naturkäse aus dem Lechtal

BERGKÄSE • RAHM-EMMENTALER
ROHMILCH TILSITER • BUTTER
LECHTALER BAUERNSPECK • MILCHTRINKSTÜBERL

EINZIGE KÄSEREI IM LECHTAL

GRUPPENFÜHRUNGEN
AB 20 PERSONEN VON 15.00 - 17.00 UHR NACH ANMELDUNG

MILCH-, JOGHURT- UND EISSPEZIALITÄTEN

Tourismusverband Bach/Stockach • A-6653 Bach • Tel: (++43) (0) 5634/6778 • Fax .../6823
Internet: http://www.tiscover.com/bach • e-mail: tvb.bach@netway.at

FREISCHWIMMBAD OBERLECHTAL

RIESENWASSERRUTSCHE

Hier kommen alle Sonnenhungrigen und Wasserratten auf ihre Rechnung.

- Liegewiese mit Schattenplätzen (6000 m²)
- 3 Becken (auch für Kinder und Nichtschwimmer)
- Schwimmbad geheizt auf 24 Grad
- 2 Tennisplätze (Teppichflor mit Quarzsand)

BOCCIABAHN

TISCHTENNIS

BUFFET

SPIELPLATZ

Unser Schwimmbad ist der ideale Freizeitspaß für die ganze Familie - gelegen zwischen Bach und Elbigenalp

FREISCHACH

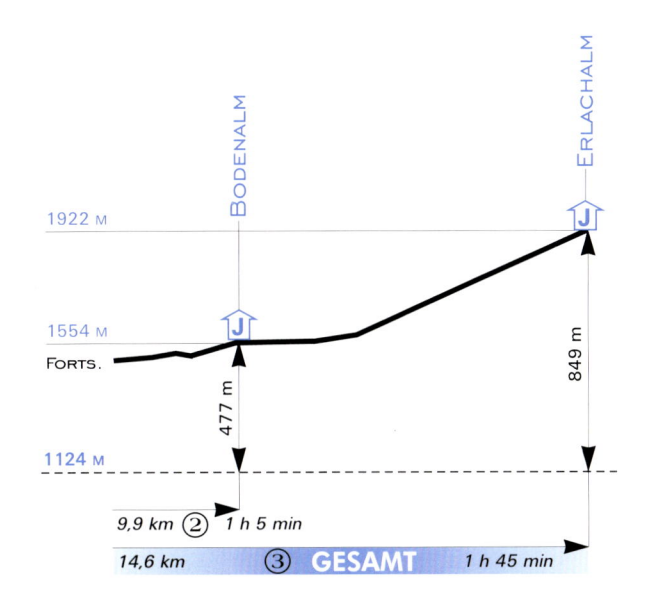

Elevation Profile

- **Bodenalm** 1554 m
- **Erlachalm** 1922 m
- Forts.
- 1124 m
- 477 m
- 849 m
- 9,9 km ② 1 h 5 min
- **14,6 km ③ GESAMT 1 h 45 min**

Route Details

➡ *1,9 km Asphalt*

Ghf. Alpenhof 1297 m
GANZJÄHRIG BEWIRTSCHAFTETER GASTHOF

➡ *3,6 km Asphalt*
➡ *4,4 km Forstweg*

Bodenalm 1554 m
IM SOMMER BEWIRTSCHAFTETE ALMHÜTTE

➡ *4,7 km Forstweg*

Erlachalm 1922 m
IM SOMMER BEWIRTSCHAFTETE ALMHÜTTE

...zwischen Zugspitz und Arlberg! 910-1518 m

Lechtal-Büro • A-6654 Holzgau 60
Tel: (++43) (0)5633/5351 • Fax .../5358
e-mail: neue-post@tirol.com

TOUR 39 LECHTAL

146   TOUR ** 39   LECHTAL

1 : 37.500
Österreichische Karte 143 · 144 · 145

0,1 ⇨ abbiegen Richtung *Kaisers*; (⇧ am *Radwanderweg Lechtal* nach *Holzgau*)

2,7 ⇨ abbiegen, der Beschilderung zur *Bodenalm* folgen; (der Linkskurve entlang zur *Kaiseralm*; siehe Tour 38)

5,5 ⇧ weiter zur *Bodenalm*; (⇦ zur Kaiseralm; siehe Tour 38)

7,2 ⇧ weiter, der Beschilderung zur *Bodenalm* folgen; (⇨ = Sackgasse)

8,1 ⇧ bergauf weiter zur *Bodenalm*; (⇨ auf einem Karrenweg am linken Ufer des Bachs ebenfalls möglich)

8,2 erneut ⇧ weiter Richtung *Erlachalm* und *Bodenalm*; (⇨ bergauf zur *Jausenstation Mahdbergalm*; 2,9 km - 30 min - Schwierigkeitsstufe 3

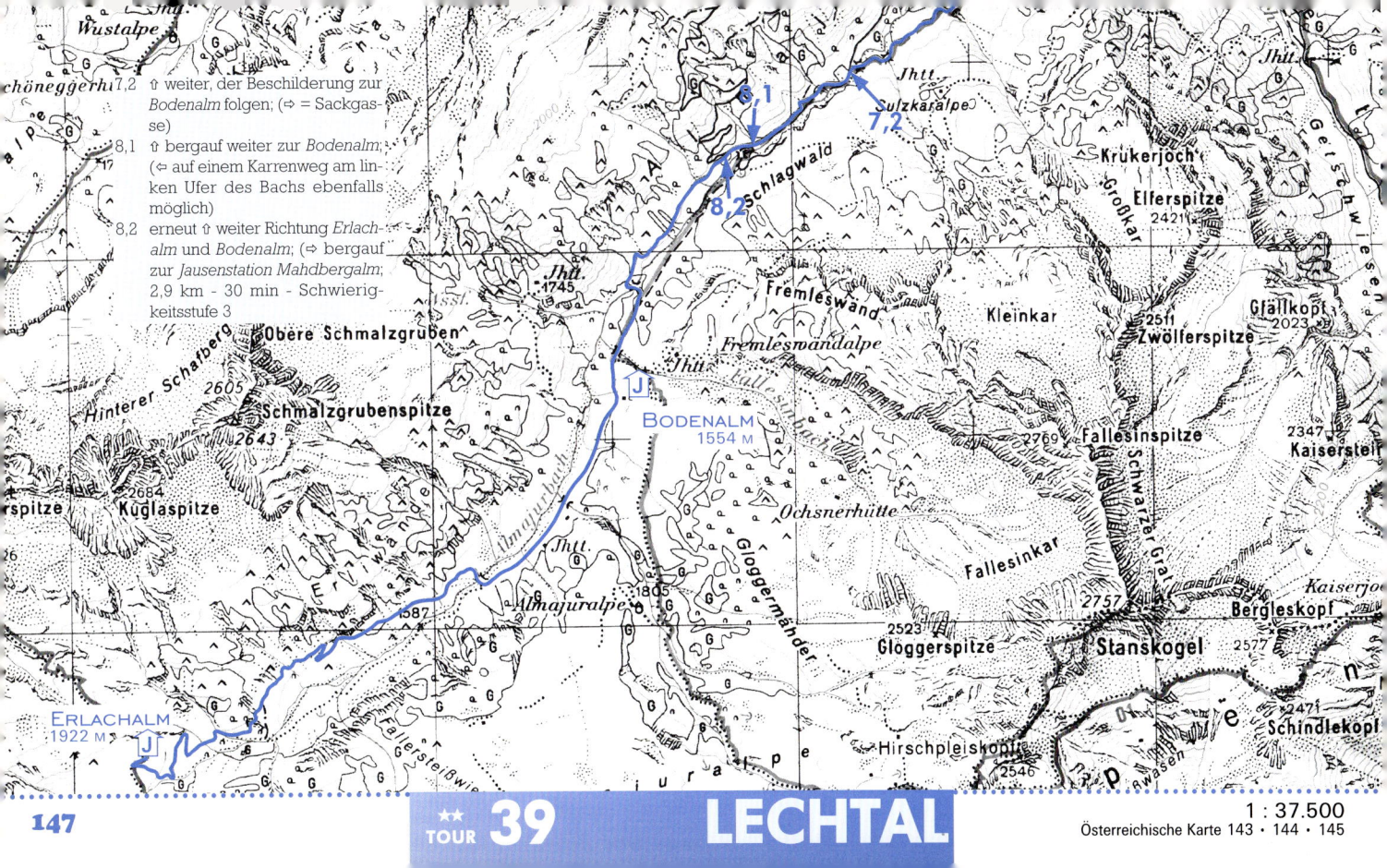

TOUR 39 LECHTAL

1 : 37.500
Österreichische Karte 143 · 144 · 145

★★★ TOUR 40

LECHTAL

INNSBRUCK – LECH   163 km

ANFAHRT

⊖ *A 12 Richtung Arlberg, Ausfahrt Mötz, weiter auf der Bundesstraße Richtung Fernpaß und Reutte, in Reutte links abbiegen ins Lechtal nach Lech; oder auf der A12 bis Imst, über das Hahntennjoch ins Lechtal; Vorsicht! Wintersperre beachten*

Ⓟ *in Lech nach der ersten Brücke auf der rechten Seite, gegenüber von Rudis Stamperl*

🚲 *mit dem Zug nach Reutte und weiter mit dem Bus nach Warth, Reutte - Warth 62 km und Warth - Lech 7 km*

Check
vor
Tourantritt

✓ gründlich vorbereitet ?
✓ gesundheitliche Verfassung ausreichend ?
✓ rechtliche Erlaubnis eingeholt ?

LECH   1444 M
START ● GEGENÜBER VON RUDIS STAMPERL

auf der B 198 weiter ins Dorfzentrum von Lech, nach der Riffibahn rechts abbiegen, über den Lech nach Zug

➡ *12,2 km Asphalt*

SPULLERSALM   1746 M
IM SOMMER BEWIRTSCHAFTETE ALMHÜTTE

➡ *1,2 km Asphalt*
➡ *1,5 km Forstweg*

LECH
ZUG
STIERLOCHALM
RAVENSBUR-
GER H.
INNERBRAZALM
SPULLERSALM
DITTESHÜTTE

SPULLERSALM

1746 M

FORTS.

333 m

LECH

1444 M

ZUG

12,2 km   ①   1 h

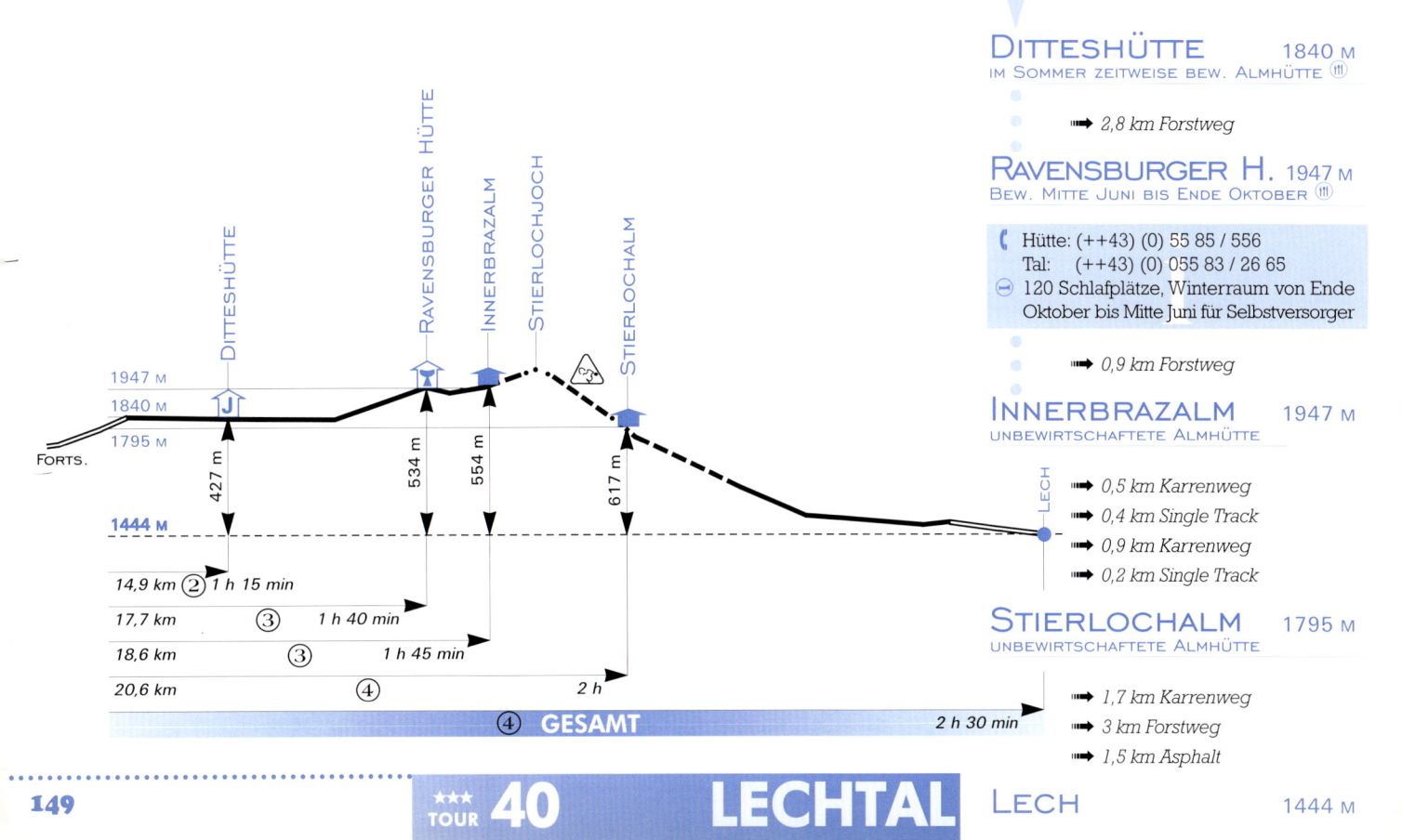

DITTESHÜTTE 1840 M
IM SOMMER ZEITWEISE BEW. ALMHÜTTE

➡ *2,8 km Forstweg*

RAVENSBURGER H. 1947 M
BEW. MITTE JUNI BIS ENDE OKTOBER

- Hütte: (++43) (0) 55 85 / 556
- Tal: (++43) (0) 055 83 / 26 65
- 120 Schlafplätze, Winterraum von Ende Oktober bis Mitte Juni für Selbstversorger

➡ *0,9 km Forstweg*

INNERBRAZALM 1947 M
UNBEWIRTSCHAFTETE ALMHÜTTE

➡ *0,5 km Karrenweg*
➡ *0,4 km Single Track*
➡ *0,9 km Karrenweg*
➡ *0,2 km Single Track*

STIERLOCHALM 1795 M
UNBEWIRTSCHAFTETE ALMHÜTTE

➡ *1,7 km Karrenweg*
➡ *3 km Forstweg*
➡ *1,5 km Asphalt*

TOUR 40 — LECHTAL

DITTESHÜTTE — RAVENSBURGER HÜTTE — INNERBRAZALM — STIERLOCHJOCH — STIERLOCHALM

- 1947 m
- 1840 m
- 1795 m
- 1444 m

Distanz	Abstieg	Etappe	Zeit
14,9 km	427 m	②	1 h 15 min
17,7 km	534 m	③	1 h 40 min
18,6 km	554 m	③	1 h 45 min
20,6 km	617 m	④	2 h
GESAMT		④	2 h 30 min

LECH 1444 M

LECHTAL

TOUR 40 ★★★

ISO 1:37.500
Österreichische Karte 142 · 143

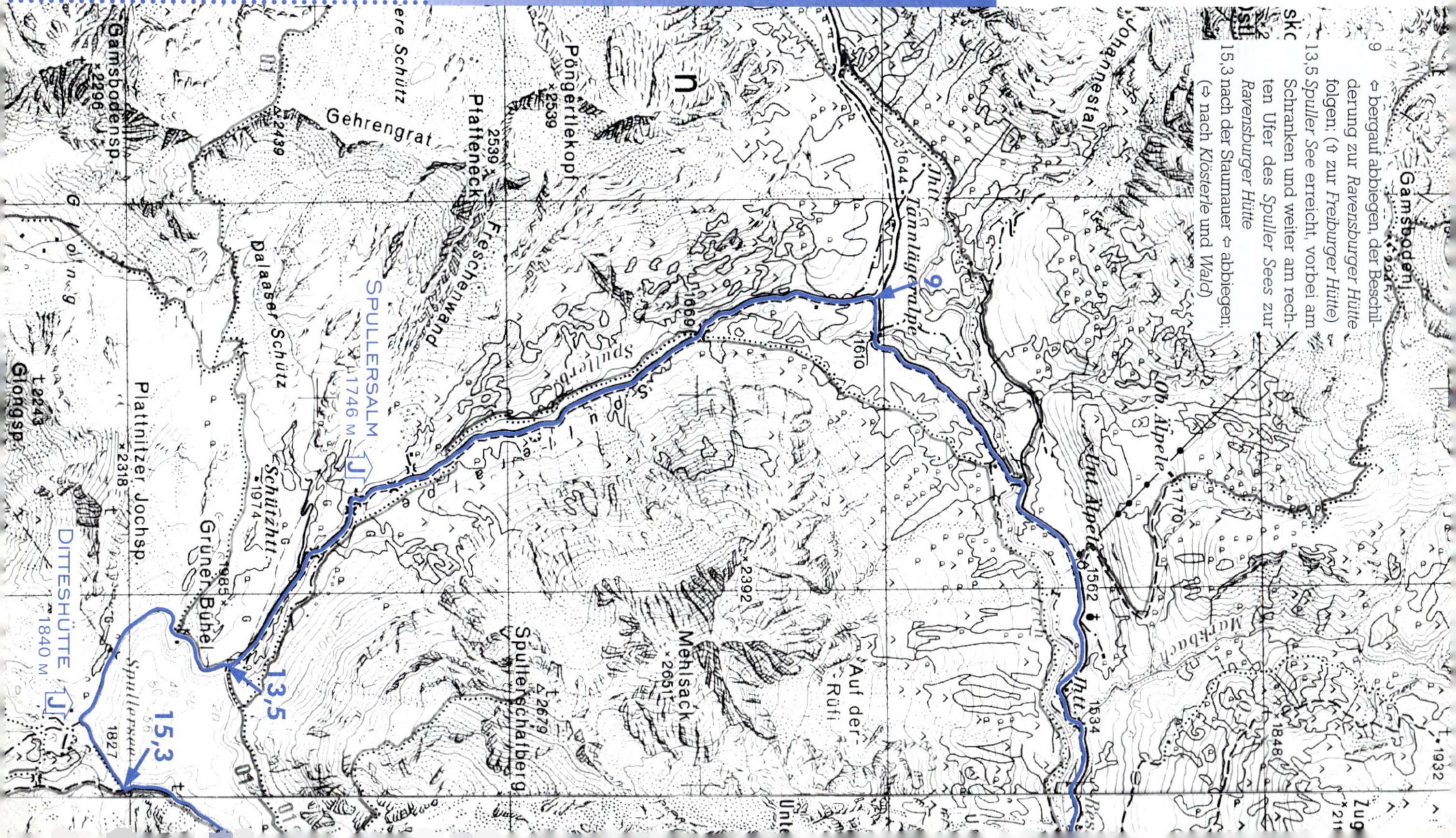

9 → bergauf abbiegen, der Beschilderung zur Ravensburger Hütte folgen; (↑ zur Freiburger Hütte)

13,5 Spuller See erreicht, vorbei am Schranken und weiter am rechten Ufer des Spuller Sees zur Ravensburger Hütte

15,3 nach dem Staumauer ⇦ abbiegen, (→ nach Klösterle und Wald)

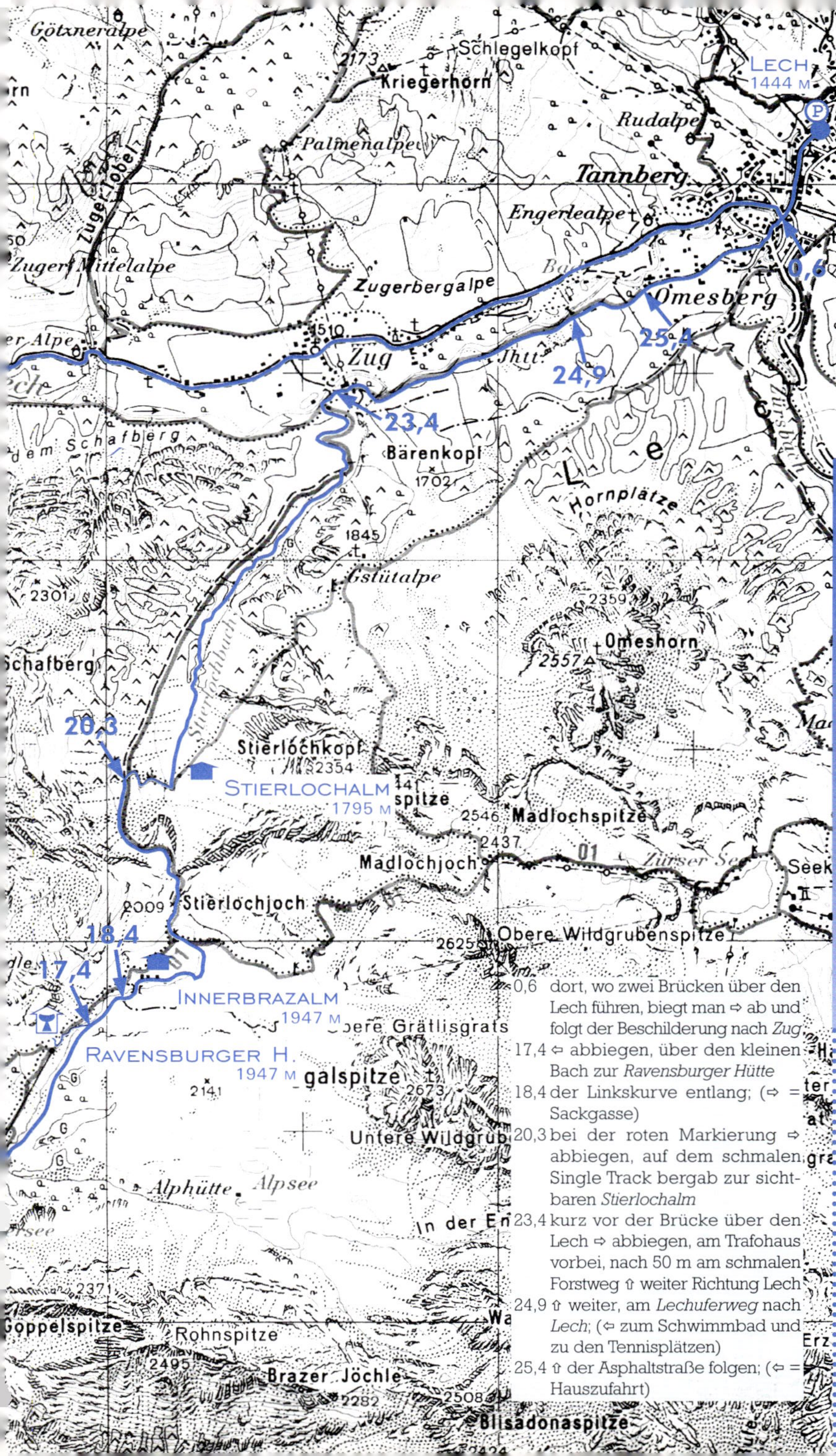

17,4 ⇨ abbiegen, über den kleinen Bach zur Ravensburger Hütte 18,4 der Linkskurve entlang, auf dem Single Track bergab zur sichbaren Stierlochalm 20,3 bei der roten Markierung ⇨ abbiegen, am Trafohaus vorbei, nach 50 m am schmalen Forstweg ⇩ weiter Richtung Lech 24,9 ⇩ weiter, am Lechuferweg nach Lech (⇨ zum Schwimmbad und zu den Tennisplätzen) 25,4 ⇩ der Asphaltstraße folgen (⇨ Hauszufahrt)

0,6 dort, wo zwei Brücken über den Lech führen, biegt man ⇩ ab und folgt der Beschilderung nach Zug 17,4 ⇨ abbiegen, über den kleinen H. Bach zur Ravensburger Hütte (⇨ = ter Sackgasse) 23,4 kurz vor der Brücke über den Lech ⇨ abbiegen

151   1 : 37.500
Österreichische Karte 142 · 143

★★★ TOUR **40**   **LECHTAL**

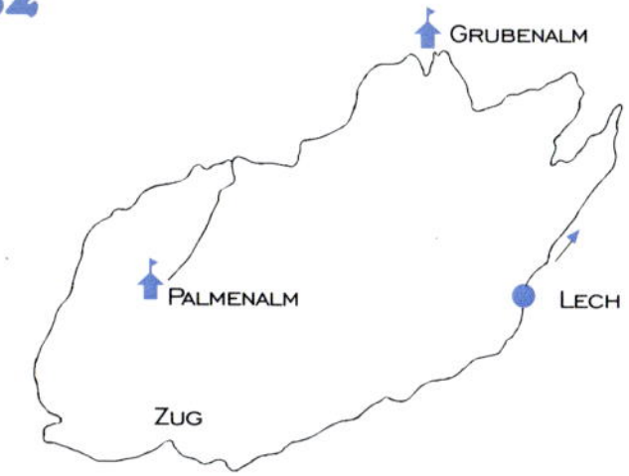

TOUR ★★★ 41 LECHTAL

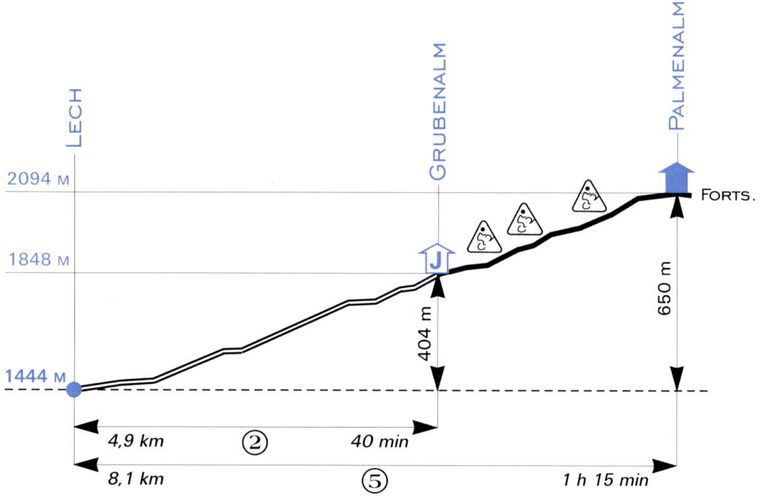

INNSBRUCK - LECH *163 km*

ANFAHRT

⊖ *A 12 Richtung Arlberg, Ausfahrt Mötz, weiter auf der Bundesstraße Richtung Fernpaß und Reutte, in Reutte links abbiegen ins Lechtal nach Lech*

oder auf der A12 bis Imst, über das Hahntennjoch ins Lechtal; Vorsicht! Wintersperre beachten

ⓟ *in Lech nach der ersten Brücke auf der rechten Straßenseite, gegenüber von Rudis Stamperl*

🚲 *mit dem Zug nach Reutte und weiter mit dem Bus nach Warth, Reutte - Warth 62 km und Warth - Lech 7 km*

Check vor Tourantritt	✓ gründlich vorbereitet ?
	✓ gesundheitliche Verfassung ausreichend ?
	✓ rechtliche Erlaubnis eingeholt ?

LECH 1444 M
START ● GEGENÜBER VON RUDIS STAMPERL

auf der B 198 Richtung Warth, den Wegweisern nach Oberlech folgen

➡ *4,9 km Asphalt*

GRUBENALM 1848 M
IM SOMMER BEWIRTSCHAFTETE ALMHÜTTE 🍴

LECH

GRUBENALM

PALMENALM

2094 M

1848 M

Forts.

404 m

650 m

1444 M

4,9 km	②	40 min
8,1 km	⑤	1 h 15 min

(map labels: GRUBENALM, PALMENALM, LECH, ZUG)

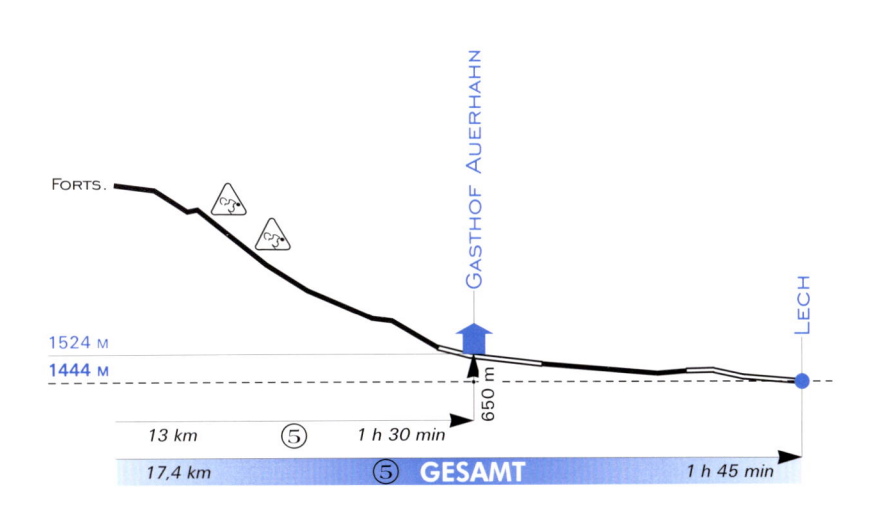

➡ *3,2 km Forstweg*

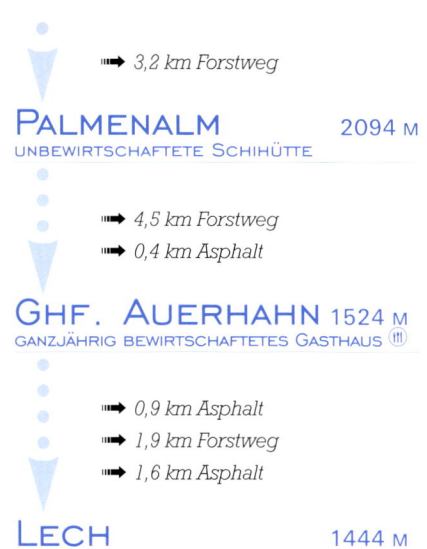

Palmenalm 2094 m
unbewirtschaftete Schihütte

➡ *4,5 km Forstweg*
➡ *0,4 km Asphalt*

Ghf. Auerhahn 1524 m
ganzjährig bewirtschaftetes Gasthaus

➡ *0,9 km Asphalt*
➡ *1,9 km Forstweg*
➡ *1,6 km Asphalt*

Lech 1444 m

Forts.

Gasthof Auerhahn

Lech

1524 m
1444 m

650 m

13 km ⑤ 1 h 30 min

17,4 km ⑤ **GESAMT** 1 h 45 min

★★★ TOUR **41** **LECHTAL**

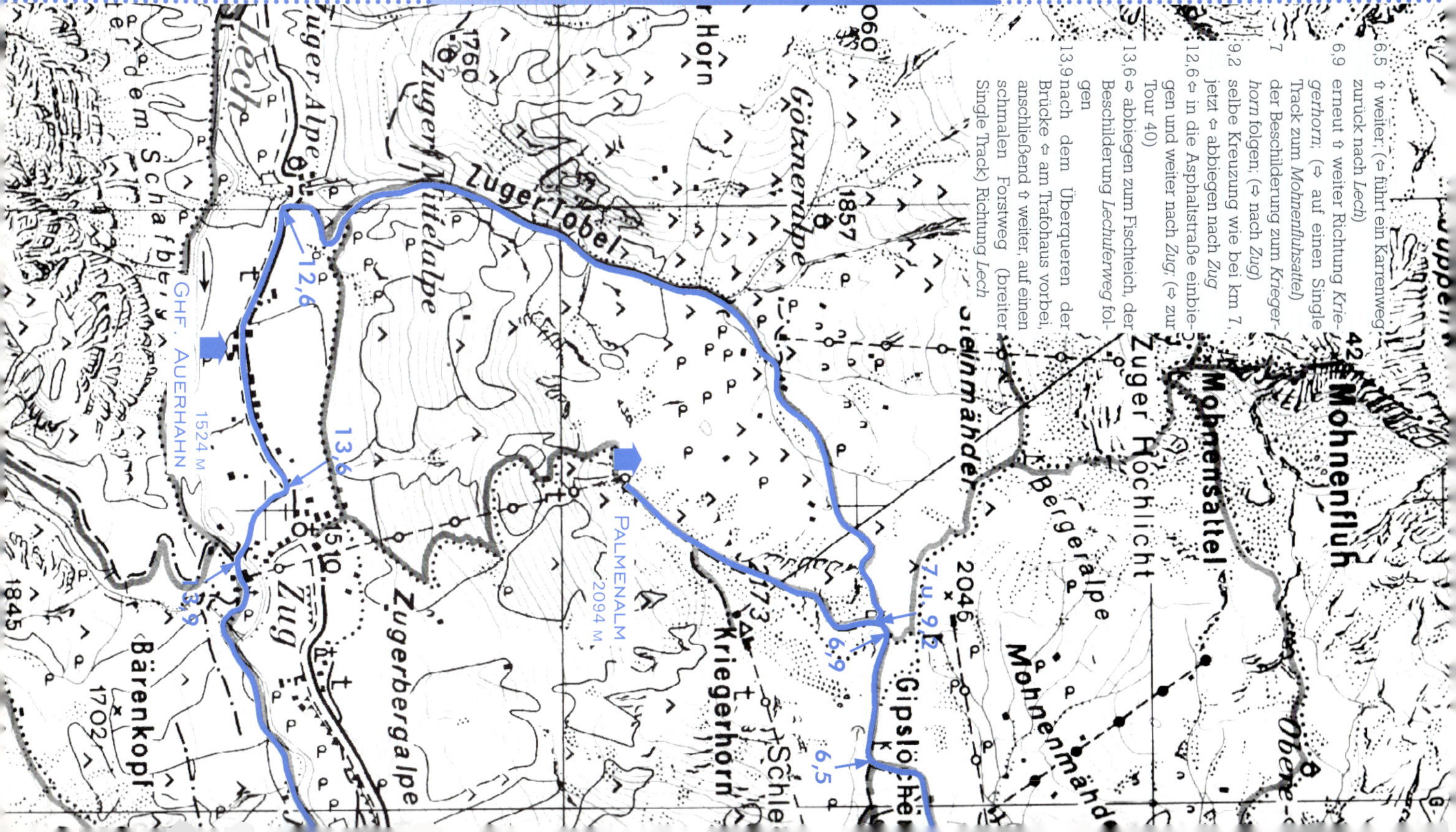

- **6,5** ⇧ weiter (⇨ führt ein Karrenweg zurück nach *Lech*)
- **6,9** erneut ⇧ weiter Richtung *Kriegerhorn*; (⇨ auf einen Single Track zum *Mohnenfluhsattel*)
- **7** der Beschilderung zum *Kriegerhorn* folgen; (⇨ nach *Zug*)
- **9,2** selbe Kreuzung wie bei km 7, jetzt ⇦ abbiegen nach *Zug*
- **12,6** ⇦ in die Asphaltstraße einbiegen und weiter nach *Zug*; (⇨ zur Tour 40)
- **13,6** ⇨ abbiegen zum Fischteich, der Beschilderung *Lechuferweg* folgen
- **13,9** nach dem Überqueren der Brücke ⇦ am Trafohaus vorbei, anschließend ⇧ weiter, auf einen schmalen Forstweg (breiter Single Track) Richtung *Lech*

1 : 25.000
Österreichische Karte 143

LECHTAL
TOUR 41 ★★★

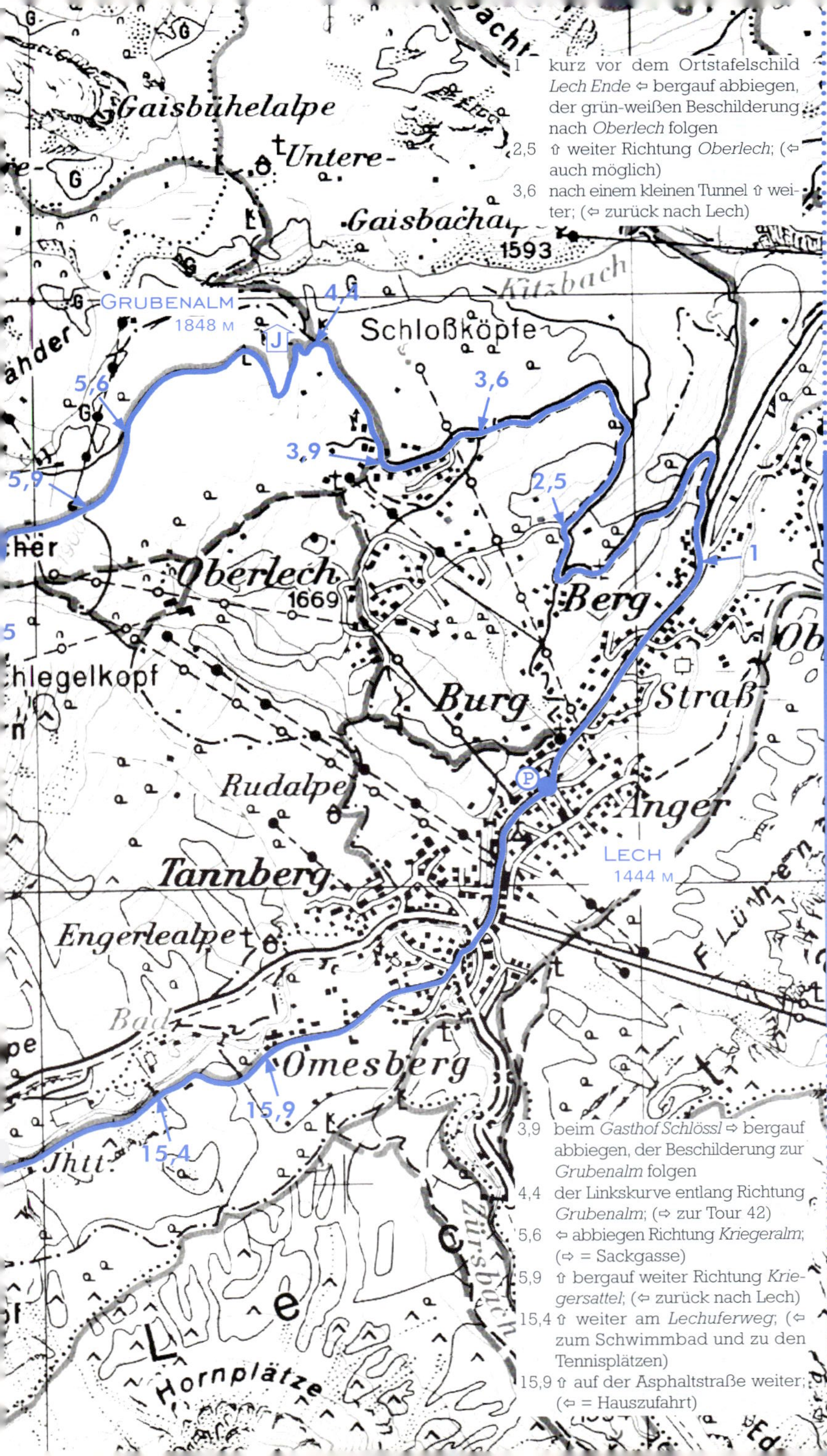

3,9 beim *Gasthof Schlössl* ↔ bergauf abbiegen, der Beschilderung zur Grubenalm folgen
4,4 der Linkskurve entlang Richtung Grubenalm; (↔ zur Tour 42)
5,6 abbiegen Richtung Kriegeralm; (↔ = Sackgasse)
5,9 ↕ bergauf weiter Richtung Kriegersattel; (↔ zurück nach Lech)
15,4 ↕ weiter am *Lechuferweg*, (↔ zum Schwimmbad und zu den Tennisplätzen)
15,9 ↕ auf der Asphaltstraße weiter; (↔ = Hauszufahrt)

2,5 ↕ vor dem Ortstafelschild *Lech* Ende ↔ bergauf abbiegen, kurz vor dem Ortstafelschild der grün-weißen Beschilderung nach Oberlech folgen
3,6 ↕ weiter Richtung *Oberlech*; (↔ auch möglich)
3,9 ↕ nach einem kleinen Tunnel ↕ weiter; (↔ zurück nach Lech)

TOUR 41 LECHTAL

1 : 25.000
Österreichische Karte 143

Gasthof Adler
Jägeralm
Warth
Gasthof Körbersee
Batzenalm
Auenfeldalm
Grubenalm
Bodenalm
Lech

★★★ Tour 42 LECHTAL

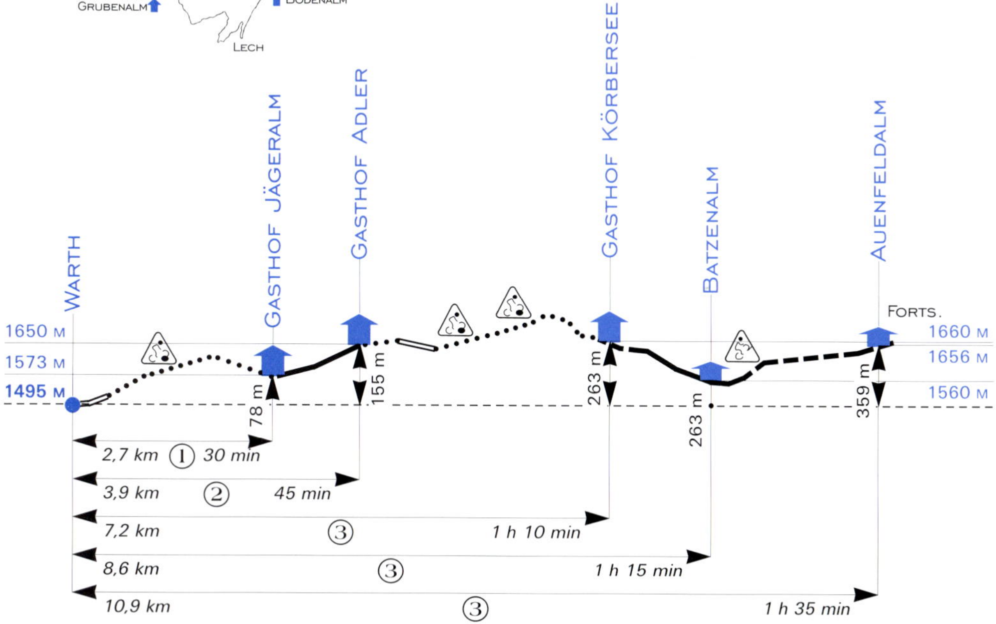
Warth
Gasthof Jägeralm
Gasthof Adler
Gasthof Körbersee
Batzenalm
Auenfeldalm
Forts.
1650 m
1573 m
1495 m
1660 m
1656 m
1560 m
78 m
155 m
263 m
263 m
359 m
2,7 km (1) 30 min
3,9 km (2) 45 min
7,2 km (3) 1 h 10 min
8,6 km (3) 1 h 15 min
10,9 km (3) 1 h 35 min

Innsbruck - Warth 156 km

Anfahrt

A 12 Richtung Arlberg, Ausfahrt Mötz, weiter auf der Bundesstraße Richtung Fernpaß und Reutte, in Reutte links abbiegen ins Lechtal nach Lech; oder auf der A12 bis Imst, über das Hahntennjoch ins Lechtal; Vorsicht! Wintersperre beachten

Ⓟ in Warth bei der Talstation Steffisalp

mit dem Zug nach Reutte und weiter mit dem Bus nach Warth, Reutte - Warth 62 km

Check vor Tourantritt	✓ gründlich vorbereitet ?
	✓ gesundheitliche Verfassung ausreichend ?
	✓ rechtliche Erlaubnis eingeholt ?

Warth 1495 m

Start ● bei der Talstation Steffisalp

der Bundesstraße B 200 Richtung Schröcken folgen

➡ 0,5 km Asphalt

➡ 2,2 km Single Track

Dieser Single Track ist für geübte Biker leicht zu bewältigen.

Ghf. Jägeralm 1573 m

Ganzjährig bewirtschaftetes Gasthaus

➡ 1,2 km Forstweg

Ghf. Adler 1650 m

Ganzjährig bewirtschaftetes Gasthaus

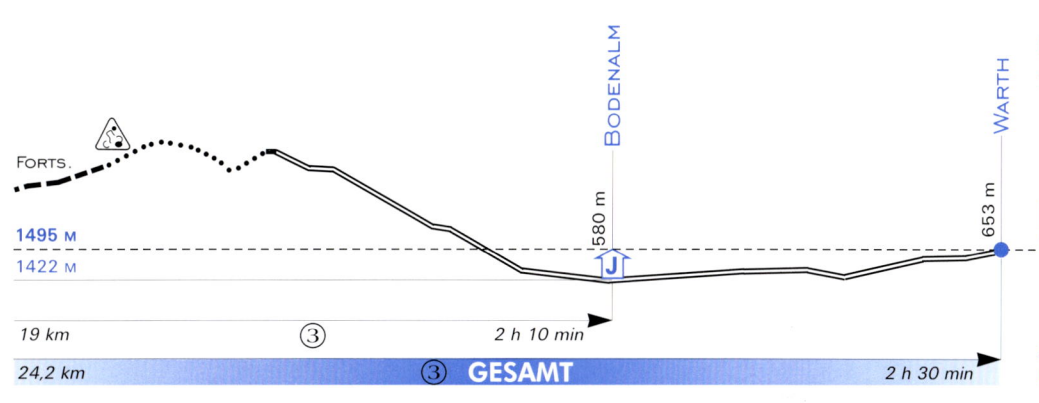

➠ 0,4 km Single Track
➠ 0,6 km Asphalt
➠ 2,1 km Single Track

Dieser Single Track erfordert Trialerfahrung, ansonsten sind 20 Minuten Fußmarsch zusätzlich einzuplanen.

➠ 0,2 km Karrenweg

Ghf. Körbersee 1660 m
ganzjährig bewirtschaftetes Gasthaus

➠ 0,1 km Single Track
➠ 0,2 km Karrenweg
➠ 1,1 km Forstweg

Batzenalm 1560 m
unbewirtschaftete Almhütte

➠ 0,5 km Forstweg
➠ 1,8 km Karrenweg

Auenfeldalm 1656 m
unbewirtschaftete Almhütte

➠ 1 km Karrenweg
➠ 2,4 km Single Track
➠ 0,1 km Forstweg
➠ 4,6 km Asphalt

Bodenalm 1422 m
im Sommer bewirtschaftete Almhütte

➠ 5,2 km Asphalt

Warth 1495 m

Tour 42 — LECHTAL

- 1495 m / 1422 m
- 19 km — 2 h 10 min
- 24,2 km GESAMT — 2 h 30 min
- Bodenalm 580 m
- Warth 653 m

TOUR 42 ★★★ LECHTAL

- 3,1 ⇨ weiter Richtung *Gasthof Adler*, beim Bauernhaus ⇦ vorbei, (⇦ = Sackgasse)
- 3,9 ⇧ weiter, auf dem *Single Track* Richtung *Schröcken*, ⇧ beim *Gasthof Adler* vorbei
- 4,3 ⇦ in die Bundesstraße einbiegen zum Kalbelesee
- 4,9 ⇨ beim Schild *Wilkommen im Brengenzer Wald* ⇨ abbiegen, in den Single Track vorbei am Kruzifix
- 7,2 beim *Hotel Körbersee* ⇦ vorbei, hinunter zum Körbersee und dort ⇧ der Beschilderung zur Alpe Batzen vor der Waldhütte ⇦ abbiegen; (⇨ = Sackgasse)
- 8,6 bei der *Batzenalm* ⇨ bergauf abbiegen, der Beschilderung zur Auenfeldalm folgen; (⇨ nach *Schröcken*)
- 10,9 ⇨ an der Auenfeldalm vorbei und weiter zum Auenfeldsattel
- 11,8 ⇦ abbiegen, der Beschilderung nach Oberlech und Lech folgen; (⇨ = Sackgasse)
- 13,3 Gasbühel erreicht, auf dem Wanderweg ⇧ weiter
- 14,4 bergab auf der Asphaltstr. nach Oberlech; (⇨ zur Grubenalm ca. 500 m und weiter mit der Tour 41)
- 14,9 in Oberlech beim *Gasthof Schlössl* ⇦ abbiegen nach Lech

Österreichische Karte 113 · 143
1 : 24.000

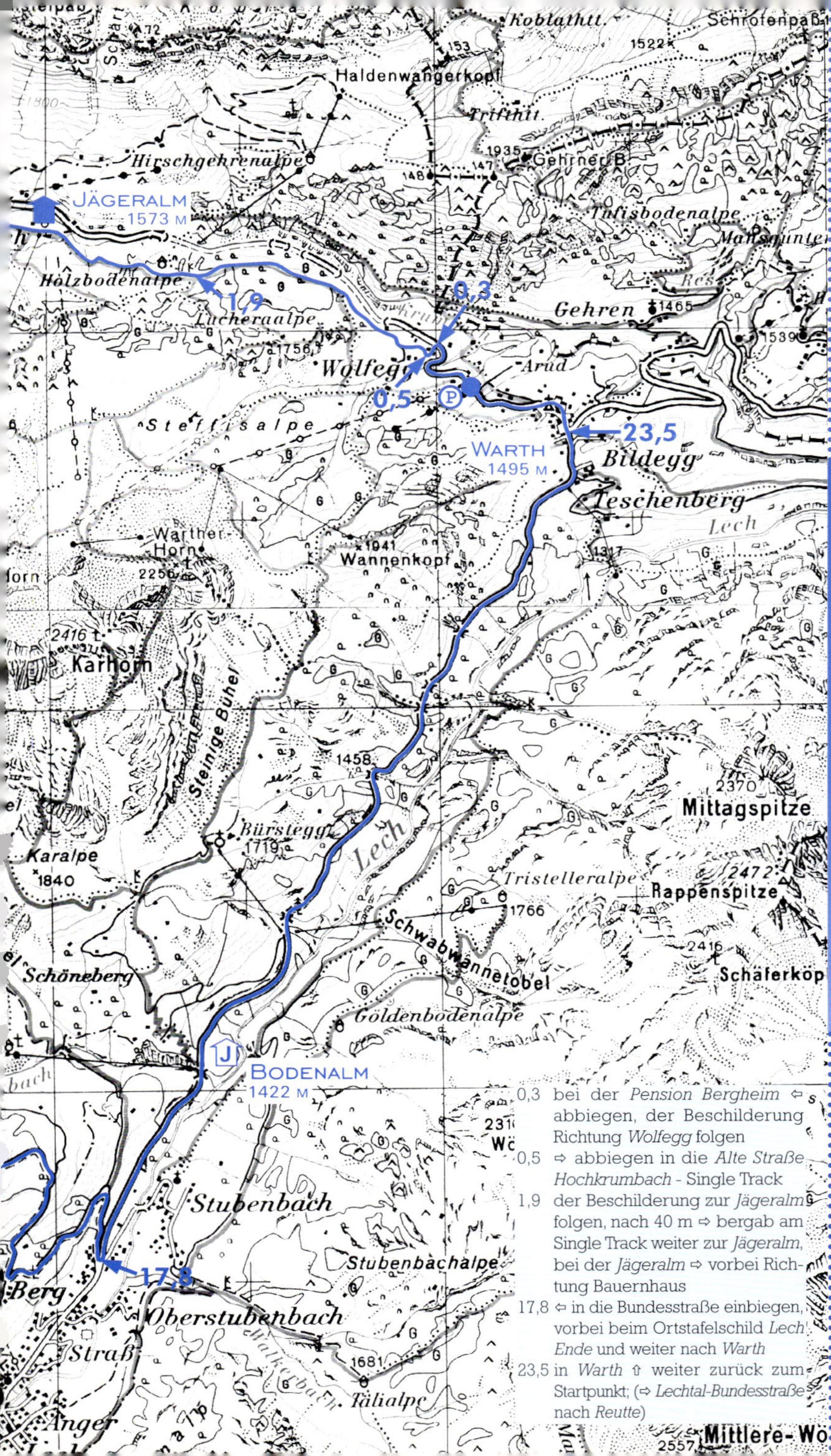

LECHTAL

TOUR 42

1 : 24.000
Österreichische Karte 113 · 143

0,3 bei der Pension Bergheim ⇨ abbiegen, der Beschilderung Richtung Wolfegg folgen
⇨ abbiegen in die Alte Straße Hochkrumbach - Single Track der Beschilderung zur Jägeralm folgen, nach 40 m ⇨ bergab zur Single Track weiter zur Jägeralm bei der Jägeralm ⇨ vorbei Richtung Bauernhaus
17,8 ⇨ in die Bundesstraße einbiegen, vorbei beim Ortstafelschild Lech Ende und weiter nach Warth
23,5 ⇨ in Warth ⇨ weiter zurück zum Startpunkt (→ Lechtal-Bundesstraße nach Reutte)

★★★ TOUR 43 LECHTAL

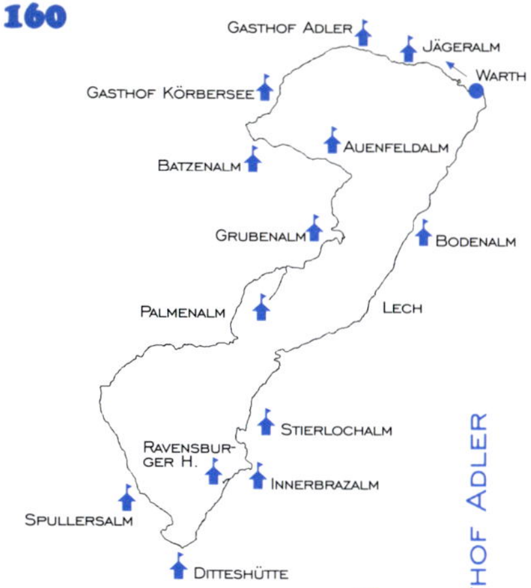

Map labels:
- Gasthof Adler
- Jägeralm
- Warth
- Gasthof Körbersee
- Auenfeldalm
- Batzenalm
- Grubenalm
- Bodenalm
- Palmenalm
- Lech
- Stierlochalm
- Ravensburger H.
- Innerbrazalm
- Spullersalm
- Ditteshütte

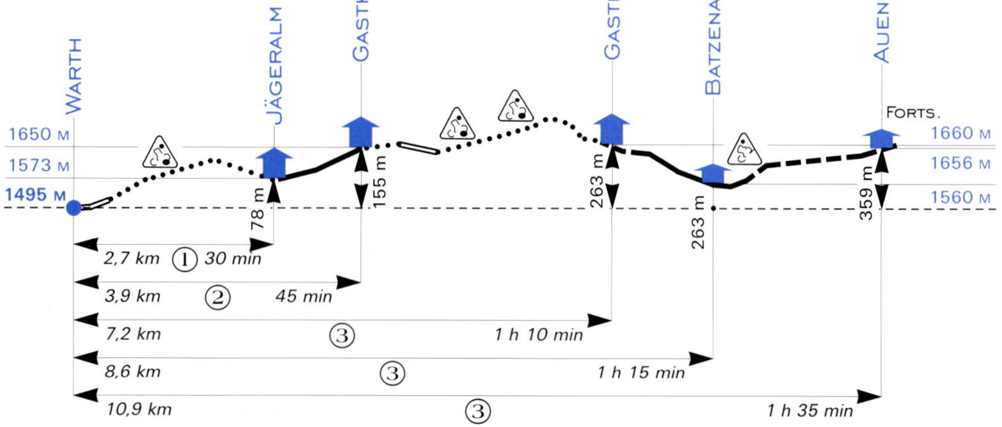

Elevation profile labels:
- WARTH
- JÄGERALM
- GASTHOF ADLER
- GASTHOF KÖRBERSEE
- BATZENALM
- AUENFELDALM
- Forts.

1650 m
1573 m
1495 m

1660 m
1656 m
1560 m

78 m · 155 m · 263 m · 263 m · 359 m

2,7 km	①	30 min
3,9 km	②	45 min
7,2 km	③	1 h 10 min
8,6 km	③	1 h 15 min
10,9 km	③	1 h 35 min

INNSBRUCK - WARTH   156 km

ANFAHRT

⊖ *A 12 Richtung Arlberg, Ausfahrt Mötz, weiter auf der Bundesstraße Richtung Fernpaß und Reutte, in Reutte links abbiegen ins Lechtal nach Lech*

oder auf der A12 bis Imst, über das Hahntennjoch ins Lechtal; Vorsicht! Wintersperre beachten

ℙ *in Warth bei der Talstation Steffisalp*

🚲 *mit dem Zug nach Reutte und weiter mit dem Bus nach Warth, Reutte - Warth 62 km*

Check vor Tourantritt   ℹ
✓ gründlich vorbereitet ?
✓ gesundheitliche Verfassung ausreichend ?
✓ rechtliche Erlaubnis eingeholt ?

WARTH   1495 m
START ● BEI DER TALSTATION STEFFISALP

der Bundesstraße B 200 Richtung Schröcken folgen

➡ *0,5 km Asphalt*
➡ *2,2 km Single Track*

Dieser Single Track ist für geübte Biker leicht zu bewältigen.

GHF. JÄGERALM 1573 m
GANZJÄHRIG BEWIRTSCHAFTETES GASTHAUS 🍴

➡ *1,2 km Forstweg*

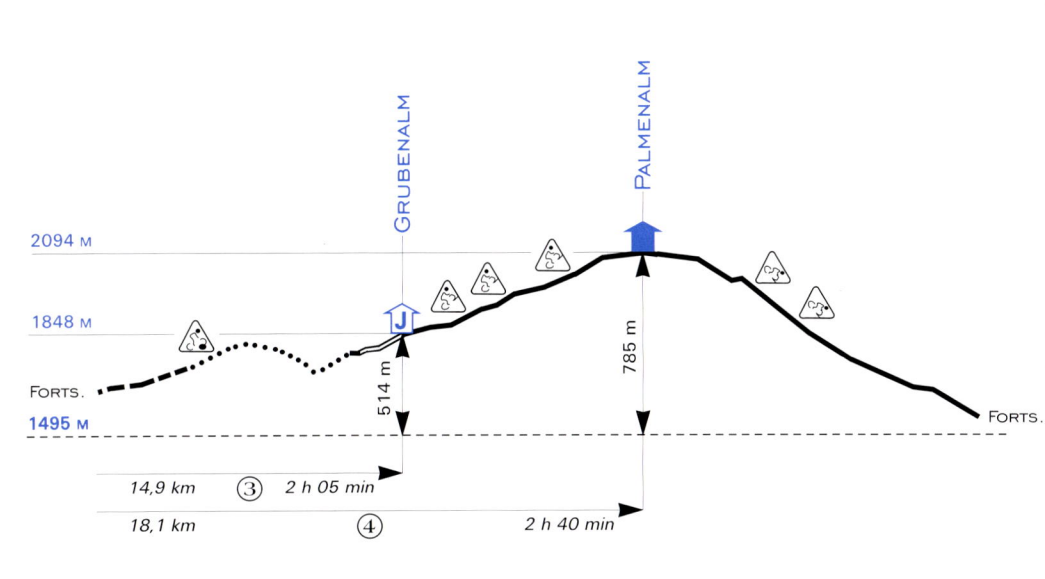

Ghf. Adler   1650 m
ganzjährig bewirtschaftetes Gasthaus

➡ *0,4 km Single Track*
➡ *0,6 km Asphalt*
➡ *2,1 km Single Track*

Dieser Single Track erfordert gute Trialerfahrung, ansonsten sind 20 Minuten Fußmarsch, über leichtes Gelände, einzuplanen.

➡ *0,2 km Karrenweg*

Ghf. Körbersee   1660 m
ganzjährig bewirtschaftetes Gasthaus

➡ *0,1 km Single Track*
➡ *0,2 km Karrenweg*
➡ *1,1 km Forstweg*

Batzenalm   1560 m
unbewirtschaftete Almhütte

➡ *0,5 km Forstweg*
➡ *1,8 km Karrenweg*

Auenfeldalm   1656 m
unbewirtschaftete Almhütte

Elevation profile:
- Forts. 1495 m
- 1848 m
- 2094 m
- Grubenalm (514 m)
- Palmenalm (785 m)
- Forts.
- 14,9 km — ③ — 2 h 05 min
- 18,1 km — ④ — 2 h 40 min

TOUR 43 — LECHTAL

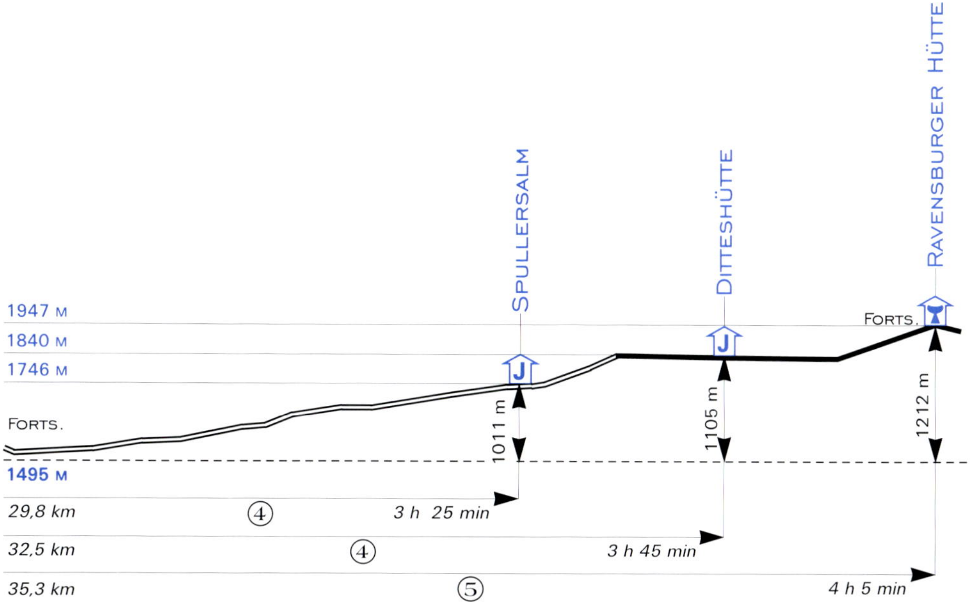

TOUR ★★★ 43 LECHTAL

➡ 1 km Karrenweg
➡ 2,4 km Single Track

Dieser Single Track ist für jeden geübten Biker großteils leicht zu bewältigen.

➡ 0,1 km Forstweg
➡ 0,5 km Asphalt

GRUBENALM 1848 M
IM SOMMER BEWIRTSCHAFTETE ALMHÜTTE

➡ 3,2 km Forstweg

PALMENALM 2094 M
UNBEWIRTSCHAFTETE SCHIHÜTTE

➡ 4,5 km Forstweg
➡ 7,2 km Asphalt

SPULLERSALM 1746 M
IM SOMMER BEWIRTSCHAFTETE ALMHÜTTE

➡ 1,2 km Asphalt
➡ 1,5 km Forstweg

DITTESHÜTTE 1840 M
IM SOMMER ZEITWEISE BEW. ALMHÜTTE

➡ 2,8 km Forstweg

SPULLERSALM

DITTESHÜTTE

RAVENSBURGER HÜTTE

Forts.

1947 M
1840 M
1746 M

Forts.

1495 M

1011 m

1105 m

1212 m

29,8 km   ④   3 h 25 min
32,5 km   ④   3 h 45 min
35,3 km   ⑤   4 h 5 min

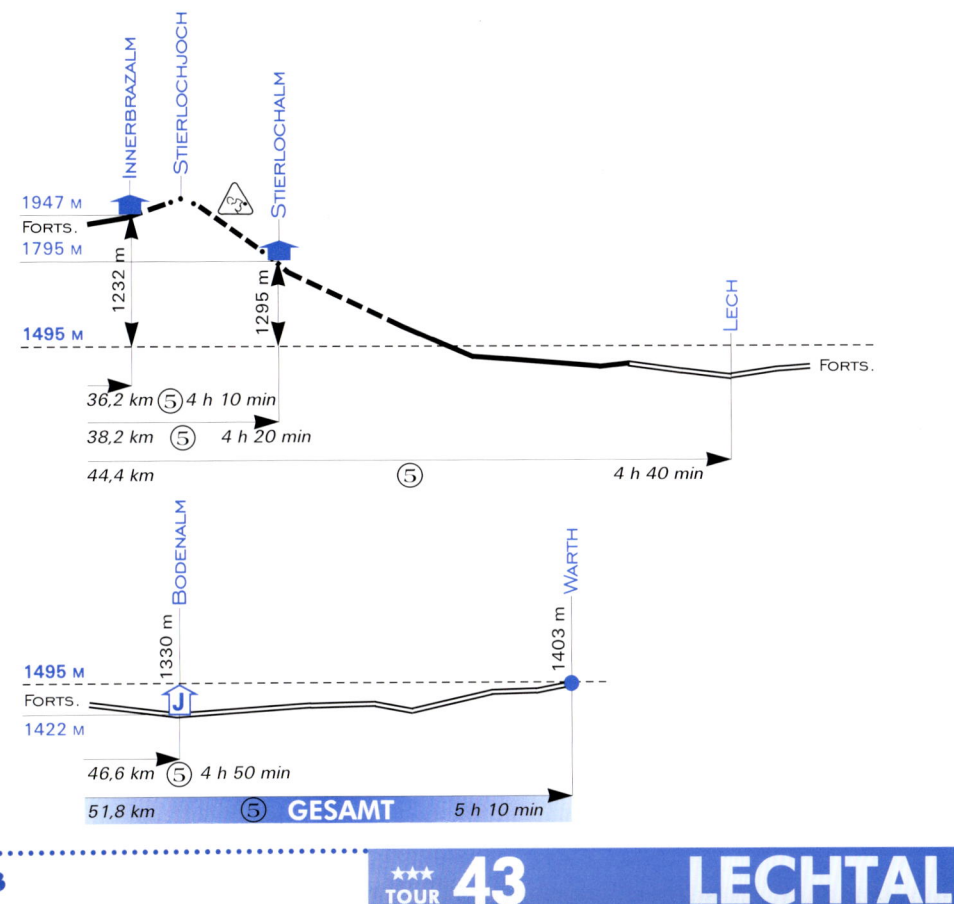

Ravensburger H. 1947 m
Bew. Mitte Juni bis Ende Oktober

- Hütte: (++43) (0) 55 85 / 556
  Tal: (++43) (0) 55 83 / 26 65
- 120 Schlafplätze, Winterraum von Ende Oktober bis Mitte Juni für Selbstversorger

➡ *0,9 km Forstweg*

Innerbrazalm 1947 m
unbewirtschaftete Almhütte

➡ *0,5 km Karrenweg*
➡ *0,4 km Single Track*
➡ *0,9 km Karrenweg*
➡ *0,2 km Single Track*

Stierlochalm 1795 m
unbewirtschaftete Almhütte

➡ *1,7 km Karrenweg*
➡ *3 km Forstweg*
➡ *3,7 km Asphalt*

Bodenalm 1422 m
im Sommer bewirtschaftete Almhütte

➡ *5,2 km Asphalt*

Warth 1495 m

TOUR 43 LECHTAL

TOUR 43 ★★★ LECHTAL

1 : 62.500
Österreichische Karte 113 · 142 · 143

0,3 bei der *Pension Bergheim* ⇦ abbiegen, der Beschilderung Richtung *Wolfegg* folgen

0,5 ⇨ in den Single Track einbiegen, auf der *Alten Salzstraße Hochkrumbach* weiter; (⇦ zum *Wartherhorn*)

1,9 der Beschilderung zur *Jägeralm* folgen, ⇦ am Single Track weiter, nach ca. 40 m, bevor der Single Track bergauf weitergeht, ⇨ abbiegen, dem Pfad zur *Jägeralm* folgen

3,1 ⇨ am Bauernhaus vorbei, der Beschilderung zum *Gasthof Adler* folgen; (⇦ = Sackgasse)

3,9 am *Gasthof Adler* vorbei, der Beschilderung nach *Schröcken* folgen

4,3 auf der Bundesstraße weiter Richtung *Schröcken*

4,9 beim Schild *Wilkommen im Bregenzer Wald* ⇦ in den Single Track, der an einem Kruzifix vorbeiführt, einbiegen

7,2 am *Hotel Körbersee* vorbei, hinunter zum *Körbersee und* dort der Beschilderung zur *Batzenalm* folgen

8 vor einer Holzhütte ⇦ abbiegen.; (⇨ = Sackgasse)

8,6 bei der *Batzenalm* ⇦ bergauf abbiegen Richtung *Auenfeldalm*; (⇨ Richtung *Schröcken*)

10,9 ⇨ an der *Unteren Auenfeldalm* vorbei, der Beschilderung zum *Auenfeldsattel* folgen

11,8 ⇨ abbiegen, Richtung *Oberlech* und *Lech*; (⇧ über *Gaisbachtobel* nach *Lech*; (⇦ = Sackgasse)

13,3 beim *Gaisbühel* der Beschilderung *Wanderweg* folgen

14,3 ⇨ bergauf in die Asphaltstraße einbiegen, der Beschilderung zur *Kriegeralm* folgen; (⇦ bergab nach *Oberlech* und *Lech*)

15,6 ⇦ bergauf abbiegen Richtung *Kriegeralm*; (⇧ = Sackgasse)

15,9 ⇧ weiter Richtung *Kriegersattel*; (⇦ nach *Lech*)

17 der Beschilderung *Kriegerhorn* folgen; (⇨ nach *Zug*)

19,2 selbe Kreuzung wie bei km 17, jetzt ⇨ abbiegen, der Beschilderung nach *Zug* folgen

165 ★★★ TOUR **43** **LECHTAL**

1 : 62.500
Österreichische Karte 113 · 142 · 143

22,6 ⇨ in die Asphaltstraße einbiegen; (⇦ nach *Zug* und *Lech*)

26,6 ⇦ bergauf abbiegen Richtung *Ravensburger Hütte*; (⇧ zur *Freiburger Hütte*)

31,1 am Schranken vorbei Richtung *Ravensburger Hütte*, weiter am rechten Ufer des *Spuller Sees*

32,9 nach der Staumauer ⇨ abbiegen; (⇦ nach *Wald* oder *Klösterle*)

35 ⇦ über einen kleinen Bach abbiegen zur *Ravensburger Hütte*

36 ⇦ abbiegen über eine kleine Brücke; (⇨ = Sackgasse)

37,9 bei der roten Markierung ⇨ abbiegen, am Single Track bergab zur sichtbaren *Stierlochalm*, dort auf einem Karrenweg weiter bergab

41 kurz vor der Brücke über den *Lech* ⇨ abbiegen, am Trafohaus vorbei und nach 50 m ⇧ am schmalen Forstweg weiter Richtung *Lech*

43,8 ⇦ in die Bundesstraße einbiegen und dieser nach *Warth* folgen, zurück zum Startpunkt; (⇨ nach *St. Christoph*)

EDITION LÖWENZAHN

Manfred Bauer/Norbert Span
Mountainbike Touren
Innsbruck Umgebung,
Stubaital, Wipptal und
Seitentäler
160 Seiten
zahlreiche Farbfotos
öS 248,- / DM 34,- / sfr 31,50,-

Die schönsten Mountainbike-Touren in der Umgebung von Innsbruck, dem Stubaital und dem Wipptal mit Seitentälern in allen Schwierigkeitsgraden. Im handlichen Format, mit 75 Farbfotos, Tourenskizzen und Höhenprofilen. Enthält außerdem alle bewirtschafteten Almen der Gegend, die mit dem Rad erreichbar sind, sowie viele Tips zur Vorbereitung der Touren.

Brigitte Fitsch/Fritz Pellet
Tiroler Radlbuch
Naturnahe Radtouren in
Nordtirol

192 Seiten
zahlreiche Abbildungen
öS 248,- / DM 34,- / sfr 31,50,-

Vom gemütlichen Familienausflug bis zur sportlichen Ganztagsfahrt für Konditionsstarke: jede Tour mit ausführlicher Routenbeschreibung, Angaben über Schwierigkeit und Länge, einem Höhenprofil und einem Kartenausschnitt. 50 Tourenbeschreibungen für passionierte Freizeitradler, die zur Erkundung der eigenen vier Berge einladen.

Kurt Pokos/Franz Hüttl
Tiroler Tourentips
Wanderwege, Bergtouren,
Klettersteige

256 Seiten
viele Farb- und sw-Fotos
öS 298,- / DM 39,80,- / sfr 38,-

Die langjährigen Betreuer der Tourentip-Serie in der Tiroler Tageszeitung bringen uns die Schönheiten unserer Gebirgslandschaft näher. Die bequeme Familienwanderung ist dabei ebenso vertreten wie Touren für Konditionsstarke oder Klettersteige für Trittsichere. 90 Tourenvorschläge mit zahlreichen Informationen und genauen Kartenausschnitten.

Kurt Pokos/Franz Hüttl
Tiroler Skitouren
2. Auflage

192 Seiten
viele Farb- und sw-Fotos
öS 298,- / DM 39,80,- / sfr 38,-

Die schönsten Touren aus der Tiroler Tageszeitung. Mit einer Einführung in die Lawinenkunde. Kurt Pokos und Franz Hüttl haben die 60 schönsten Skitouren Nordtirols in allen Schwierigkeitsgraden gesammelt. Mit vielen Farb- und Schwarzweißfotos und genauen Kartenausschnitten. Das Standardwerk für Skitourengeher in Nordtirol.

GUTSCHEIN

50,- öS
Intersport Zotz
A-6600 Reutte (Außerfern)

1 kleiner Radler
Gasthof Neue Post
A-6654 Holzgau (Lechtal)

1 Brettljause
Hotel Sailer
A-6473 Wenns (Pitztal)

100,- öS
Intersport Riml
A-6456 Obergurgl – A-6444 Längenfeld (Ötztal)

1 kleiner Radler
Gasthof Stuibenfall
A-6441 Niederthai (Ötztal)

350,- öS
Flugschule Tannheim
auf Dienstleistungen wie z.B. Schnuppertage, Tandemflug od. Ausbildung
A-6675 Tannheim (Tannheimertal)

1 Schiwasser
Gasthof Adler
A-6600 Hinterhornbach (Lechtal)

20,- öS
Ötztal-Apotheke
beim Kauf eines VICHY- oder PHAS-Produktes
A-6450 Sölden (Ötztal)

20,- öS
Spar Covi
A-6632 Ehrwald (Außerfern)

1 Eintritt
Schwimmbad Bach
A-6653 Bach (Lechtal)

70,- öS
Canyoning
A-6424 Silz (Oberinntal)

Claudia Hammerle / Willi Hofer

Edition Löwenzahn

MOUNTAIN BIKE TOUREN
ÖTZTAL · PITZTAL · LECHTAL
AUSSERFERN · OBERINNTAL TELFS – IMST

MOUNTAIN BIKE TOUREN

ÖTZTAL • PITZTAL • LECHTAL • AUSSERFERN • OBERINNTAL TELFS - IMST

Claudia Hammerle / Willi Hofer

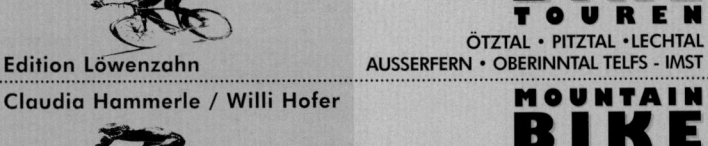

Edition Löwenzahn